知的障害児･者の社会的ケアへ

「脱親」のためのソーシャルワーク

植戸貴子

関西学院大学出版会

知的障害児・者の社会的ケアへ

「脱親」のためのソーシャルワーク

目　次

序章

研究の動機と背景

本研究は、近年のわが国において知的障害者の地域生活移行が進む一方で、在宅で親、とりわけ母親によるケアを受けてきた知的障害者が、母親の高齢や病気などによるケア機能の低下のために十分なケアを受けられなくなり、生活が行き詰まったり施設入所に至ったりしている現状に対する問題意識から出発した。なぜ知的障害者は親と同居を続け、母親がずっとケアし続けているのか。なぜ親が倒れたら入所施設に入らなければならないのか。身体障害者のような自立生活が、なぜ知的障害者では進んでいかないのか。障害のない人の家族とは異なる親子のあり方を、なぜ福祉関係者は当然視してきたのか、といった問題意識である。

十数年にわたって在宅知的障害者や親の地域活動にかかわってきた経験から、その母親たちが「親亡き後」に対して大きな不安を抱き、「自分たちがケアできなくなっても、住み慣れた地域で、周囲の人たちに見守られながら、安心・安全・豊かに暮らし続けてほしい」と願っていること、知的障害者本人たちも、本人活動やサークル活動などに楽しみを見いだし、地域の中に少しずつ居場所を得てきていることを知った。他方、知的障害者が利用する障害福祉サービス事業所や障害者相談支援事業所の相談支援従事者たちとかかわるなかで、「高齢になった母親が、わが子のケアを続けることが難しくなっても、なかなかサービスを利用しようとせず、わが子のケアを抱え込むケースが多い」ということを教わることとなった。母親がケア役割を果たせなくなり、知的障害者本人も母親も生活上の深刻な問題に直面してしまう一方で、相談支援従事者たちは、そのような状況に置かれた知的障害者や家族をどう支援すればよいかのノウハウがなく、支援に行き詰まっている。たとえば、ソーシャルワークではクライエントの自己決定を尊重するため、母親が「私がこの子を見る」と言えば、また本人が「親元から離れたい」と言わなければ、彼らの意思を尊重し、敢えて「親離れ・子離れ」を押しつけることはしない。しかし、放置すれば親子の生活が破綻することが十分に予測されるなか、相談支援従事者は「クライエントの自己決定」と「クライエントの安心･安全な生活の確保」の間でジレンマを経験することになる。しかも、母親が全面的に担ってきたケアを引き受けられるだけの社会資源が、地域の中に用意されていない。そして、母親の中には「私以外に、きちんと見てくれる人はいない」という思いを持っている人も少なくない。どうすれば、母親たちが子のケアを社会に委ねる気持ちになってくれるのか。相談支援従事者はそのために何をすべきなのか。その答えを見いだすことが喫緊の課題である。

このように、知的障害者福祉の実践現場では、在宅知的障害者本人や親たちの生活が行き詰まり、相談支援従事者も困難を感じているなか、「地域生活移行の支援」については非常に活発に議論されているにもかかわらず、「地域生活継続の支援」については、研究面でも政策面でも、最近まで議論のテーブルに上がることすらなかった。そこで、知的障害者の地域生活の安定的な継続を実現させるためには、ケアの担い手を母親から地域社会へと移行させることが必要であろうという観点から、「母親によるケアから社会的ケアへの移行」というテーマを設定し、相談支援従事者たちの実践に役立つような実践ガイドを作ることを目標とした。

第 *1* 節　問題の所在と研究の目的

今日の障害者福祉においては、「入所施設におけるケアから地域における支援へ」という「地域生活移行」が重要な目標の１つとなっており[(1)]、在宅サービスを利用しながら、グループホームでの共同生活を始める知的障害者も確実に増えてきており[(2)]、アパートで一人暮らしをする人もみられるようになった。一方で、在宅で親によるケアを受けてきた知的障害者が、親の高齢や病

気などにともなって親のケア機能が低下したために、QOL が低下したり地域から孤立したりするなど、さまざまな生活課題を抱え、施設入所を選択するケースも数多く報告されている（麦倉 2004、白波瀬・香川 2003、植戸 2011)。すなわち、「入所施設から地域生活へ」という流れの一方で、「地域生活から入所施設へ」という逆の流れが依然として残っているのである（井上・塩見ほか 2005、鈴木・塩見ほか 2005）[(3)]。また、ケアし続けることが困難になっているもかかわらず、サービスを利用せず支援を求めることもせず、ケアに行き詰まった結果、親が将来を悲観してわが子を殺害したり心中を図ったりという痛ましい事件も発生している（夏堀 2007）[(4)(5)]。このような現象は、知的障害者のケアを親、とりわけ母親に大きく依存し続けてきたことや（きょうされん 2010、曽根 2002、鈴木・塩見ほか 2005)、「親によるケアに頼ることなく、本人が地域で安心・安全・豊かに暮らし続けることを社会で支える」という「社会的ケア」の発想や仕組みが欠如していたことから起こっている（井上・塩見ほか 2005、西村 2007、岡部 2004)。

この「親によるケアに頼らず、地域で自立した生活を」という動きは、まず 1970 年代の脳性マヒ者当事者の「青い芝の会」の活動に遡ることができる。脳性マヒ児の母親がわが子の将来を悲観して殺害するという事件が発生し、重度の障害児を持った母親に同情した人たちによる減刑嘆願運動が起きた。その時「青い芝の会」は、「殺された子ではなく、殺した母親に同情する世間」に対して激しく抗議した。「障害者は本来あってはならない存在」であるという社会からの圧力に対する異議申し立てであった。また「青い芝の会」のリーダーであった横塚は、脳性マヒ者の親子関係を取り上げて、脳性マヒ者は親の権力下に抱え込まれており、親を通して脳性マヒ者に対する差別意識が覆いかぶさっていると指摘した（横塚 1975=2010)。そして、親からの解放を求めるためには、「泣きながらでも、親不孝を詫びながらでも、親の偏愛をけっ飛ばさなければならない」（横塚 1975=2010:27）と述べている。米国などの自立生活運動は「施設からの解放」を主張したが、日本における運動は「親（家族）からの解放」も目指していたとされる（杉野 2007:223)。このような脳性マヒ者をはじめとする日本の身体障害当事者による自立生活運動は、地域の中で介助サービスを利用しながら自立した生活を獲得するために、「脱施設」と「脱親」の両方を求めてきたのである。

これに対して、知的障害者の自立生活支援の実践は1960年代頃から始まった（廣瀬 2008、金 2010）。1962年に滋賀県の信楽青年寮が援助付き下宿を始めたのがグループホームの第1号と言われており、1970年代には東京都や神奈川県で自治体の事業として制度化された（小田 2003）。1989年には国がグループホームを「知的障害者地域生活援助事業」として制度化するに至ったが、この時点では身辺自立や就労が入居の条件となっており、あくまでも軽度知的障害者しか利用できないものであった（小田 2003、青木 2011）。その後、1996年にはグループホームの重度加算が創設され、2000年には就労要件が解除されるなど、徐々にグループホーム対象者の範囲が拡大された。一方で、いくつかの先駆的な通勤寮では、退所後の受け皿整備として職員がボランティアとして一人暮らしの支援にも取り組むようになったとされる（金 2010）。

そして1990年代になると、重度知的障害者の親元を離れた一人暮らしの支援が、東京都内の自立生活センターやピープルファーストなどによって展開されるようになる（東京都社会福祉協議会 2004）。さらに、障害学の研究者であり、重度知的障害者の親でもある岡部は、「どんなに障害が重くとも親元や入所施設での望まぬ暮らしを強制されないことが障害当事者の権利であ（る）」（岡部 2010:149）と主張し、そのための方策として、身体障害者の重度訪問介護サービスを重度知的障害者や自閉症の人にも対象拡大し、「地域生活のあらゆる場面で時間数・時間帯による制約を受けずに利用可能なフレキシブルかつパーソナルな制度として再構築すること」（岡部 2010:150）を提言した。このような動きは知的障害者の「脱親」と「脱施設」を同時に達成しようとする動きとして位置づけられるが、特に重度知的障害者の自立生活支援についていえば、限られた地域における例外的な実践に留まっているのが現状である。

一方、知的障害者の地域生活支援に関する社会福祉学研究者たちの関心は、近年は徐々に高まってきている。たとえば、支援の仕組みや内容を具体的に示した研究（門田 2003、田島 1999など）がある。また、支援のあり方や姿勢について、門田（2006）は、知的障害者の地域生活支援においては、

支援者が本人と地域社会の仲介役を果たすと述べ、石渡（2001）は、知的障害者の地域生活を「当たり前の大人の暮らし」ととらえ直し、地域生活やエンパワメントを実現するツールとしてケアマネジメントを位置づけ、ニーズを把握することの重要性を説いている。さらに、古井（2009a、2009b）は「本人を中心に据えた計画作り」という視点を強調し、奥村（2009）は、ストレングス視点を基盤としたケースマネジメントの有効性を述べ、浦野（2010）は、知的障害者の地域生活支援をソーシャルワークという専門性を持った実践に高めていくことを主張している。加えて、地域生活支援の課題として、西村（2007）は、依然として家族のケアに依存していることを指摘し、藤内（2009）は制度面の課題として、在宅サービスの拡充や体験の場の提供などの必要性を挙げている。しかし、このような研究の焦点は主として「施設から地域へ」の移行に関する議論であり、「地域から施設へという流れを食い止め、安定した地域生活を継続させるための支援」という視点での議論はあまり十分とは言えない状況である。

そこで「脱親」、すなわち在宅の知的障害者が母親によるケアに依存せずに安定した地域生活を継続するための要件に着目すると、在宅サービスの整備、体験機会の保障、ケースマネジメントの充実などに加えて、母親が在宅サービスを利用しながら、わが子のケアを他者に委ねていく過程が不可欠である（井上・塩見ほか 2005）。しかし、サービス利用に消極的で、ケアを１人で抱え込もうとする母親が少なくないのが現状であり（鈴木・塩見ほか 2005）、その背景には母子密着がみられることが、知的障害福祉の実践現場では課題の１つとされている（井上・塩見ほか 2005、白波瀬・香川 2003、谷奥 2009、植戸 2011）。それに対して、これまでの知的障害福祉分野の研究においては、母子密着の問題や親離れ・子離れのための相談支援の必要性が看過されてきたと言わざるを得ない（植戸 2011）。

以上、見てきたように、従来の障害者福祉は親によるケアを前提とした仕組みの中で進められてきたため、親がケアできなくなると障害者は入所施設に入るか、あるいは親がケアを抱え込んだまま生活が破綻し、ひいては「親による障害児者殺し」まで発生する構造が現在まで続いている。このような事態に対して身体障害当事者たちは、自立生活運動を通して「脱親」と「脱施設」を訴え、1人の市民として社会資源を使いながら、地域での自立した生活を実現させることを要求してきた。それに対して多くの知的障害者は、自ら声を上げることが苦手であり、親によるケアが行き詰まって自分たちの生活が脅かされても、それを周囲に訴えていくことができず、結果的に「親によるケアの抱え込み」がかなりの年齢になるまで続くことになる。また、親による抱え込みが、本人が1人の市民として、地域の中で家族以外の人たちとのかかわりを持ちながら生きていくことを妨げることになるケースも少なくない。これは、知的障害が重度な場合や医療的ケアが必要な場合は、さらに深刻であろうと推察できる。

そこで必要となってくるのが、周囲の支援者による介入である。ケアを1人で抱え込もうとする母親と、母親によるケアから抜け出すことが難しい知的障害者本人の両方に働きかけ、「親によるケアの抱え込み」をつくり出してきた障害者福祉、ひいては社会をも変えていくことまでを射程に入れた介入が必要なのである。

すでに述べたように、「親による抱え込み」の背景には障害者に対する社会からの圧力や排除があるとして、それを変えようとしたのが、身体障害者の自立生活運動であった。知的障害者に目を転じると、「社会からの圧力や排除から子を守ろう」とケアを抱え込んできた親がいる一方で、自らアクションを起こすことの難しい本人に代わって、社会に訴えかけてきた親も存在する。しかし、知的障害者や親にかかわるソーシャルワーカーたちは、ケアを抱え込む親の存在は認識していても、社会を変えたいと考える親の存在には、あまり注目できていなかったのではないか。少なくとも、そのような親たちと共に社会を変えようという実践が十分にできていたとは言い難い。国際ソーシャルワーカー連盟の「ソーシャルワークのグローバル定義」(2014)に謳われるように、排除や抑圧のない公正な社会を志向し(社会正義)、社会における抑圧や排除の構造に働きかけて変革を目指す(社会変革)ことが、今日のソーシャルワーカーに求められている。ケアを抱え込んできた親は、自分たちの経験してきた抑圧や排除の経験を理解してくれるソーシャルワーカーを待ち望んでいるのではないか。親の心情を理解し、親と共に社会を変えようと尽力するソーシャルワーカーの姿を見て、親はわが子のケアを社会に委ねようと思えるのではないか。知的障害者および家族のことをよく知る相談支援従事者などのソーシャルワーカーが、「社会変革」をも含めた専門性を発揮して、知的障害者の親元から独立した生活の実現を支援していかなければならない。

本研究では、知的障害者が母親によるケアに過度に依存することなく、さまざまな社会資源を活用しながら親から独立した地域生活を安定的に継続していけるよう、適切な「親離れ･子離れ」を促し、「脱施設」を前提としたうえで「脱親」を進めていくための相談支援のあり方を探ることを目指した。そして、知的障害福祉分野の相談支援従事者が、「母親によるケアから社会的ケアへの移行」を促すような相談支援を適切に行うための実践ガイドを作成した。

なお、本研究では「社会的ケア」を、「知的障害者が親元から独立した地域生活を安定的に継続するために、フォーマルおよびインフォーマルを含む様々な社会資源を活用しながら、地域における有機的な支援ネットワークによって支えていくこと[(6)]」と定義している。

第2節　研究方法

知的障害児・者の母親によるケアから社会的ケアへの移行の支援に焦点を当て、その促進要因や阻害要因を同定し、「社会的ケアへの移行」に向けた相談支援のあり方を探るという本研究の目的を達成するために、まず2009年度に予備的調査として相談支援事業所へのインタビュー調査を実施した。続いて本調査として、2010～2012年度に「相談支援従事者に対するインタビュー調査」、2013～2014年度には「知的障害児･者の母親に対するアンケート調査」を実施し、2015～2016年度には「実践ガイド」を完成させた（表0-1）。

表 0-1　調査研究の流れ

年度	調査研究の概要	研究結果
予備的調査：相談支援事業所に対するインタビュー調査		
2009	・相談支援事業所へのインタビュー （知的障害者の地域生活のための支援と仕組みづくり）	①相談支援事例にみられる課題 ②必要な支援と仕組みづくり ③相談支援の課題
第 1 ステップ：相談支援従事者に対するインタビュー調査		
2010	・知的障害者通所施設へのインタビュー	①社会的ケアへの移行に関する認識 ②実際の介入・支援
2011		③支援に対する姿勢や援助観
2012	・相談支援事業所へのインタビュー （家族・親によるケアが難しくなった知的障害者に対する支援の現状と課題／親亡き後の地域生活に必要な相談支援のあり方）	↓ ①ケアの抱え込みに関するストーリーライン ②社会的ケアへ移行させるための相談支援に関するストーリーライン
第 2 ステップ：母親に対するアンケート調査		
2013	・親の会の会員へのアンケート （回答者の基本属性／知的障害者本人の基本属性／社会的ケアへの移行の準備に関する質問等）	①母子が離れる時間に関連する要因 ②サービスの積極的利用に関連する要因 ③ケアを委ねようという意向に関連する要因 ④子の自立に向けたかかわりに関連する要因
2014		↓ ①社会的ケアへの移行の促進要因 ②社会的ケアへの移行の阻害要因
第 3 ステップ：実践ガイド原案の作成と相談支援従事者に対するインタビュー調査		
2015	・実践ガイド原案の作成	・「解説編」と「相談支援のヒント編」
	・相談支援従事者へのフォーカスグループおよび個別インタビュー（社会的ケアへの移行に向けた相談支援のあり方／実践ガイド原案についての意見）	①実践ガイド原案に関する感想・意見 ②母親に対する認識 ③社会的ケアへの移行の阻害要因 ④社会的ケアへの移行の促進要因 ⑤相談支援従事者の要因 ⑥相談支援業務の現状 ⑦相談支援のあり方
2016	・実践ガイドの完成	・完全版（「解説編」と「相談支援のヒント編」） ・簡易版

第3節　本書の構成

第1章は、障害者の自立と「脱親」についての先行研究レビューである。まず「知的障害者の親によるケアおよび地域生活支援」に関する先行研究および「母子密着の解消に向けた介入」に関する先行研究のレビューを行い、母子密着リスク要因と母子密着解消に向けた介入の方法を導き出す。そして研究視点の違いによって、これらの先行研究にどのような違いがあるかを比較し、ソーシャルワーク視点の研究の特徴として、「人と環境の交互作用」に焦点を当て、「社会正義」を目指しながら、ストレングスやエンパワメントの視点が重視されていることを示していく。このようなソーシャルワーク固有の視点を反映しつつ、相談支援の現実に即した研究とするために、続く質的調査･量的調査においては「母子関係を中心軸に据えながら、広い視野を持って眺めること」を意識した調査設計を行っている。

第2章は、相談支援従事者の課題認識と支援の実際についてのインタビュー調査（エキスパートインタビュー）である。親によるケアが難しくなった在宅知的障害者とその家族に対する相談支援の現状と課題を探るために、熟練相談支援従事者に対するインタビュー調査を行い、語りの分析から「社会的ケアへの移行」の促進要因・阻害要因や実際に行われている介入や支援などを抽出する。そして、語りの解釈をもとに「母親による知的障害児・者のケアの抱え込み」および「母親によるケアから社会的ケアへ移行させるための相談支援」に関する2つのストーリーラインを作成する。2つのストーリーラインのうち、1つ目のストーリーラインに焦点を当て、それを母親の視点から検証していくためのアンケート調査につなげる。

第3章は、知的障害児・者の母親に対するアンケート調査である。知的障害児・者の親の会の会員977名を対象として、母親によるケアの現状、とりわけ「ケアの抱え込み」の実態を明らかにし、「母親によるケアから社会的ケアへの移行に向けた準備」を促進する要因と阻害する要因を探るためにアンケート調査を実施した（回答数451票、回収率46.2%）。調査の結果、母親が主にケアを担っていること、在宅サービスがあまり利用されていないこと、親亡き後の本人の住まいとして入所施設の希望が最も多いことなどが明らかになった。また、統計的な分析によって抽出した「社会的ケアへの移行に向けた準備の程度」の関連要因・促進要因・阻害要因について考察し、「母親が子の世話に一生懸命になること」自体が、必ずしも「ケアの抱え込み」という問題につながるわけではなく、「母親のケアに対する意味づけ」や「他者とのかかわり」などの多様な要因が、「社会的ケアへの移行に向けた準備」の鍵となる可能性を浮き彫りにする。

第４章は、実践ガイド原案の作成と修正である。第２章の相談援助従事者からのインタビュー調査および第３章の親に対するアンケート調査から明らかになった「社会的ケアへの移行に向けた準備」の関連要因・促進要因・阻害要因を反映させ、アセスメントの視点、介入における留意点、本人・親（特に母親）への支援の姿勢などの主なポイントを盛り込んだ「実践ガイド原案」について述べる。そして、相談支援従事者へのフォーカスグループインタビューおよび個別インタビュー調査において「実践ガイド原案」を提示し、そこで得られた意見を反映させて修正した「実践ガイド」を紹介する。

最後の第５章では、総括と今後の課題についてまとめている。本研究の成果は「母親によるケアから社会的ケアへの移行」に向けた相談支援のための実践ガイドを実証的データに基づいて作成したことであり、作成に至るプロセスにおいては、特に母親アンケート調査のデータから、ソーシャルワーク実践への貴重な示唆が得られた。そして、本研究から得られた知見として、障害学における「脱親」の概念に基づいた相談支援、言い換えれば、身体障害者の自立生活支援の考え方や手法が、知的障害者と家族の相談支援にも適用可能であることを提言する。最後に、「孤立した家族」とつながるためのネットワーク構築や相談支援従事者のソーシャルワーク実践力の向上といった今後の課題を提示する。

[注]

（1）国は第２次障害者基本計画（2003～2012年度）の前期重点施策実施５か年計画（2003～2007年度）において、「入所施設は真に必要なものに限定する」という方針を明確に打ち出し、後期重点施策実施5か年計画（2008～2012年度）では「地域移行の推進」を重点施策項目の1つに掲げ、福祉施設入所者を2005年度の14.6万人から2011年度には13.5万人までに減らすという数値目標を設定した。さらに、第3次障害者基本計画（2013～2017年度）においては、2005～2014年度までの10年間の福祉施設入所者の地域生活移行者数の目標を3.6万人に設定し、入所者数を2014年度までに12.2万人に減らすことを目標に掲げている。また、第5期障害福祉計画（2018～2020年度）に係る国の基本指針では、2020年度末までに、入所施設の地域移行者を2016年度末施設入所者の9%以上とし、施設入所者数を2016年度末の2%以上削減することを目標としている。

(2)　第2次障害者基本計画の後期重点施策実施5か年計画の進捗状況を見ると、グループホーム・ケアホームの利用者数は、2008年度には4.8万人、2009年度は5.6万人、2010年度は6.3万人、2011年度は7.2万人、2012年度は8.2万人と、毎年約1万人ずつ増加してきている。

(3)　厚生労働省の「障害者の地域生活の推進に関する検討会」による『地域における居住支援の現状等について』（2013年7月26日）の資料によれば、2010年10月1日～2011年10月1日の1年間で、障害者の入所施設を退所した人は1万181人で、そのうちグループホームやアパートなどへの地域生活に移行した人は4,836人（47.5%）であった。他方、同期間に新規に入所した人は7,803人で、そのうち2,453人が家庭からの施設入所であった。すなわち、2人が地域生活へ移行する一方で、1人が家庭から施設に入所していたことになる。

(4)　夏堀は、戦後の「親による障害児者殺し」事件の新聞報道を分析し、1990年代以降、成年障害者、特に成人期知的障害者の被害が急増していること、高齢の親による加害が増えていること、在宅・同居の場合のみならず、施設入所中の本人が被害にあったケースもみられることなどを報告している（夏堀 2007）。

(5)　筆者が2012年6月に行った新聞記事検索（日本経済新聞・毎日新聞・朝日新聞・読売新聞を「障害／親／子／殺害」のキーワードでWEB検索）においても、1980年代以降、99件の殺害･心中事件が報道されていた。1990年代後半から記事数が増加していること、加害者は父親：母親＝1:2の割合で母親が多いこと、父親は50～70代が多く、母親は50～60代と30代にピークがあること、被害者は知的障害児者が最も多いこと（男性の42%、女性の32%）が分かった。80～90代の親による40～60代の子の殺害のケースもあった。また、9件（約1割）の事件においては、入院・入所中の本人を親が連れ出して殺害していた。

(6)　この意味において本研究における「母親によるケアから社会的ケアへの移行」とは、中根（2006）が「親によるケアの社会的分有」と述べたことと同じである。社会福祉学においては「社会的ケア」という用語が「ケアの社会的分有」よりも一般的なので、前者を使用した。

第1章

障害者の自立と「脱親」についての先行研究レビュー

これまで知的障害児・者のケアは主として母親が担ってきた（きょうされん 2010、曽根 2002、鈴木・塩見ほか 2005）。しかし、母親が高齢や病気などでケアすることが難しくなっても、知的障害者が地域における安定した自立生活を継続させるためには、母親がケアを他者に委ねていく必要があると、知的障害福祉現場では認識されている（井上・塩見 2005、植戸 2011、2014）。本章では、この現状が知的障害福祉研究の分野においてどのように取り扱われ、課題認識されているのかを、「知的障害者の親によるケアおよび地域生活支援に関する先行研究レビュー」と「母子密着の解消に向けた介入に関する先行研究レビュー」の２つの先行研究レビューによって探っていく。

第1節　知的障害者の親によるケアおよび地域生活支援に関する先行研究レビュー

Ⅰ　知的障害者の親によるケアおよび地域生活支援に関する問題意識

知的障害者福祉の研究においては、親が障害のある子のケアを「抱え込む」という傾向や、知的障害者本人と親の「親離れ・子離れ」の難しさが指摘されてきている。たとえば、杉野は、「意思表示が困難な障害児をもつ親は、子どもの主体性や当事者性に気づく機会が限られるために、脱家族への機会、ありていにいえば『子離れ』の機会が制限される可能性がある」（2013：145）と指摘し、麦倉は、母親が「ケアの負担を家族内に抱え込む」（2004：83）という体験をしているとし、ヴォルフェンスベルガーも、「成人した障害者は、親との関係のなかでは親離れは特に困難である」（Wolfensberger=1995：25）と述べており、知的障害者の地域生活支援における問題意識の１つとなっている。

さらに、知的障害者の地域生活を「親離れ・子離れ」や「母子関係」と関連づけた議論もみられる。たとえば、白波瀬と香川は「家族と暮らす障害者に目を向けると、『親亡き後の生活』への心配を抱えながらも、親離れ・子離れする機会を見極められない状況」（2003：14）があると述べており、西村（2007：75）は、これまでのわが国の知的障害者福祉のあり方を批判して、「未だに家族のケアに依存している問題」を指摘し、「親子を分離して『どのように支援していくか』という視点が重要である」と主張している。また、障害者相談支援専門員へのインタビュー調査の中では、地域で生活する知的障害者の相談支援事例にみられる課題の１つとして、「親の過保護」のケースが多いことが挙げられており、「親がサービスの利用に抵抗を感じている」「母親が本人を放そうとしない」「本人を外に出そうとしない」など、親がわが子のケアを抱え込むことが、本人の地域生活に必要なサービスや支援の導入を阻んでいると認識されている（植戸 2011）。

このように、親、特に母親が知的障害者のケアを抱え込んでおり、それが成人した知的障害者の地域生活の継続に必要な支援への移行を困難にしていることがうかがえる。

Ⅱ　研究の方法

知的障害者の地域生活支援が話題になり始めた1990年代以降の文献を中心に、主として知的障害者の親によるケアや地域生活支援などをテーマとしたものをレビューする。特に、知的障害者と家族（とりわけ母親）との関係について論じている箇所に着目し、その関係性がどのような視点からとらえられ、背景にどのような要因があると考えられているのかを分析する。

Ⅲ　研究の結果

レビューした先行研究は、1995～2009年までの18件である（表1-1-1）。それらの内容を分析した結果、「社会福祉学の立場からの議論」と「比較文化論・社会学の立場からの議論」の２つに大別することができた。さらに、「社会福祉学」の立場には、「制度論的視点」と「実践論的視点」の異なる２つの視点があり、「比較文化論・社会学」の立場には、「家族研究的視点」と「社会学・障害学的視点」の２つの視点があることが認められた。

（1）社会福祉学の立場からの議論

ｉ）制度論的視点：母性・家族扶養という社会的規範を前提とした補完的な公的サービスの限界

社会福祉あるいはソーシャルワーク実践の分野において知的障害者の家族ケアや地域生活支援を論じた文献では、知的障害児・者に対する制度やサービスのあり方を課題の１つとして挙げたものがいくつかみられた。これらは、知的障害者のケアが母親の手に委ねられており、公的なサービスが母親による介護を補完するに止まっていることの問題点を指摘するものである。すなわち、「子どもの生涯に渡って、母親は『主たる介護者』の役割を期待され」（曽根 2002：61）、「知的障害者の介護は、家族とりわけ母親が一身に背負っている……医療・訓練・教育・福祉が提供される場合は、多くは母親の存在と役割が前提となっている」（鈴木・塩見ほか 2005：35-36）という議論である。

このような制度設計の背景には、家族とりわけ母親が障害者の世話をするのが当然とする社会的規範があると分析されている。たとえば、井上と塩見は「『障害（児）者は生んだ母親が世話をして当たり前』というような障害者問題理解」（2005：82）があるとし、岡部も「日本には、障害のある人が成人しても家族に扶養責任を負わせる制度がまだまだ残っている」（2004：24）とする。さらに、西村（2007：87、2009：155）は、サービスや資源が不足していることを指摘し、公的なサービスが、知的障害児・者の主なケアの担い手としての親に期待した、補完的なものとして位置づけられていることを問題視している。

このように、母親は１人でケアを担うことを周囲から期待されるために、

表 1-1-1　知的障害者の親によるケアおよび地域生活支援に関する先行研究の概要 (1/3)

研究の立場・視点	文献	関連する記述
社会福祉学 ：制度論的視点 〜母性・家族扶養という社会的規範を前提とした補完的な公的サービスの限界を指摘	曽根直樹（2002）「家族のエンパワメント」佐藤久夫・北野誠一・三田優子編著『福祉キーワードシリーズ――障害者と地域生活』中央法規	「子どもの生涯に渡って、母親は『主たる介護者』の役割を期待される」(p. 61) 「母親は子どもの介護のなかにしか自分の役割を見いだせなくなる。すると、結果として親子の依存関係が強くなり、親子それぞれの自立が阻害される」(p. 61)
	鈴木勉・塩見洋介ほか（2005）『シリーズ障害者の自立と地域生活支援①　ノーマライゼーションと日本の「脱施設化」』かもがわ出版	「知的障害者の介護は、家族とりわけ母親が一身に背負っている……医療・訓練・教育・福祉が提供される場合も、多くは母親の存在と役割が前提となっている」(pp. 35-36) 「介護を受ける障害児者は、適切な時期に親離れの機会を逸するとますます家族（とりわけ母親）への依存を強め……精神的にも障害者と家族を分かちがたい依存関係に導いていく」(p. 44)
	井上泰司・塩見洋介（2005）『シリーズ障害者の自立と地域生活支援⑦　障害保健福祉改革のグランドデザインは何を描くのか』かもがわ出版	「『障害（児）者は生んだ母親が世話をして当たり前』というような障害者問題理解は、障害者本人や母親に『気兼ね・遠慮』を日常化させ、社会的孤立を促進させている」(p. 82)
	岡部耕典（2004）「親として子どもの生活を支える」高橋幸三郎編著『知的障害をもつ人の地域生活支援ハンドブック』ミネルヴァ書房	「日本には、障害のある人が成人しても家族に扶養責任を負わせる制度がまだまだ残って……制度だけでなく、人々の、そして親自身の意識の中にも根強くある」(p. 24)
	西村愛（2007）「『親亡き後』の問題を再考する」『東北文化学園大学保健福祉研究』No. 5, pp. 75-91.	「知的障害児者の主なケアの担い手は家族であり、公的なサービスは補完的なものとして位置づけられている」(p. 87) 「（親は）子離れができていないという見方もできるが、社会もそれを親に求めてきた」(p. 88)
	西村愛（2009）「親役割を降りる支援の必要性を考える――『親亡き後』問題から一歩踏み出すために」『青森保健大学雑誌』10(2), pp. 155-164.	「外部のサービスや資源がまだまだ不足しており、家族内の世話や介護が未だに強く期待されている」(p. 163) 「家族は、介護を余儀なくされている。外部の社会資源は、その介護の一部を肩代わりするものに過ぎず、……地域で頼れるサービスや人は皆無に等しい」(p. 162)

表 1-1-1　知的障害者の親によるケアおよび地域生活支援に関する先行研究の概要 (2/3)

研究の立場・視点	文献	関連する記述
社会福祉学 : 実践論的視点 ～知的障害の特性からくる親のパターナリズムを指摘	岸田隆（2006）『障害のある人の地域生活をデザインする』Sプランニング	「障害のある子の親の子離れの難しさがしばしば問題になる……親とは子どもがいくつになっても心配している……我が子に障害があれば過保護・過保守的になるのも無理はない」(p. 33)
	上田晴男（2002）「自己決定をどう支えるのかⅠ」「施設改革と自己決定」編集委員会編『権利としての自己決定』エンパワメント研究所	「家族は本人の『代弁』者というより、『子ども』に対する『保護』者としての対応になっている……『知的障害』という障害の特性（意思伝達能力や判断能力が不十分とされている）によるところが大きい」(p. 71)
	中野敏子（2009）『社会福祉学は「知的障害者」と向き合えたか』高菅出版	「(サービス要求の) 運動の主体は『戦う母』に象徴される家族介護者である。ここでは、知的障害本人の影は薄い」(p. 194)
比較文化論・社会学 : 家族研究的視点 ～子どもの独立という規範の欠如を指摘	武田康晴（2001）「障害者福祉に関わる人々」児島美都子・成清美治・村井龍治編『障害者福祉概論』学文社	「障害をもつわが子……親が『私がいなければ何もできないと』と考える……親には親の人生があり子には子の人生があるという独立意識の乏しいわが国においては、この傾向はますます助長される」(p. 123)
	岡原正幸（1995）「制度としての愛情――脱家族とは」安積純子・岡原正幸・尾中文哉・立岩真也『生の技法――家と施設を出て暮らす障害者の社会学』藤原書店	「独立するべきという規範意識が親にも子にもないから、ベタベタの関係が支配的になってしまう」(p. 91) 「家族における障害者の問題といっても、それは今を生きている私たちがそれぞれの家族で抱えている問題に通底して……障害者がいることによって、問題が少しばかり顕著に現れる」(p. 92)
比較文化論・社会学 :社会学・障害学的視点 ～家族の抑圧性と「脱親・脱家族」の主張	Tom Shakespeare (2006) "Disability Rights and Wrongs." Oxon: Routledge	"I thought it was important to challenge the traditional valuation of family support for disabled people. Whereas parents had previously been celebrated as altruistic and nurturing, I pointed to the inequality, oppression and abuse which were sometimes a feature of the family." (p. 187)
	岡原正幸（1995）「制度としての愛情――脱家族とは」安積純子・岡原正幸・尾中文哉・立岩真也『生の技法――家と施設を出て暮らす障害者の社会学』藤原書店	「『障害』が社会や個人から否定的にのみ価値づけられているから……『障害児』を出産した母親に、障害の原因が現実的にも、象徴的にも帰属されるから……いやおうなしに罪責感を持ってしまった (持たされてしまった) 母親が、そのために子供との閉鎖的な空間を作らざるをえない」(p. 85)

表 1-1-1　知的障害者の親によるケアおよび地域生活支援に関する先行研究の概要 (3/3)

研究の立場・視点	文献	関連する記述
比較文化論・社会学:社会学・障害学的視点〜家族の抑圧性と「脱親・脱家族」の主張	中根成寿（2006）『知的障害者家族の臨床社会学——社会と家族でケアを分有するために』明石書店	「日常生活における知的障害をもつ当事者への『差別的対応』に対して、親がわが子を守ろうとする力学が働く。こうして親に期待される役割としての『保護』が強化されていく。つまり、社会の対応が知的障害者家族の親の親性を強く引き出す」(p. 22)
	杉野昭博（2007）『障害学——理論形成と射程』東京大学出版会	「『青い芝の会』の主張のうち、国際比較という観点からもっとも注目されるのは、その「脱親・脱家族」の主張である」(p. 223) 「障害者を『あってはならない存在』とする社会の中で障害者を抱え込む『親きょうだい』は、社会の差別意識との葛藤を通じて、時に、社会的抑圧を障害者に対して転嫁してしまうことがある」(p. 224)
	土屋葉（2002）『障害者家族を生きる』勁草書房	「行政の措定する『介助／扶養する家族』、これに基礎づけられる家族規範が、障害をもつ人にとって抑圧的に働く」(p. 149)
	要田洋江（1999）『障害者差別の社会学』岩波書店	「社会から称賛される国家の『エージェント』としての親の行為とは、障害児から見れば、自らが家族に囲い込まれて自由を束縛され、一人前としての人間として育てられずに親の管理下におかれる行為にほかならない」(p. 78)
	石川准（1995）「障害児の親と新しい『親性』の誕生」井上眞理子・大村英昭編『ファミリズムの再発見』世界思想社	「『不憫』という親の心情には、障害者を差別・排除する社会の現実を憂慮する気持ちと……障害者を哀れむべき無能な者とみなす見方がすでに織り込まれている。『偏愛』すること、必要以上に手を出すこと、心配することは、いわば『健常者の論理』という鎖で子供を自分もろともに縛りつける行為」(p. 37)
	横塚晃一（2007）『母よ！ 殺すな』生活書院	「親のいうままに従うこと、言い換えれば親に代表される常識化した差別意識に対して無批判に従属してしまうことが問題なのである……先ず親を通して我々の上に覆いかぶさってくる常識化した差別意識と闘わなければならず、そのためには自らの親の手かせ足かせを断ち切らなければならない」(p. 25) 「ありのままの存在を主張することが我々『青い芝』の運動である以上、必然的に親からの解放を求めなければならない」(p. 27)

この役割意識が「親自身の意識の中にも根強く」（岡部 2004：24）あり、「子どもの介護のなかにしか自分の役割を見いだせなくなる」（曽根 2002：61）という。また、実際、サービスが不足しているために、わが子のケアを抱え込まざるを得ない。結果的に、「介護を受ける障害児者は、適切な時期に親離れの機会を逸すると、ますます家族（とりわけ母親）への依存を強め」（鈴木・塩見 2005：44）ることとなり、「親子それぞれの自立が阻害され」（曽根 2002：61）、「社会的孤立を促進させている」（井上・塩見 2005：82）。西村が主張するように、親は「子離れができていないという見方もできるが、社会もそれを親に求めてきた」（2007：88）といえる。

ⅱ）実践論的視点：知的障害の特性からくる親のパターナリズム

知的障害者福祉分野の文献には、知的障害の特性によって、親がわが子を守ろうとする傾向が強化されるという、親のパターナリズムを指摘する議論もみられる。

たとえば、知的障害や自閉症のある人の地域生活支援に関する著書の中で、岸田は、「親とは子どもがいくつになっても心配している……我が子に障害があれば過保護・過保守的になるのも無理はない」（2006：33）と述べ、知的障害児・者の親がパターナリスティックになる傾向があることを示唆している。また上田は、家族が子どもの「保護」者として対応していることについて、「『知的障害』という障害の特性によるところが大きい」（2002：71）とし、知的障害の特性と親のパターナリズムとの関連性に言及している。さらに中野も、母親たちがわが子のために行政に対してサービスを要求する運動を展開していくなかで、「『戦う母』に象徴される家族介護者（となっていき）、……ここでは、知的障害者本人の影が薄い」（2009：194）と述べ、本人の主体性が母親の影に隠れ、本人が母親によって守られる存在となっている状況を説明している。

障害のない人たちの多くが、成長とともに自分で考えて判断し、行動する力を身につけていくのに対して、知的障害者は意思伝達能力や判断能力が不十分だと考えられている。そのため、親は、外の世界から本人の生命や利益を守ろうとし、それが「抱え込む」という状態につながっていくという分析である。あるいは、障害ゆえに親が過保護になったとしても、自ら「親離れ」

していこうとする身体障害者の場合とは異なり、知的障害者が「親から離れて、自分の世界を広げたい」という思いを自ら表現し、それを実行に移すことは容易ではないであろう。知的障害の特性が、親の過保護や抱え込みにつながり、親の「子離れ」を難しくし、また本人の「親離れ」をも困難にしているという構図が見えてくる。

(2) 比較文化論・社会学の立場からの議論

i) 家族研究的視点：子どもの独立という規範の欠如

家族研究的な視点からは、知的障害者と母親との密着関係の根底には、日本社会における家族関係の特性があると分析されている。「個」を尊重する欧米社会では、子どもはいずれ親から独立するのが当然という社会的規範が存在するが、わが国では、「子どもの独立」という規範が、そもそも欠如しているという主張である。

たとえば武田は、障害者の自立生活に際して、「家族は、最大の協力者であると同時に最大の障害」(2001：122) となっており、親が「私がいなければ何もできない」と考えることに注目して、「親には親の人生があり子には子の人生があるという独立意識の乏しいわが国においては、この傾向はますます助長される」(2001：123) と述べている。また、岡原も、障害者の家族関係の問題について、「私たちがそれぞれの家族で抱えている問題に通底して(おり)、……障害者がいることによって、問題が少しばかり顕著に現れる」(1995：92) と指摘し、子どもの独立という規範の欠如によって、「ベタベタの関係が支配的になってしまう」(1995：91) と分析している。

このように、日本社会における家族関係の特性として、親離れ・子離れが不十分な文化があり、子どもに知的障害があることで、それが一層、浮き彫りになってくるといえる。

ii) 社会学・障害学的視点：家族の抑圧性と「脱親・脱家族」の主張

社会学や障害学の文献においては、親や家族は知的障害者に対して愛情を示すだけでなく、障害者に対する社会的抑圧や差別を社会に代わって体現する一面もあるという指摘がみられる。

たとえば、イギリスの障害学者 Shakespeare (2006：187) は、家族によるケアを良きものとする伝統的な価値観に疑義を示し、親は障害のあるわが子に対して愛他的かつ養育的であるが、一方で、家族は時として、不平等・抑圧・虐待といった特徴を示すこともあるとしている。日本の障害学者の杉野は、「障害者を『あってはならない存在』とする社会の中で障害者を抱え込む『親きょうだい』は、社会の差別意識との葛藤を通じて、時に、社会的抑圧を障害者に対して転嫁してしまう」（2007：224）と指摘し、親による障害者の抱え込みの背景に、社会的な差別や抑圧があると述べている。また、日本の障害学の創始者である石川は、障害者の親の言説分析を通して、「『不憫』という親の心情には……障害者を哀れむべき無能な者とみなす見方がすでに織り込まれている。『偏愛』することで、必要以上に手を出すこと、心配することは、いわば『健常者の論理』という鎖で子供を自分ももろとも縛りつける行為」（1995：37）であると述べ、障害者への過度な家族愛は、健常者の論理を押しつけるものであると批判している。

障害児の親がわが子に示す愛情と差別という二面性について、親の内面に踏み込んで分析した論考もある。岡原は、「『障害』が社会や個人から否定的にのみ価値づけられているから……罪責感を持ってしまった（持たされてしまった）母親が、そのために子供との閉鎖的な空間を作らざるを得ない」（1995：85）と述べ、社会の中にある否定的な障害者観が、母子の密着関係を創り出していると説明している。知的障害者の親のインタビュー調査をした中根も同様に、「知的障害をもつ当事者への（社会からの）『差別的対応』に対して、親がわが子を守ろうとする力学が働く」（2006：22）と述べ、社会からの差別が知的障害児の親をわが子への過保護に向かわせるのだと説いている。

一方、障害児の親の抑圧性の背景には、日本社会に特有の「家族介護」規範があるという主張もある。土屋は「行政の措定する『介助／扶養する家族』、これに基礎づけられる家族規範が、障害をもつ人にとって抑圧的に働く」（2002：149）と述べ、「家族による介護」と障害者への抑圧の関連性に言及している。さらに要田も、親は障害者が社会に迷惑をかけないように監視する役割を担わされているとし、「社会から称賛される国家の『エージェント』としての親の行為とは、障害児から見れば……自由を束縛され……親の管理下におかれる行為」（1999：78）だと説明する。

このように、社会学・障害学の視点からの研究では、障害児の親の愛情と差別という二面性が指摘され、家族は社会や国家権力の「エージェント」として障害者に対して抑圧的な存在になりえることが繰り返し主張されてきた。そして、障害者自身が社会の差別意識と闘うためには「自ら親の手かせ足かせを断ち切らなければならない」（横塚 1975＝2010：25）とし、ありのままの障害の存在を主張するためには「必然的に親からの解放を求めなければならない」（同：27）という「青い芝の会」による「脱親・脱家族」の主張が繰り返し引用されてきた（杉野 2007：223）。このような障害学的視点からみれば、親が子どもを抱え込む背景には、知的障害者に対する差別や抑圧の存在があるとともに、社会的差別や抑圧に対抗するためには、脳性マヒ者の運動と同様に、知的障害者においても「脱親・脱家族」を達成することが不可欠だといえる。

Ⅳ　考察

知的障害者の親によるケアや地域生活支援に関する先行研究レビューの結果、知的障害者の「親離れ・子離れ」あるいは「脱親・脱家族」が必要であること、およびその阻害要因になっている「母親との密着した関係」の背景が、多様な視点から分析されていることが分かった。そして、実際の個々の母子関係においては、「母性・家族扶養という社会的規範を前提とした補完的な公的サービスの限界」「知的障害の特性からくる親のパターナリズム」「子の独立という規範の欠如」「障害者に対する社会的抑圧」といった多様な要因が複雑に絡み合って、相乗効果をもたらしながら、母子間の密着関係が起こっており、結果的に知的障害者の「脱親」を妨げていると推測できる。

たとえば、母親が障害児・者のケアを担うのが当然とする社会的な規範は、補完的な公的サービスの仕組みにつながっていくが、反対に、公的なサービスが補完的であることによって、家族や周囲の人たちの「母親が面倒を見るのが当たり前」という意識が助長されてきたとも考えられる。社会的規範とサービスの仕組みの間には、相互に影響し合う関係があるといえよう。また、社会からの期待に応えて、知的障害児・者のケアを一身に引き受ける多くの母親の姿は、子どもに知的障害があると分かった母親の「モデル」となり、「母親がケアする」という規範が暗黙裡に受け継がれてきた側面もあるだろう。

次に、知的障害の特性からくるパターナリズムに関していえば、母親の子への過保護･過干渉や母子の密着関係が、社会の期待する「ケアする母親像」として、肯定的にとらえられてきたとも考えられる。また、公的サービスが不十分なために、常に母親とともに過ごさざるを得ない知的障害児・者は、母親以外の人のケアに慣れる機会が乏しいうえに、他者によるケアを受け入れることが困難になる可能性が考えられる。そのことが、母親への依存を強め、母親がますます過保護になるという循環が起きてしまうであろう。

さらに、このような母親のパターナリズムは、子の自立を必要なことだと考えない日本の家族観に照らし合わせれば、それほど問題視されることなく社会の中で容認されてきたと考えられる。欧米諸国に比べれば、子の独立という規範が弱い日本社会ではあるが、それでも障害のない成人の場合は、卒業後に社会に出る時や、結婚して家庭を持つ時など、親元を離れることは自然なことととらえられている。それに対して、知的障害のある人の場合は、親元で暮らし続ける人が圧倒的な多数派であり、親子同居が「普通のこと」とされている。このように、母親が過保護であっても周囲からあまり批判されることがないため、そのパターナリズムは温存されることになる。

最後に、社会から障害児・者に対して向けられる抑圧・差別や、ネガティブな障害観は、上述のような諸要因に対して影響を与える重要な背景要因であろう。知的障害児・者の親が示すパターナリズムは、差別的で抑圧的な社会からわが子を守ろうとする愛情の現れといえる。そして、母親が知的障害児・者のケアを担うべきという社会規範や、母親のケアを前提とした公的サービスの仕組みは、ネガティブな存在とされる障害者のケアを社会が母親に「押し付ける装置」であるととらえることができよう。

このように、知的障害者と母親の間の密着した関係を解消して「脱親」を達成していくためには、これらの多様な背景要因が複雑に絡み合う文脈を理解することが必要である。

第２節　母子密着の解消に向けた介入に関する先行研究レビュー

Ⅰ　母子密着の解消に向けた介入に関する問題意識

第１節の先行研究レビューで明らかとなったように、知的障害児・者のケアを主として母親が担ってきた背景には、知的障害者と母親の間に密着関係があり、そのことがサービスや支援を活用した社会的ケアへの移行を阻むことにつながると考えられている。また、相談支援実践現場においても、この母子密着の解消は重要課題の１つとして認識されてきている（植戸 2011）。そこで、本節では、母子密着の解消に向けた介入について、これまでどのような研究が蓄積されてきたのかを明らかにするために、先行研究をレビューした。

Ⅱ　研究の方法

「知的障害者と母親の密着関係への介入」や「知的障害者の母親に対する子離れ支援」を取り扱ったソーシャルワーク領域の先行研究が少ないことから、知的障害以外の障害や、福祉分野以外の領域にも範囲を広げて先行研究を探した。具体的には、2012 年 4 月から 10 月にかけて、インターネットの CiNii によって論文を検索したほか、ファミリーソーシャルワーク、臨床ソーシャルワーク、家族療法、家族心理学、臨床心理学等の領域の著書や専門雑誌にもあたり、「母子関係への介入」を取り扱った文献を集めた。そして、それらの文献を読み比べ、それぞれの学問領域、主な研究内容、母子関係への介入に関する記述を抽出したうえで、学問領域によってどのような視点の違いがあるか、介入にはどのような特徴があるかなどを比較した。

Ⅲ　先行研究の検索結果

(1) CiNiiによる文献の検索結果

「母子密着」「母子分離」「母子関係」「母子」といったキーワードと、「福祉」「ソーシャルワーク」「保育」「教育」「心理」「医療」「看護」、そして「介入」「治療」「病理」「共生関係」といったキーワードを組み合わせて、論文を検索した。ヒットした件数は、合計270件であった。それらの抄録などを読み、「母子密着への介入」に関連すると思われる21件をレビューの対象とした。キーワードごとのヒット件数と、本研究との関連性がみられた文献の件数およびその学問領域は、表1-2-1のとおりである。

表1-2-1　CiNiiによる文献の検索結果

キーワード	ヒット件数	関連すると思われた文献の領域と件数
母子密着	23件	臨床心理（1）／教育心理（1）／看護（1）／ソーシャルワーク（1）
母子分離／福祉	2件	0
母子分離／ソーシャルワーク	0件	0
母子分離／保育	10件	保育（1）
母子分離／教育	57件	臨床心理（1）／教育心理（3）
母子分離／心理	45件	0
母子分離／医療	10件	医療（1）／看護（1）
母子分離／看護	45件	看護（3）
母子関係／介入	21件	教育心理（1）／看護（1）
母子関係／治療	45件	臨床心理（1）
母子分離／病理	9件	臨床心理（1）
母子／共生関係	3件	臨床心理（1）／医療（2）
合計	270件	21件

(2) その他の関連する文献の検索結果

また、ファミリーソーシャルワーク、臨床ソーシャルワーク、家族療法、家族心理学、臨床心理学等の分野の国内の著書や専門雑誌にもあたって、母子関係への介入に関連する16件の文献を選び出した（表1-2-2）。

表 1-2-2　その他の関連する国内の文献

学問領域	社会福祉 ソーシャルワーク	教育相談	臨床心理 家族心理	医療	看護	合計
件数	4 件	2 件	7 件	2 件	1 件	16 件

さらに、社会福祉やソーシャルワーク領域の先行研究が少なかったため、海外の専門雑誌等にもあたり、3 件の米国の文献を見つけることができた。以上のような文献検索の手順を経て、合計 40 件の先行研究をレビューの対象とした（表 1-2-3）。

表 1-2-3　レビューの対象とした先行研究の学問領域別の内訳

学問領域	社会福祉 ソーシャルワーク	教育心理 教育相談	臨床心理 家族心理	保育	医療	看護	合計
件数	8 件	7 件	12 件	1 件	5 件	7 件	40 件

Ⅳ　先行研究の分析結果

レビューの対象とした 40 件の先行研究を読み込み、「知的障害者と母親の密着関係を解消し、社会的ケアへの移行を促進する」という本研究のテーマを軸に解釈しながら、参考になると思われる箇所を拾い上げていった。最終的に 19 件の文献について、関連のある記述をまとめることができた（表 1-2-4）。社会福祉およびソーシャルワーク領域の先行研究は 8 件、その他の領域の先行研究は 11 件であった。

（1）社会福祉・ソーシャルワークの領域の先行研究

社会福祉およびソーシャルワークの領域では、ミクロからメゾ、マクロにわたってさまざまな角度から母子密着が論じられ、多次元的かつ多様な介入アプローチが報告されていた。

まず、母親の葛藤に注目した研究としては、Ingersoll-Dayton らによる精神疾患のある成人女性とその母親との母娘関係を取り扱った研究がある。母親は娘の自立を促そうという思いと、娘を助けるべきという義務感とのアンビバレンスを抱いており、ワーカーはその葛藤を認識し、母親がそれに対処しようとしていることを理解することが重要であると主張している（Ingersoll-Dayton, et al. 2011 : 116）。

伊藤は、相談支援事業所における知的障害者の母親の支援事例を挙げ、親離れの準備を促された母親の「私が逝くときは一服盛っていきます」という言葉を引用し、（母子の）「2人の世界観があって感性に満ちている」と述べて、介入のしにくさに言及している。一方で、背景に母子密着などがある相談事例では、「家族システムの再構築」を支援目標としたと報告している（伊藤 2011 : 36）。

また、一瀬は、障害のある乳児を持つ母親が抱く苦悩に注目し、従来の「障害受容論」や「障害受容の段階モデル」とは異なる観点から、母親の主観的経験を明らかにし、母親の苦悩の構造とその変容プロセスを読み解いている。そして、「我が子は自己の一部というほどの母親と密接な存在であり、自己と我が子と他者という3つの次元が連動しながらプロセスが進行していく」（一瀬 2007 : 19）と述べ、そもそも母子は非常に密着した関係にあり、それが他者との関係を通して変容していくと分析している。そして、障害受容や共同治療者としての保護者を支援するだけではなく、孤立感や閉じこもりからの回復の支援や、人と環境の相互作用の接点に介入するという支援の機能が重要であると指摘し、個人の心理レベル、親子関係や家族関係のレベル、他者との関係や障害児の母親のネットワークのレベルなど、多次元的なアプローチが必要であると主張している（同 : 29）。

春日は、障害児と母親の関係を強化する方向に作用する夫婦関係のあり方を規定する要因として、「母親とその親族に対するスティグマ観」「母子関係を調整する夫の立場を決定する社会・文化的要因」「現代の性別分業社会のあり方」「男性優位社会における夫の優位な地位」を挙げている（春日 1994 : 111）。そして、母性愛のもとに子どもと一体化する母親が、「自分自身を奪われ、子どもを別の人格を認めることができないほど深く子どもに包絡されてしまう」（同 : 124）と指摘している。

そしてSuiterらは、精神疾患のある子どもをケアする母親たちの語りを分析し、「子どもをケアする家族を支援すべきだ」ということと、「家族がケア

表 1-2-4　母子密着の解消に向けた介入に関する先行研究：一覧表（1/4）

学問領域	文献の概要	主な研究内容および記述
社会福祉 ソーシャルワーク	Ingersoll-Dayton, B. et al. (2011). Intergenerational ambivalence: Aging mothers whose adult daughters are mentally ill. *Families in Society*, 92 (2), 114-119	・"the mothers felt that they should promote their daughters' independence, but the precarious emotional states of their daughters also evoked an obligation to provide help. The mothers also experienced conflicting expectations concerning how much help they should give their daughters versus how much help they should expect to receive" (p. 116)
	伊藤孝司（2011）「相談支援事業の現状と課題」『日本精神科病院協会雑誌』30（11）、33-38	・親離れの準備を促すと、「自分が逝く時は子どもを道連れにする」という発言⇒母親と子の2人の世界観があって感性に満ちている⇒10年後に母が成年後見人を見つけたと報告⇒母親が一生子どもの面倒を見ながら生きていくことに異議を唱えることができるだろうか？（p. 36）
	一瀬早百合（2007）「障害のある乳児をもつ母親の苦悩の構造とその変容プロセス——治療グループを経験した事例の質的分析を通して」『日本女子大学大学院人間社会研究科紀要』13、19-31	・「障害のある乳児をもつ母親の苦悩とは『関係』によって傷つき、『関係』によって回復していくという、自己と関係が表裏一体のように循環している構造であることが見いだされた。関係の中でも我が子は自己の一部というほどの母親と密接な存在であり、自己と我が子と他者という3つの次元が連動しながらプロセスが進行していくことが明らかになった……ソーシャルワークへの示唆としては『関係』という枠組みから母親の経験を捉えることを提案したい。『閉じこもり』という関係の断絶に至るというプロセスから、『孤立感の回復』を焦点とすることが重要である」（p. 19）
	春日キスヨ（1994）「障害児問題から見た家族福祉」野々山久也編著『家族福祉の視点——多様化するライフスタイルを生きる』ミネルヴァ書房、104-130	・「障害児と母親の関係を強化する方向に作用する夫婦関係のあり方を規定する要因……（1）障害児を産んだ女性とその属する親族に対するスティグマ観、（2）母子の間に立って関係を調整する立場に立つ夫の態度を決定していく社会・文化的要因、（3）男性に稼ぎ手としての役割、女性に家事・育児などの家庭内の役割を割り当てた、現代の性別分業社会のあり方、（4）男性優位社会における妻に対する夫の有意な地位」（p. 111） ・「『母性愛』のもとに、子どもと一体化してやる母親としてのこの労働は……自分自身を奪われ、子どもを別の人格をもった他者と認めることができないほど深く子どもに包絡されてしまう」（p. 127）
	Suiter, S. V. et al. (2011). Issues of care are issues of justice: Reframing the experiences of family caregivers of children with mental illness. *Families in Society*, 92 (2), 191-198	・"Often the negative experiences coexisted with positive experiences. ... Considering these two seemingly contradictory statements in relation to each other alerts us to the necessity of providing support for caregivers, as opposed to making the argument that caregivers should be relieved of responsibility of caregiving." (p. 194)

表1-2-4　母子密着の解消に向けた介入に関する先行研究：一覧表（2/4）

学問領域	文献の概要	主な研究内容および記述
社会福祉 ソーシャルワーク	岩田泰夫（1995）「精神障害を持つ人とその親との『親子カプセル』の形成と回復」『桃山学院大学社会学論集』29（2）、1-25	・親子カプセルの形成と維持における親の要因：①親の愛情（いとおしい、わが子に代わってしまう、保護したい）、②親の責任（一人前の社会人にしなくてはならない）、③罪の意識（罪を償おうとして過保護にさせる）、④地域社会の冷たい視線（冷たい視線にあって心を閉ざす）、⑤近隣からの圧力（自分たちだけでなんとかしなくては）、⑥医療従事者の要請（わが子を観察、監視、支配）、⑦社会資源のなさ（希望を失わせ、あきらめさせる、心を閉ざさせ、親子の関係を固定化させる）（pp. 17-18） ・親子カプセルの回復の要因：①自分の心が癒されることで自分が開かれる（話を聞いてもらうなど）、②親と精神障害をもつ人との関係に関わる要因（本人をコントロールすることを諦めるなど）、③家族システムを開く（家族会仲間などの友人を持つなど）、④生活の場（住む・活動する・楽しむ場を確保するなど）（pp. 19-21）
	Speck, R. V.（1985）. Social networks and family therapy. In J. Schwartzman（Ed.）, *Families and Other Systems*（pp. 63-83）. NY: The Guilford Press.	・“The network was able to support her（mother）by helping her to contain her anxiety. The son was able to form separate attachments in the network more fully as an individual.”（p. 74） ・“My emphasis . . . has been on the interpersonal, transactional, on-going phenomena, rather than on intrapsychic processes, although the latter have also been worked on in network meetings.”（p. 74） ・“Networks are the best employment agencies. I know of no better solution for problems of symbiosis.”（p. 80）
	田中智子（2010）「知的障害者のいる家族の貧困とその構造的把握」『障害者問題研究』37（4）、261-272	・「家計がシングルインカムによって支えられ……本人にかかる支出が本人収入を上回る……貧困状態に陥った家族においては、その内外で母子一体化による孤立した状態へと帰結する」（p. 261） ・「貧困により障害者本人の福祉サービスの利用や社会的活動に制限が生じることで、一層家族による介助は増幅する……母子の物理的・心理的距離を縮め、ショートステイなどの福祉サービスの利用や離家などに心理的抵抗を生じさせ、親子の適切な距離を取ることが困難になるという悪循環を生じさせる」（p. 270）
臨床心理 家族心理	水本深喜（2009）「青年期から成人期への移行期の親子関係――特に母娘関係に焦点を当てた研究の展望」『青山心理学研究』9、71-82、青山学院大学	・「母娘関係は……自立・分離と依存・親密が同居する複雑な関係である」（p. 76） ・「子の巣立ちを迎えた親の内面には『自分の子どもを依存させたままにしておきたい』という願望と、自立した青年に成長するのを認めてやりたいという願望との間に生じる、一種の緊張がある」（p. 77） ・「母親が母親役割に傾倒する要因は、子の自立不全にあるとも考えられる」（p. 78）

表 1-2-4　母子密着の解消に向けた介入に関する先行研究：一覧表（3/4）

学問領域	文献の概要	主な研究内容および記述
臨床心理 家族心理	兼田祐美・岡本祐子（2008）「ポスト子育て期女性のアイデンティティ再体制化に関する研究」『広島大学心理学研究』7、187-206	・「母親役割に固執せず、子の巣立ちを積極的に受けとめ、未来へ目を向けて自己の問い直しを行い、母親役割以外の自分の役割、特に社会の中での位置づけについて主体的に模索し、積極的に関与していくことが重要となる」（p. 189）
	中釜洋子・野末武義・布柴靖枝・無藤清子（2008）『家族心理学――家族システムの発達と心理的援助』有斐閣	・（思春期・青年期の子どものいる家族のあり方）「自由で、ある意味身勝手な（子どもの）行動を、子どもたちが申し訳なさや後ろめたさを感じ過ぎないでいるためには、家族と外界を分かつ家族境界が柔軟であることが望ましい。この子を抜かしても家族は家族のまとまりを維持することができるし、戻ってきたときは子どもを受け入れてまとまり直すことができる柔軟性が必要である」（中釜：p. 115）
	同上	・「成人後の親子の経済的な絆は……親に対する年齢不相応な過度な依存や、親による子どものコントロールあるいは支配という問題にもつながりかねない」（野末：p. 46） ・「日本の家族は欧米諸国とは異なり、夫婦関係よりも親子関係を中心に営まれてきた」（野末：p. 61）
	岡堂哲夫（1991）『家族心理学講義』金子書房	・「（母子間に）親密性を超えた癒着が生じて……夫と分かち合うべきインティマシーのエネルギーを子どもにそそぎ続け、母子癒着が生じてしまった」（p. 226） ・「母親だけの問題ではなく……夫婦が絆の強化を怠ってきた家族システムの問題なのである」（p. 226）
	松尾恒子（1996）『母子関係の臨床心理』日本評論社	・「日本の母親には子どもを医者や学校につれていくことを自分の生活、あるいは生きがいと感じている人がまだ多い……子どもがよくなるにつれて、することがなくなったのでさびしい」（p. 68） ・「子どもの問題に日本ほど親が責任を感じる社会は少ない」（p. 72） ・「母と子の関係は言葉なくしても通じる閉ざされた世界のものであり……父親との関係は、その意味でより開かれたものであり……比較的早い時期に父親とかかわりをもつことは、母親の過保護から子どもを守ることも可能となる」（p. 196）
	田畑洋子（2000）「事例研究法による母子関係の研究（2）」『名古屋女子大学紀要――人文・社会編』46、167-176	・「中・高生の年代は親との分離―個体化がテーマとなることが多い……母子双方への本格的な心理療法により、母子の成長が促進されれば、双方の分離―個体化が達成されて自立的な関係へと変容する。母子の分離を助けるための父親あるいは父性の力の重要性も示されている」（p. 73） ・「青年・成人期に至るまで、母子関係の問題を遷延させている場合……本格的な心理療法により、子どもが母との心理的分離を果たして、母から引き継いだ母性剥奪や見捨てられ不安の影響を脱していっている。思春期におけると同様、父親像や男性像の重要性も示されている」（p. 174）

表 1-2-4　母子密着の解消に向けた介入に関する先行研究：一覧表（4/4）

学問領域	文献の概要	主な研究内容および記述
教育相談 教育心理	横浜ミエ（1997）「事例報告：病弱な中学 2 年生の女生徒が不登校から自主登校するまで」『情緒障害教育研究紀要』16、132-142、北海道教育大学	・事例の概要：女子・中学 2 年・喘息・慢性腎盂炎。体育の授業への出席を求められたことを契機に不登校。担任教師から持ち込まれた教育相談 ・事例の経過：担任教師に「自立しようとしているととらえ、ゆっくりさせてあげるように」伝え家庭訪問を依頼／教育委員会に報告し学校との橋渡しを依頼／母親との定期面接を設定 ・母親が自己中心的な過保護・過度心配性⇒母親が子どもの健康を正しく真剣に考えられるようになる⇒本人が一時的登校や家族・友人との外出を繰り返す⇒家庭内で母子分離できるようになる⇒母と頻繁にデパートに外出することを通して新しい場での母子分離ができるようになる⇒自主的登校
	金盛浦子（1994）「親子関係の病理―母子密着の与える影響」『児童心理』48（18）、85-93	・事例の概要：一人息子、一卵性親子といわれるほどの母子密着。母は息子の世話と教育に熱心で、夫に対して冷淡。母とその母にも濃厚な密着状態。 ・事例の経過：「両親の関係が安定し、交流が豊かになるにつれて、物理的にも母子密着していなければいられないほどの不安神経症の症状はほとんど解消」（p. 92）
	頼藤和寛（1994）「親を育てる、子どもを育てる――上手な『子離れ』と自立促進」『児童心理』48（18）、110-116	・「現代の日本の、特に少子家族においては一転して、親や教育機関の側が意識的に『子離れ』や『生徒離れ』を薦めないと、自立への契機を見失わせてしまう」（p. 112） ・「幼児期、学童期、思春期それぞれに発達に応じた段階的な自立促進を、かなり意図的に推進していく必要がある……自立促進は……『早すぎる』のが問題ではなく、段階的でないことや準備不足の急な手離れが問題なのである」（p. 114） ・「親が……思春期対応ができるようになるために……親夫婦の仲がよいとか、子ども以外に打ち込めるなにかをもっているとか、親戚・友人・近隣との連帯が緊密だとか……子どもにすがりつかなくてもよい親自身の主体性を確立しておくことがのぞましい」（p. 115）
保育	角張慶子・小池由佳（2009）「母子分離における母親の意識――“子どもを預ける”サポート先の違いによる意識の比較を中心として」『県立新潟女子短期大学研究紀要』46、23-28	・「母親たちが躊躇しつつもサポート先について適切な情報を得て子どもに配慮をしながら必要なサービスを安心して利用できることが母子双方の発達にとって望ましい」（p. 24）

の責任から解放されるべきだ」という２つの矛盾する命題があることを指摘し（Suiter, et al. 2011：194）、フェミニストの観点から家族介護の問題を考える必要性を主張している。そして、子どものことを気にかけ、信頼できる責任感のある専門職がいることが重要だと述べている。

また岩田は、精神障害のある人と親との「親子カプセル」に焦点を当て、親子カプセルの形成と維持をもたらす親の要因（親の愛情、親の責任、罪の意識、地域社会の冷たい視線、近隣からの圧力、医療従事者の要請、社会資源のなさ）（岩田 1995：17-18）について解説している。そして、「親子カプセル」が開かれていくプロセスの要因として、①自分の心が癒されることで自分が開かれる（話を聞いてもらうなど）、②親と本人との関係（親が本人をコントロールすることを諦める）、③家族システムを開く（家族会仲間などの友人を持つなど）、④生活の場（住む・活動する・楽しむ場を確保するなど）を挙げている（同：19-21）。

Speck は、自閉症の青年と母親の事例において、本人が母親との共生関係から分離したがっているという見立てから、友人・知人・近隣住民などを含む 40 人もの人たちによる支援の輪を形成し、social network intervention（ソーシャルネットワーク介入）によって問題解決を図ったと報告している（Speck 1985）。そして「intrapsychic processes（心理的内面のプロセス）もネットワークの話し合いの中で取り上げられたが、それよりも、むしろ対人間の交互に作用しあっている、現に起こっている現象（the interpersonal, transactional, on-going phenomena）を強調してきた」（同：74）と述べ、「共生関係の問題に対しては、ネットワーク以上によい解決方法を知らない」（同：80）と結論づけている。

さらに田中は、知的障害者のいる家族の貧困と母子密着を関連づけて論じている。「家計がシングルインカムによって支えられ……本人にかかる支出が本人収入を上回る……貧困状態に陥った家族においては、その内外で母子一体化による孤立した状態へと帰結する」（田中 2010：261）とし、貧困がサービス利用や社会参加を制限し、家族による介助が増え、母子の距離がさらに縮まっていくという悪循環を指摘している。

(2) 他の領域の先行研究

社会福祉やソーシャルワーク以外の領域においても、本研究の参考になると思われる母子関係への介入に関する研究が認められた。

i) 臨床心理・家族心理の領域

臨床心理・家族心理の領域では、思春期から青年期、そして成人期にかけて母子間に密着関係が起こるメカニズムと、母子分離を促す方策に関する記述がいくつかみられた。

まず、母親の気持ちに焦点を当てたものとして、水本は青年期から成人期にかけての娘と母親の関係について考察し、母親は娘が依存し続けることと自立することの両方を望む複雑な気持ちを抱いているとし、「母親が母親役割に傾倒する要因は、子の自立不全にあるとも考えられる」(水本 2009:78) とも述べている。また、兼田と岡本は、子どもの巣立ちを母親のアイデンティティと関連づけて論じており、「母親役割に固執せず、子の巣立ちを積極的に受け止め、未来に目を向けて自己の問い直しを行い、母親役割以外の自分の役割、特に社会の中での位置づけについて主体的に模索し、積極的に関与していく」(兼田・岡本 2008:189) ことの重要性を指摘している。

一方、家族という視点からの議論では、中釜が思春期・青年期の子どものいる家族の課題として、子どもが自由に外界に出ていっても家族としてのまとまりが維持でき、戻ってきたときに受け入れることのできる柔軟性が必要であるとしている (中釜ほか 2008:115)。そして、野末は、親子の経済的なつながりに触れ、成人子が過度に親に依存することが、親による子への支配につながると警告し (中釜ほか 2008:46)、日本の家族の特徴として、夫婦関係よりも親子関係が中心となっていることを挙げている (同:61)。

また、父親の存在に着目した議論として、岡堂は、母子の親密性を超えた「母子癒着」という概念を用いて、夫と分かち合うべき親密さが子どもに向けられているとし、母子癒着は「夫婦が絆の強化を怠ってきた家族システムの問題」(岡堂 1991:226) だと結論づけている。松尾も同様に、日本の母親が子どもの世話を生きがいと感じ、母子間には閉じられた関係があることに言及し、「比較的早い時期に父親とかかわりをもつことは、母親の過保護から子どもを守る」(松尾 1996:196) と主張している。さらに田畑は、中高生の年代においては、子どもと母親の双方の成長と自立的な関係がテーマであり、母子分離には「父親あるいは父性の力」が重要であると述べている（田畑 2000：173)。

ⅱ）教育心理・教育相談の領域

教育心理・教育相談の領域では、具体的な相談事例から母子関係の問題の背景を探り、適切な母子分離を目指したかかわりが報告されていた。

横浜（1997）は、過保護で過度に心配性の母親と不登校の女子中学生の相談事例を取り上げ、母親との継続的な面接によって、家庭内での母子分離から始まり、次第に外出できるようになって、自主的な登校を実現したことを報告している。金盛（1994）も、密着関係にある母親と息子の事例を取り上げ、息子の世話と教育に熱心な母親が、夫には冷淡であったと指摘し、両親の関係が改善することで、息子の神経症状も解消したと述べている。

また、頼藤は「発達に応じた段階的な自立促進を、かなり意図的に推進していく必要がある」（頼藤 1994：114）とし、夫婦の仲の良さ、子ども以外に打ち込めるもの、家族以外の人との連帯など、「子どもにすがりつかなくてもよい親自身の主体性を確立していくこと」を勧めている（同：115)。

ⅲ）保育

保育の領域においては、本研究の参考になると思われる文献は非常に少なかったが、角張と小池は、母親が子どもに必要なサービスを利用して子どもを預ける際の意識について調査したなかで、母親たちがサポート先に関する情報を得て、安心して子どもを預けることが、母子分離や母子それぞれの発達にとって望ましいと述べている（角張・小池 2009：24)。

V 考察

母子密着の解消に向けた介入に関する先行研究レビューから、社会福祉およびソーシャルワークの領域の先行研究には、他の領域にはあまりみられない独自の視点があることが浮き彫りとなった。

まず、ソーシャルワークの領域では、母子関係にみられる困難さを、単に「病理」というとらえ方をして治療的に介入するのではないという点である。

心理・医療・看護では、「治療」「セラピー」「○○療法」といった名称の技法が用いられていたが、ソーシャルワークにおいてはそのような表現は限定的にしか用いられていなかった。

次に、「母子密着」や「親離れ・子離れ」の問題を、単に子どもの問題、母親の問題、あるいは家族内の問題に直結して解釈するのではなく、社会との関係にも注目してより広い視野でとらえようとしている点が、他の領域にはあまりみられない傾向であった。たとえば、岩田（1995）は、親子カプセルに至った背景に、子どもの精神疾患を親が周囲にひた隠しにしていたことがあったと述べており、Ingersoll-Dayton ら（2011）は、母親が精神疾患のある娘の支援に関して、社会から相反する期待を受けているとする。さらにSuiter ら（2011）は、精神疾患のある子をケアする女性たちの困難をフェミニストの観点から読み解く必要があると指摘している。すなわち、親子の閉じた関係を、彼らが経験する社会からの抑圧・孤立や家族介護者としてのジレンマ、さらには障害者や女性をめぐる社会的言説の観点からも洞察し、社会的背景を視野に入れた介入の必要性が示唆されている点が特徴的だといえよう。

また、ソーシャルワークの領域では、介入の対象が本人・家族に限定されず、当事者グループ・友人・近隣住民といった人たちをも巻き込もうとしている点や、本人・家族や周囲の人たちのストレングスに着目しながら、ネットワークを活用することで母子関係や家族関係を開こうとしている点も、他の領域との違いとして挙げることができる。たとえば、一瀬（2007）は、他者との関係や母親同士のネットワークをも対象とした多次元アプローチを提唱しており、岩田（1995）も、家族会を通じた他者とのかかわりの意義を強調しており、Speck（1985）は、本人や家族と専門職とのかかわりのみで解決しようとせず、より広い人間環境を社会資源と位置づけて活用している。

さらに、岩田（1995）が挙げているように、「生活の場」を確保すること、すなわち環境面を整えることで、親子関係の改善につなげるという視点も、ソーシャルワークの実践研究として注目に値する。

このように、親子の直面する困難や課題を、より広い視野で読み解き、本人・家族と、家族を取り巻く環境との間を取り持ったり、環境に働きかけたりすることで、解決に導こうという姿勢が、ソーシャルワークにおける母子関係への介入に求められるといえよう。

第3節　先行研究を踏まえた考察および質的調査と量的調査の視座

Ⅰ　2つの先行研究レビューから抽出した母子密着リスク要因と母子密着の解消に向けた介入方法

これまでの先行研究レビューからは、知的障害者と母親の間には密着関係があり、母子密着の背景には、ミクロからマクロにわたる多様な要因があることが明らかとなった。そして、実際の個々の母子関係においては、「母性・家族扶養という社会的規範を前提とした補完的な公的サービスの限界」「知的障害の特性からくる親のパターナリズム」「子どもの独立という規範の欠如」「障害者に対する社会的抑圧」といった複数の要因が複雑に絡み合って、相乗効果をもたらしながら、母子密着が生じていると考えられる。このような母子密着のリスク要因を整理すると、表1-3-1のようになる。

また、母子密着の解消に向けた介入についての先行研究レビューから、多様なレベルでのさまざまな介入の手立てが示唆された。まず、ミクロレベルでは、本人への働きかけとして、自立を促す支援が挙げられる。そして、母親への介入として、母親の子をケアする役割と子の自立を促す役割の間の葛藤を理解し、母親が「母親以外の役割や打ち込むもの」を持てるような働きかけが必要であり、家族のあり方としては、家の内と外を出入りする子どもを受け止める柔軟性と家族としてのまとまりが求められる。父親の存在も母子分離の大きな鍵を握っており、両親が夫婦としての親密性を維持・強化することが、母子関係を開くために必要である。また、家族を取り巻く環境との相互作用に働きかけ、ネットワークを構築するというメゾレベルの介入の有効性も示唆された。さらに、社会資源の不足、障害者やその家族に対するスティグマや構造的な貧困、男性優位の性別分業社会などの社会的・文化的要因の存在が指摘されており、マクロレベルの介入も不可欠であることが明らかとなった。母子密着の解消に向けた介入をまとめると、表1-3-2のようになる。

表 1-3-1　先行研究から抽出した母子密着リスク要因

分類	リスク要因：具体的な内容	先行研究の著者
社会的規範	母性・愛情規範：母親は愛情を持ってケアするのが当然	井上・塩見（2005）／春日（1994）／Shakespeare（2006）／曽根（2002）／鈴木・塩見（2005）
	家族規範：障害者は家族がケアするのが当然	中根（2006）／西村（2007, 2009）／岡部（2004）／Shakespeare（2006）／鈴木・塩見（2005）／土屋（2002）
	子の独立規範の欠如：子どもが独立すべきという意識が薄い	岡原（1995）／武田（2001）
	性別分業文化：男性は稼ぎ、女性は家事と育児を担う	春日（1994）／曽根（2002）／Suiter（2011）
	男性優位社会：夫が妻より優位	春日（1994）
障害観	パターナリズム：障害ゆえに過保護になる	岸田（2006）／中野（2009）／上田（2002）
	スティグマ：障害者・母親・家族へのスティグマ	石川（1995）／岩田（1995）／春日（1994）／岡原（1995）／杉野（2007）
	社会的抑圧：社会的抑圧を障害者に対して転嫁する	中根（2006）／杉野（2007）／土屋（2001）／要田（1999）
社会資源	補完的な公的サービス：母親のケアを前提にした補完的なサービス	西村（2007,2009）／鈴木・塩見（2005）
	社会資源の不足	岩田（1995）／西村（2009）
子の状況	母親役割を強化する子の自立不全	水本（2009）
母親の心理	親子カプセルにつながる愛情	岩田（1995）
	子のケアが生きがい	伊藤（2011）／兼田・岡本（2008）／松尾（1996）／曽根（2002）
	子に対する責任感	Ingersoll-Dayton（2001）／岩田（1995）／松尾（1996）／武田（2001）
	子に対する罪悪感	岩田（1995）／岡原（1995）
	孤立・孤独	一瀬（2007）／岩田（1995）／岡原（1995）／Speck（1985）
父母の関係	希薄な夫婦関係	金盛（1994）／松尾（1996）／野末（2008）／岡堂（1991）
家族の経済状況	経済的依存：経済的に子どもが親に依存	野末（2008）／田中（2010）
	構造的貧困：障害者世帯は収入が低位に置かれている	田中（2010）
専門職との関係	専門職への不信：信頼できる責任感のある専門職の不在	西村（2007,2009）／Suiter（2011）
社会との関係	地域社会の冷たい視線	岩田（1995）
	近隣からの圧力	岩田（1995）

表 1-3-2　先行研究から抽出した母子密着の解消に向けた介入方法

介入レベル	介入の対象	介入の視点	先行研究の著者
ミクロ	本人	自立を促進する	頼藤（1994）
	母親	母親の葛藤を理解する	Ingersoll-Dayton（2011）／岩田（1995）／水本（2009）
		母親以外の役割が持てるようにする	春日（1994）／兼田･岡本（2008）／松尾（1996）／頼藤（1994）
	家族全体	家族全体のまとまりや柔軟性を促す	伊藤（2011）／中釜（2008）
	父親と母親の夫婦関係	夫婦の親密性を高める	金盛（1994）／松尾（1996）／野末（2008）／岡堂（1991）／頼藤（1994）
メゾ	家族を取り巻く環境	他の家族との相互作用を促す	一瀬（2007）／岩田（1995）／頼藤（1994）
	ネットワーク	本人と家族をネットワークで支える	一瀬（2007）／岩田（1995）／Speck（1985）
マクロ	社会資源	母親に代わるケアを提供する社会資源を開発する	一瀬（2007）／岩田（1995）／角張･小池（2009）／Suiter（2011）
	社会資源	本人や家族に対する経済支援	野末（2008）／田中（2010）
	社会規範	男性優位・性別分業の見直し	春日（1994）／Suiter（2011）
	地域社会	スティグマ解消・障害理解のための啓発を行う	春日（1994）

Ⅱ　先行研究が示唆する課題と
ソーシャルワーク的解決方法の考察

上述のように、母子密着のリスク要因としては、知的障害者本人の状況、母親の心理、父母の関係、家族の経済状況などのミクロ的な要因、専門職や社会との関係などのメゾ的な要因、母性、家族、子の独立、性別分業などを巡る社会的な規範、ネガティブな障害観、社会資源の不備などのマクロ的な要因など、きわめて多様な要因が存在することが分かった。

そして、母子密着の解消に向けた介入方法に目を向けると、心理・看護・医療・教育の分野では、子の側に不登校や摂食障害などの何らかの心理面や行動面の「問題」が生じた時に、その背景にある原因として「母子密着」の存在が示唆され、母親に対するカウンセリングや子への治療的かかわりによって母子分離を図り、子が直面している「問題」を解決しようとするという、ミクロレベルの視点と介入を特徴としていることがうかがえた。

それに対して、社会学・障害学の分野では、障害者と母親の間の関係を障害のない人と母親の関係と比較して、「母子密着が起こりやすい」ことに注目し、現時点で「子の側に問題」が生じていなくても、すなわち「親子が、問題なく仲良く暮らしている」ように見えても、それは「解決すべき問題である」という視点を持っている。そして、「知的障害者と母親の母子密着」の背景にはさまざまな社会的・文化的要因があるというマクロレベルに着目し、母子密着の解消が目指される。たとえば、岡原は「（世間や親戚といった外部が）障害児と親が密接な同一体となることを、障害者やその親へ向けた期待の中で、はっきりと表現している……愛情を母親に強制する構造があり……母親に愛情の証を求める社会が存在する」（1995：87）と指摘し、母子の密接な関係を母親の個人的・精神的な問題として矮小化することに疑問を呈している。このことから、「母子密着」の問題については、障害のある人とない人との間に決定的な相違が存在することを認識しておく必要があろう。

このように、心理・看護・医療の分野ではミクロレベルでの「個人の変容」を目指すのに対して、社会学・障害学ではマクロレベルでの「社会の変革」を目指すという違いがある。これは、障害の「個人モデル」対「社会モデル」の対比と言い換えることもできよう。

一方、ソーシャルワークはその発展過程において、ソーシャルワークの支援や介入の対象が「人か、環境か」で揺れ動いてきたと言われている（Kempら 2000、Johnsonら 2004、空閑 2016、杉野 2011）。ソーシャルワークの源流とされる初期の慈善組織協会では、「貧困の原因はその人物にあると見て」（Johnson ら 2004：30）おり、クライエントの行動や生活態度を変えさせるべく、友愛訪問による指導や説得が行われていた。もう１つの源流とされるセツルメント運動では、「貧しい人びとが自分たちの努力ではどうすることもできない状況に陥っていることを理解して」(Johnsonら=2004：30)おり、社会のシステムを変えることで人々のニーズに応えることを目指していた。そして、ソーシャルワークの理論化・体系化に大きく貢献したリッチモンドは、「人と環境に対する二重の関心が新しい専門職業の特徴であると主張した」(Kempら=2000：26-27) とされる。

ところが1920年代以降、ソーシャルワークは人間の心理や行動を理解するための理論として、フロイトの精神分析を積極的に取り入れるようになり(Larkin 2006：8)、「ケースワークは心理的な問題や個人のパーソナリティの治療を目指した活動に傾倒して」(空閑 2016：85) いく。

そして1960年代になると、アメリカでは失業・貧困・犯罪・非行・人種差別などの社会問題が深刻化し、社会変革が求められるようになった。しかし、当時のソーシャルワークは主に中流階級以上の人たちを対象とし、貧困に直面している個人や家族の生活問題の背景にある社会の問題に対してあまり目を向けていなかったことから、「環境への関心が欠けている」(Larkin 2006：11)、「『ソーシャル』なワークとしての本来の役割を果たしていない」(空閑 2016：86) と批判を受けるようになり、パールマンは「ケースワークは死んだ」とソーシャルワークに対する自己批判を表明した。これをきっかけに、社会の変革の必要性が再認識されるようになり、社会環境との関係のなかで個人をとらえようとする視点が重要視されるようになった。

1970年代に入ると、社会システム理論を取り入れたソーシャルワークが広まり、さらには生態学を取り入れた生活モデルも登場し、「人と環境の交互作用」に焦点が置かれるようになった (空閑 2016、Johnsonら=2004)。杉野は、このシステム理論の登場によって、それまでの個人への働きかけか社会への働きかけかの分裂が、理論的に統合されていったとしており (2011：92-93)、エコ・システム理論として定着してきている。

ところが、エコ・システム理論では、社会問題が「人と環境の不調和」としてのみとらえられるため、「エコ・システム理論と『社会正義』との接点はきわめて見いだしにく (い)」(杉野 2011：94) と指摘される。

そのような中、フェミニストやエンパワメント、ストレングスといった概念も登場し、「社会的政治的なストレス源を認識し、クライエントをエンパワーし、その環境システムを変化するよう働きかける」ことが強調されるようになる（Johnsonら=2004：42)。すなわち、これらの新しい概念が、エコ・システム理論に欠けていた「個人の主体性や社会正義の追求」を補う役割を果たすようになっている（杉野 2011：94-95)。

このように、今日のソーシャルワークは、個人や家族が直面する生活問題の背景にある社会的・政治的な背景要因の存在を認識し、「人と環境とその交互作用」に焦点を当て、「社会正義」を目指しながら、ミクロからマクロまでの多次元的な介入を志向するようになってきている。ソーシャルワーカーは、「障害者と家族に対する社会のまなざし」や、「そのまなざしを反映した制度システムや社会のあり方」の問題性への認識を高めていかなければならないのである。すなわち、「母子密着」という現象を表面的にとらえて、単に「母親の心理状態」として矮小化するのではなく、目の前の知的障害者本人と母親の間に起こっていることや体験してきたことなどを、社会的・文化的・政治的文脈の中で理解していく必要がある。さらに、「子離れできない母親」として一方的に批判したり非難したりするのではなく、母親がこれまでどのように生活課題に対処してきたかを理解し、ストレングスの視点で評価し直すことも重要であろう。

Ⅲ　ソーシャルワーク実践モデルの探求に向けた質的調査と量的調査の視座

先行研究レビューを通して明らかになったように、「知的障害児・者の母親によるケアから社会的ケアへの移行」を促進するソーシャルワークとしての相談支援のあり方を模索する際には、ミクロからメゾ、マクロのレベルを視野に入れ、実に多様な要因の複雑な絡み合いを読み解く必要がある。相談支援従事者が日々出合っている相談支援事例は、非常に個別性が高く、一人ひとりの知的障害者本人、母親、その他の家族メンバーのそれぞれの属性や家族間の関係も多様であるし、家族を取り巻く人間環境や地域の特性も異なり、さらには福祉制度や社会情勢などの社会的背景も横たわっている。

このような状況に鑑みると、「社会的ケアへの移行」について、1つの要因だけを切り取って議論しても、相談支援の実践現場に真に役立つノウハウが生み出せるかどうかは、はなはだ疑問と言わざるを得ない。本研究は、「相談支援従事者が日々の実践現場で用いることのできる実用的なガイド」の作成を目指しており、個人・家族から近隣、ひいては社会全体をも視野に入れるソーシャルワークにとっては、現実問題として「広い視野を持って眺めてみる」ことが不可欠であると考えた。

そこで、第1ステップとして、親によるケアが難しくなった在宅知的障害者とその家族に対する相談支援の現状と課題を明らかにし、親亡き後の地域生活に必要な相談支援のあり方を探ることを目的として、熟練相談支援従事者を対象としたインタビュー調査を行うこととした(第2章)。「知的障害児・者の親によるケアから社会的ケアへの移行に向けた準備」にかかわる諸要因を導き出すことができるよう、「社会的ケアへの移行」の鍵を握ると思われてきた「母子関係」を中心軸に置きつつ、相談支援従事者の立場に立って、現実の相談支援の現場で視野に入ってくると思われる多様な要因をカバーできるよう心がけた。具体的には、相談支援従事者に対するインタビュー調査においては、「知的障害児・者と家族の相談支援の現状と課題」を中心テーマに据え、一人ひとりの相談支援従事者が経験していることを自由に語ってもらいながら、「母子関係」に関する語りを引き出すように努めた。

そして、第2ステップとして、知的障害児・者の母親によるケアの現状を把握し、母親による「ケアの抱え込み」の実態を明らかにし、「母親によるケアから社会的ケアへの移行に向けた準備」を促進する要因と阻害する要因を探ることを目的として、親に対するアンケート調査を実施した(第3章)。これは、第1章で述べた「母子密着」や「母子関係」に関する先行研究レビューの分析結果と、第1ステップの相談支援従事者を対象としたインタビュー調査の分析結果を、母親の視点から検証するための量的調査である。知的障害者本人および家族の状況、サービスの利用状況、フォーマルおよびインフォーマルな支援の状況、世帯の経済的状況など、相談支援の際のアセスメントで収集するような情報を調査項目としながら、先行研究レビューを通して見えてきた「母子密着リスク要因」を実証的に検証することによって、効果的な「母子関係への介入方法」を探索することを目的として、「母子関係」や「母親の価値観・ケア負担感・子への思い」などの多様な変数の関連性を検証することを意図して調査設計を行った。

第３ステップでは、第１ステップと第２ステップの調査結果を踏まえて実践ガイド原案を作成し、再度、相談支援従事者に対するインタビュー調査を実施して、「社会的ケアへの移行に向けた相談支援のあり方」や実践ガイド原案についての意見を聞き取った。このインタビュー調査の結果を反映させて、最終的な実践ガイドを完成させた。

第2章

相談支援従事者の課題認識と支援の実際

質的調査の分析結果

本章では、親によるケアが難しくなった在宅知的障害者とその家族に対する相談支援の現状と課題を探ることを目的に実施した熟練相談支援従事者に対するインタビュー調査の結果について述べる。そして、調査結果から導き出された「知的障害児・者の親によるケアから社会的ケアへの移行に向けた準備」にかかわる諸要因について考察する。

第1節　相談支援従事者に対するインタビュー調査

Ⅰ　調査の目的

第1章で述べたように、先行研究では、知的障害者の親によるケアの行き詰まりの背景には、母親が主たる介護者であることが求められてきたこと、福祉の制度やサービスが親によるケアの補完的な役割しか果たしていないこと、知的障害者に対するパターナリズムがあり、知的障害者が親から独立することが期待されていないこと、さらには社会全体が障害者を「あってはならない存在」とみなすため、家族も障害者を抱え込んでしまうことなどの多様な要因があることが指摘されている。そしてソーシャルワーク領域の研究においては、このような母子関係の困難さを家族内の問題・病理としてとらえるのではなく、当事者が経験する社会的抑圧・孤立、あるいは障害者や女性を巡る社会的言説の観点からも読み解こうとし、本人と家族を取り巻く周囲の人たちをも巻き込み、ストレングスに着目しながら、ネットワークを活用しようという特徴があることも明らかになった。

また、本研究のパイロットスタディとして2009年度に相談支援従事者らを対象に実施したインタビュー調査においては、地域で生活する知的障害者や家族の相談支援における課題として、本人の加齢にともなう機能低下や孤立、親の過保護や不適切なケア、近所づきあいの難しさ、親の突然の病気や家庭内の突発的な出来事などの危機的状況があることが指摘されていた。そして、知的障害者の地域生活の安定的な継続には、生活基盤の確保や本人への直接的な支援に加えて、親に代わるキーパーソンの存在や関係機関の連携といった支援環境の整備、そして相談支援従事者のコミュニケーション能力やアセスメント能力などの支援力の向上が必要であることも示唆された（植戸 2011)。

そこで、本章の相談支援従事者を対象としたインタビュー調査では、相談支援実践の現場において在宅知的障害者と家族に対して実際にどのような相談支援が行われ、何が課題と認識されているのかに焦点を絞って明らかにしていくこととする。

Ⅱ　調査の概要

(1) 調査の方法

まず、2011年2～3月にかけて、7か所の知的障害者通所施設（現・障害福祉サービス事業所）の施設長6名と支援課長など2名を対象に、2011年8月～2012年2月には、4か所の障害者相談支援事業所の所長2名と相談支援従事者5名を対象に、さらに2013年3月には、1か所の障害者相談支援事業所の相談支援従事者2名を対象に半構造化面接によるインタビュー調査を実施した。

調査協力者のうち1名を除いて、知的障害者施設や障害者相談支援事業所における実践経験が数年～30年程度の経験豊富な職員であった。また、協力してくれた5か所の相談支援事業所は、障害者自立支援法（現・障害者総合支援法)による相談支援事業が正式に開始された2006年度以前から、地域において障害児・者と家族の相談支援やアウトリーチ、在宅知的障害児・者や親のための居場所づくり、グループホームなどの地域資源開発を積極的に行い、障害者が地域で暮らし続けるための支援を先駆的に展開してきた事業所である。

調査協力施設・事業所および調査協力者は、表2-1-1のとおりである。

表2-1-1　インタビュー調査の協力者

実施年度	調査協力施設・事業所			調査協力者
2010年度	知的障害者通所施設	A園	近畿圏	A1 支援課長
		B園		B1 施設長
				B2 支援主任
		C園		C1 施設長
		D園		D1 施設長
		E園		E1 施設長
		F園		F1 施設長
		G園		G1 施設長
2011年度	相談支援事業所	H事業所	近畿圏	H1 相談支援専門員
		I事業所	甲信圏	I1 センター長
				I2 相談支援専門員
		J事業所	関東圏	J1 コーディネーター
				J2 コーディネーター
				J3 ヘルパー
		K事業所	近畿圏	K1 事業所責任者
2012年度	相談支援事業所	L事業所	近畿圏	L1 支援ワーカー
				L2 コーディネーター

(2) 質問項目

質問項目は、①家族によるケアが難しくなった在宅知的障害者と家族に対する相談支援の現状と課題、②在宅知的障害者が、親亡き後も地域で安心して暮らし続けるために必要な相談支援のあり方、とした。

(3) 倫理的配慮

インタビュー調査に際しては、口頭および書面で、調査の概要・目的・倫理的配慮について説明を行い、調査協力の承諾を得た。具体的には、会話の内容をICレコーダーに録音すること、個人名・施設名・事業所名などが特定できないように配慮したうえで、論文や学会発表などで分析結果を公表することなどについて、同意を得てから調査を実施した。

Ⅲ　相談支援従事者の語りの主な内容

ICレコーダーに録音した会話から逐語記録を作成し、その内容をKJ法によって整理分類した。主な内容は以下のとおりである。

(1) 知的障害者本人について

本人に関しては、高齢化、障害状況、健康面の問題、行動面の課題、支援の必要度、居住形態、日中活動状況、社会生活上のトラブルなど、さまざまな発言があった。「親の死亡により身寄りがなくなった」「本人をケアしてきた親を今は本人が介護している」「家庭で適切にケアされていない」といった状況も報告された。一方で、「生活の基盤があるときちんと仕事に通える」「サービス利用で地域生活ができそう」など、本人の力や可能性に関する発言もみられた。また、相談支援従事者は、本人のサービス利用に関する希望、居住場所や就労に関する希望、自分の将来の目標など、本人の思いを把握していた。母親との関係では、非常に密着した関係をうかがわせる人がいる一方で、親から離れたい気持ちを持っているが、親に自分の思いをうまく表現できない人もいることが分かった。

(2) 親について

親自身が、高齢化、健康問題、メンタルヘルス問題、親自身の知的障害、入院・施設入所、経済的問題、子どもからの暴力など、多様な課題を抱えており、ケアの負担が特に母親にかかってきている様子がうかがえた。専門機関に対して敷居の高さを感じたり、迷惑をかけてはいけないと感じたりして、ケアに行き詰まっていても抱え込んで手放そうとしない母親が多い反面、支援を求めケアを任せたいと話す母親もいて、親自身が子どもの自立やケアを委ねることにアンビバレントな思いを抱いている可能性が示唆された。また、「自分が一番分かっている」「自分はまだ大丈夫」という自信の一方で、「職員は分かっていない」という不信感があることが分かった。さらに、「肩身が狭い」「周囲に気兼ね」「うちのことはうちでやる」など、周囲との距離を感じさせる発言もみられた。

(3) きょうだいについて

知的障害・精神障害などのきょうだい自身の障害、多忙、アルコール問題、本人の年金の使い込み、ケアの拒否・放棄など、きょうだい自身の多様な問題が語られた一方で、きょうだいが本人の自立に賛同するなど、きょうだいが本人を支えてきたケースも報告された。

(4) 家族・親族について

家族全員が知的障害、家族関係の不和、経済的困窮、複雑な問題を抱えた家族など、家族として支援が必要な状況にあることが認識されていた。

(5) 親子関係について

母子が離れたことがなく、心理的に密着関係にあり、親離れ・子離れができていないことや、成人してからの親離れ・子離れが難しいため、そこへの支援が必要であることが述べられた。また、本人の暴力やこだわりによって親がコントロールされてしまっているという難しいケースも報告された。

(6) 地域の状況について

近所からの苦情や不審者扱いなど、知的障害者に対する無理解や排除がある反面、地域住民が親切に見守ってくれたり気にかけてくれたりすることも報告され、地域や個人によって知的障害者への理解・協力の度合いに違いがあることが示唆された。

(7) 支援の状況について

サービス利用状況に関するものでは、緊急ショートステイの利用から入所施設やグループホームへの移行、ホームヘルプ・通所施設・送迎サービスの利用、体験目的のショートステイやグループホームの利用などが挙がり、家族がケアを担えない部分を補ったり、将来に向けて段階的にサービスを導入したりしている状況がうかがえた。

ケア会議、行政・施設・病院・学校・社会福祉協議会といった他機関との会議や情報交換、高齢分野との接触など、多様な支援者・機関が連携し合っていることも分かった。

行政の動きとしては、生活保護の支給やサービス提供に拒否的な態度が指摘された一方で、「事業所を紹介してくれた」「ネグレクトケースに主導的にかかわってくれた」「手帳取得を勧めてくれた」など、行政の動きを評価する意見も聞かれた。

さらに、「病院・学校・障害児入所施設などの他機関が相談支援事業所に相談を持ち込んでくる」「情報を提供してくれる」「本人を受け入れてくれる」「親を理解して希望をかなえようとする」などの動きがあった。反面、これらの機関から、本人の受け入れを断わられることもあるとの報告もあった。

(8) 相談支援従事者による介入

親に対して相談支援従事者は、家庭訪問、傾聴・受容・心理的サポート、信頼関係づくり、福祉事務所などへの同行、子どもの自立についての話し合いや提案、社会資源についての情報提供など、非常に幅広い介入を行っていた。

知的障害者本人に対しては、家庭訪問などのアウトリーチ、不安の軽減、個別化・構造化した対応、本人中心のプログラム、入院中の親のお見舞いへの同行、継続的な面接、時間をかけた自己決定の支援、スモールステップでの課題解決、サービス利用の提案など、本人を中心に据えて寄り添いつつ、長い目で支えていこうとしていた。また、母子が離れる機会を作るためにショートステイ利用を導入するなど、母子関係への介入も行われていた。

他機関・他職種に対しては、こちらから出向いて協力関係の構築に努めたり、会議を開いて情報共有したり、継続的に本人や家族を支える体制づくりをしたり、サービスの調整を行ったりして、緊急的な対応のみならず、日頃から予防的な対応を視野に入れて、他機関・多職種に積極的に働きかけていた。

行政への働きかけとしては、サービス支給に関する交渉などのケースアドボカシーや、モデル事業の提案なども行っていた。

地域に対しては、日頃から地域住民とかかわる機会を多く作り、地域住民に理解や協力を求めるだけでなく、地域のキーパーソンをサポートしたり地域住民の相談に乗ったりして、地域住民にとっての社会資源になる努力もしていた。

(9) 相談支援のあり方について

相談支援のあり方に関する発言としては、「本人を理解し信頼関係を構築・維持する」「丁寧にアセスメントする」「本人を主体として、本人の安定や希望・楽しみを中心に据える」「ライフステージに応じた支援を提供する」「親の大変さ・苦しみに寄り添う」「母子の間のすり合わせをする」「タイミングを見計らって本人の自立を後押しする」「サービスをツールとして使う」「サービスの隙間を埋める」「家族をトータルで支援する」「チームで支援する」「行政や他の事業所との協力関係を維持する」「助け合える地域を作る」など、非常に多様な内容が挙げられた。

Ⅳ　相談支援従事者の語りの分析

さらに逐語記録を熟読し、相談支援従事者がどのような問題認識や援助観を持っているか、どのような点に着目しながら本人や家族の状況を理解しようとし、具体的にどのような支援や介入を行っているかという視点で解釈していった。そして、質的データ分析法（佐藤 2008）を用いて、重要と思われる部分を抽出してオープン・コーディングの処理をした後、さらに焦点的コーディングを行い、最後にさらに大きなカテゴリーに分類した。

分析の結果、①親によるケアから社会的ケアへの移行に関する認識についての語り、②実際の介入・支援についての語り、③支援に対する姿勢や援助観、の３つのカテゴリーに分けることができた（表2-1-2）。

第２節　語りの内容と分析結果についての考察

相談支援従事者の語りの主な内容とその分析結果をまとめると、次のように解釈できる。

Ⅰ　母親が子どものケアを抱え込んでしまう背景や経緯

(1)「知的障害者は親と同居し、母親が愛情と責任をもってケアすべき」という社会規範

・家族規範（家族が共に暮らすのが幸せ、家族は助け合うべき・扶養し合うべき）

表 2-1-2　相談支援従事者の語りの分析（1/4）

(1) 社会的ケアへの移行に関する認識		
社会的ケアへの移行を阻害している要因	親の抱え込み	主に母親が本人のケアをしている／親だけで本人のケアをしてきた／「元気なうちは自分でみる」／「自分が一生責任を持って子どもをみる」／「うちのことはうちでやる」／「できる、私がする」／サービス利用に消極的／まだ自分は大丈夫（子どもの世話ができる）と思っている／「私が倒れたら子どもをみてほしい」／親は限界まで頑張る／母親が本人を抱え込んでいる・切羽詰まっている／高齢の親は「人様に迷惑をかけられない」と思う／困っていても支援を求めない・受け入れない／SOSを出すタイミングを逃している／限界になってから相談に来る／自分から相談に来ない／どう施設を探せばよいか分からない／危機状況が起こらないと物事が動かない／母親が本人に「死ぬ時は一緒」と話す／子どもを手放すことへの不安・迷い・戸惑い・罪悪感／子どもの独立を認めない／親が子どもを手放そうとしない・手放したくない／親離れ・子離れができていない／母子密着がある／母親がべたべた／親の愛が（本人の）自立を阻んでいる／立ちはだかっているのは母性／親子が離れたことがない／グループホームができても母親はすぐに他者に託す勇気が持てない
	知的障害本人・親の孤立	就労や通所を中断したあと在宅生活が長年継続／外出経験がなく親子だけの生活／母子でずっと頑張ってきた／母親は夫にも分かってもらえない／きょうだいが本人にかかわらない／親族が頼れる存在ではない／身寄りがない／社会から孤立した家族がまだいる／近所との軋轢に困っている／地域住民が知的障害者を疎外している／地域には目に見えないバリアがある／（知的障害者に対する地域の）特別な目・厳しい目がある
	知的障害者の自立した生活のモデルがない	健常者の標準的な生活モデルが当てはまらない／知的障害者の地域自立生活のモデルがない／知的障害者の一人暮らしは事例が少ない／望む生活ができる場のモデルがない
	社会的背景	昔は「ダウン症の子どもは長生きできない」と言われていた／親は自分が抱え込まなければならないと思わされてきた／昔は母親が障害児の子育てを抱える時代だった／幼児期に親は理解も支援もされなかった／母親が障害児を見るのが当然視されていた／知的障害に対する理解が乏しい／地域が受け入れてくれない／地域には目に見えないバリアがある／（知的障害者に対して）不審者扱い
	支援体制の問題	在宅サービスは親の代わりになれていない／親が手放そうとしても本人を引き受ける所がない／グループホームが足りない／選べるだけの資源がない／地域生活の難しさは資源の問題／ホームヘルパーは生活維持の支援と見守りしかできない／通所施設が単なるサービス提供の場に堕落している／知的障害者相談員が積極的に家庭訪問しない／家族の代わりになる人がいない／通所施設としてできる限界がある／親がしてきたことを引き継ぐ人がいない／重度障害者の地域生活が描けない現状／「重度の人や行動面に問題のある人は、地域生活ができない」「親が倒れたら施設を探せばよい」という行政や支援者の考え／行政が家庭の問題に気づかない／困難を持つ人の地域生活を支援するのは普通の報酬ではやっていけない／お金がない中で頭をひねっても限界／多職種連携がうまくいかない／今の制度では地域生活は絵に描いた餅

表 2-1-2　相談支援従事者の語りの分析（2/4）

(1) 社会的ケアへの移行に関する認識（続き）		
社会的ケアへの移行を促進する要因	支援体制の構築	乳幼児期の支援があれば、自立に向けて展望が持てる／ホームヘルプを利用すると母も楽になる／親がしてきたことを引き継ぐ人･仕組み／ライフステージの変化にともなった支援の引き継ぎの仕組み／高齢分野と障害分野が一緒に考える
	個別の援助関係の構築	長年つきあう中で母が子どもの将来がイメージでき、自立生活を望むようになる／支援者を信頼できるようになると子どもを手放す気持ちになる／（援助関係を通して）母親が落ち着いて本人を手放す気になる・本人の将来を考えたいと言うようになる
(2) 実際の介入・支援		
親に対する支援	親の受容・サポート･信頼関係の構築	とにかく話を聴く／親の思いを否定しない／母親の寂しさに共感する／母親のしんどさに寄り添う／心理的に支える／役所に同行するなどの具体的な支援を提供する／母親の手帳取得を支援する／（支援を拒否する親に対しても）気にかけて「また来てもいいですか」と話す／理由をつけて様子を見に家庭訪問する
	本人の利益を共に考えるというパートナーシップの構築	普段から親といろいろな話をする／本人のことについて母親と共有する時間をたくさん持つ／本人の外での様子を伝えて、親の知らない本人像を知ってもらう／本人の自立を母とともに喜ぶ／本人の希望を親に伝える／「本人のため」と説明する／建設的な方策を一緒に考える／母親に現状を伝え、協力を求める／母親と一緒に自立生活の具体的なイメージづくり
	子どもの自立に向けた働きかけ	将来の自立について、子どもの頃から折に触れて･少しずつ･何度も話題にする／子どもを手放すよう説得する／本人の安定のために母子の距離を置くことを提案する／地域で自立している人の具体例を話す･一緒に見学に行く／「(私たちが地域で）責任をもって面倒を見る」と宣言する
	時機を逃さない介入	母親が現実の問題に気づいた時に、今後どうするかを投げかける／ショートステイで母子が離れている間に、母親に今後のことを考えてもらう／時機を見て自立の提案をする
本人に対する支援	個別的･継続的･段階的な支援	日常的に寄り添いながらの支援／日常的な会話や観察を通して困り事やニーズを把握する／皆が心配して支えていることを伝える／課題を一つひとつクリアしていく支援／施設内で構造化した状態で受け入れ、様子を見ながら不安定要因を軽減／１対１の支援／本人中心のプログラム／グループホーム入居について事前に繰り返し伝える／一人暮らしのイメージを持ってもらうための話し合い／将来のイメージを作る支援
	主体性の尊重	行きたい作業所を自分で選んでもらう／自分はどうしたいかを時間をかけて決めてもらう／会議の場に本人がいることが重要／本人がどう考えているかを大切にする／障害の有無にかかわらず自立は当然／本人の主体性に基づいた相談支援／本人が(自立について）親を説得するのを支援する

表 2-1-2　相談支援従事者の語りの分析（3/4）

(2) 実際の介入・支援（続き）		
本人に対する支援	体験の機会の提供	作業所の体験利用／就労に向けた職場実習／お金の使い方を練習する／段階的な体験（ショートステイ・グループホーム・外出）で親亡き後の準備／ホームヘルプを利用すると世界が広がる／ホームヘルプは本人が一つひとつ覚えていく支援／本人を当事者活動の場に紹介する
親子関係への介入		母子が離れる体験をするためにショートステイを利用してもらう／母子を分けて話をする／親の思いと本人の思いの折り合いをつける
支援者間・他機関等との協議・連携		ケース会議／サービス調整会議／月 1 回のモニタリング会議／家族や本人を交えた関係機関等との協議や個別支援会議／医療・学校・保健師・サービス事業所・地域団体等への情報提供・働きかけ・協力依頼など／緊急一時保護の調整／本人がどう生きようとしているかを、本人を中心に関係者で話し合う／高齢分野と障害分野が連携して親子を支える／こちらから他の事業所や支援者にコンタクトを取っておく／日常的に本人に接している支援者とパイプを持っておく／あらかじめ根回しし、いざという時に調整できるようにしておく／本人を中心にネットワークを作る
社会資源の開発		ショートステイがない時代に電話一本で本人を預かるサービスを始めた／ホームヘルプがない時代に私的契約のホームヘルプを始めた
行政への働きかけ		サービス支給について市と交渉／生活保護の必要性を訴える／国の地域移行の方針を持ち出して職員を説得／事例をまとめて体制づくりの提案をする／行政にモデル事業を提案する
(3) 支援に対する姿勢や援助観		
障害者の地域生活を権利としてとらえる		地域生活は基本的権利／住み慣れた所で暮らすのが自然なこと／障害者が地域で生きるのが当たり前の地域にしたい／「地域が家」という考え方／本人の生きる場を確保する／住み慣れた場所での生活にこだわる
本人の主体性や自立を重んじる		本人の生活・気持ちの安定や楽しみを中心に据えた支援／本人抜きに本人のことを決めるのは問題／本人の自立ということに向けて支援する／生きるのは本人／障害が重くても自分の暮らしは自分で作っていくもの
親子関係に関する認識		ずっと親子で同居を続けるのはよくない／親離れ・子離れの支援が必要／親子関係は大切だが、本人の生活を守るためには親と対峙する／自立とは、親元から離れて暮らし相互依存関係を解消すること
介入のポイントについての考え		家族が困っている時には、相談だけでなく実際に手を差しのべる／緊急介入の判断が重要／入所施設が見つからない時は、地域生活に持っていけるチャンス／親が子離れの準備ができたときが自立のタイミング／親が本人につきあえていない・支えきれなくなった時が、本人の自立のチャンス／介入のタイミングを計る

表 2-1-2　相談支援従事者の語りの分析（4/4）

(3) 支援に対する姿勢や援助観（続き）	
サービスの利用についての考え	サービスにつなぐことだけで解決する訳ではない／場当たり的にサービスを使うべきでない／サービスでは埋まらないニーズがある（人間関係の問題等）
チームやネットワークなどの連携に関する考え	サービス事業所とも思いを共有しておく／人が異動しても支援が継続するためにはチームが大切／重層的・多面的な支援体制が理想／周囲とパートナーシップを作る
親・家族とのかかわりにおいて大切にしていること	母親の大変さ・苦しみを理解する／親を否定しない／長いつきあいを通じて親の信頼を得る／母親との一方通行の話で説得するのではない／親との地道な話し合いが必要／（家族による）搾取や虐待は大きな力を持って解決する必要があるが、できれば会話と理解で解決していく／モニタリングを効果的に使い、家庭訪問で生活実態を把握する／サービス利用までに、本人を支える人たちとしっかり話をする／「本人のため」と説明して理解を求める／何かあった時のために情報だけは得ておく／支援を求めない人・拒否する人ともかかわりだけは持っておく／家族をトータルで支援／将来のイメージを作る支援
自分たちの仕事の意義や役割についての認識	本人や親が夢を持てるように支援するのが福祉の仕事／専門職が真の支援の思想をしっかり持つべき／ワーカーは本人の代弁者／施設職員は本人と社会の橋渡しの役割／人と人をつなぐ役割が一番大事／地域の駆け込み寺的な役割は、ソーシャルワークの基本
相談支援のあり方についての考え	アセスメントが大切／ホームヘルプやケアホームをツールとして使う／公的サービスの隙間を埋める相談支援が必要／サービス利用計画作成が相談支援の仕事だと思ったら大間違い／相談支援事業所がネットワークの核になる／支援の輪を構築するのが相談支援の役割／連携が相談機関の役割／「（親が倒れた時に）本人をどうするか」というような処理的な発想の相談支援は問題／親の希望を叶える・安心させるのが支援者の仕事ではない／親に代わって本人をトータルに見る相談支援が必要／個別の事例が大切／0 歳からのケア会議を仕組みとして継続させることが必要／親亡き後に向けた段階的準備が必要／目に見えない支援が重要／施設も相談機関も個別支援という点では同じ
その他	将来を見ながらの準備／地域によって地域支援の体制や流れは異なる／（他職種や他機関との関係において）敵を作ってはいけない

・母親役割規範（母親は愛情を持って子どもを守り育てるもの）
・男女役割規範（男性は外で働いて家族を養い、女性は家で家事や育児を担う）
・子どもの独立規範の欠如（子どもは成人後も必ずしも親元から独立しなくてもよい）
・知的障害者に対するスティグマ（社会において、知的障害者は望ましくない、依存的な存在）
⇒「知的障害者は、親と同居し、母親が愛情と責任をもってケアするべき」という考え方がある

(2) 親子同居や母親によるケアを前提とした法制度の仕組み
・(1) の社会規範を受けて法制度が組み立てられている
⇒　親子同居や母親によるケアを前提とした法制度の仕組みになっている

(3) 母親の代わりにならない社会資源
・(1) の社会規範や、(2) の法制度の仕組みのために、整備される社会資源は母親のケアを補完する程度のものでしかない
・サービスがあっても、母親の担いきれない部分を引き受けることができない（「問題行動」のある知的障害者の受け入れを、施設や事業所が拒否するなど）
⇒　社会資源が、母親の代わりの役目を果たしていない

(4) 地域住民が知的障害者や家族と距離を置く
・(1) の「障害者に対するスティグマ」から、知的障害者を排除しようとする
・今日の日本社会においては、一般的に近隣住民のつきあいが希薄になっている
・知的障害者本人の行動特性（大声・暴れる・物を壊すなど）により、近隣との間に摩擦が起こりやすい
⇒　地域住民は、知的障害者・家族とかかわりをもとうとしない

(5) 知的障害者の地域自立生活のイメージがもてない
・(1) の社会規範、(2) の法制度の仕組み、(3) の社会資源の現状か

ら、親元を離れて地域で自立した生活をしている知的障害者が少ない

⇒　知的障害者が親元を離れて地域で自立生活をするということが、イメージしにくい

(6) 専門職は母親にケアの担い手であることを求める

・(1)の社会規範(母親役割規範・男女役割規範など)から、母親にケアの担い手として頑張ることを求める

・子どものケアに専念し、愛情深い母親の役割に徹することを推奨・評価する

・知的障害者の母親として／1人の人間・生活者としての苦悩に対する理解が乏しい

⇒　専門職は、母親を1人の人間として理解し支えるのではなく、ケアの担い手として母親に期待する

(7) 親族が頼りにできない

・(1)の社会規範(障害者に対するスティグマ)から、親族が知的障害者・家族とのかかわりを敬遠する

・そもそも、現代社会においては、一般的に親族のつきあいが希薄になっている

・親族自身も、障害・病気・貧困等の生活問題のために、知的障害者・家族を助ける余力がない場合がある

⇒　親族が、知的障害者や母親にとって頼りになる存在になっていない

(8) 父親は、子ども・妻へのかかわり・理解・協力が不十分

・(1)の社会的背景(母親役割規範・男女役割規範)から、子どものケアを妻に任せようとする

・子どものケアにコストがかかること、母親が外で働けないことから、収入を上げるために父親は外で仕事をする時間が増え、子どもや妻とかかわる時間が減る

・子どものケアを妻に任せきっているので、夫婦の間には、子どもへの理解・ケアに対する認識についての大きな格差が生じる

⇒　父親は、子どもや妻に対するかかわりが少なく、理解・協力も十分にできていない

(9) 本人は、母親の保護下から抜け出すことが難しい

・濃密なケアが必要で、単独行動が難しいと、物理的に母親と離れる時間が少なくなる
・こだわり・パニック・暴力などがあると、慣れていない人がケアするのが難しい
・環境やスケジュールの変化が苦手な場合は、母親とのかかわりパターンを変えられない
・母親以外の人とかかわる経験が少ないと、本人は「母親の言うことがすべて」と思い込んでしまう可能性がある
・常に母親の保護下にいると、母親に対する依存心が強くなり、母子間に密着関係ができ、母親から離れたいとあまり思わなくなる
・思春期になって母親と離れたいと感じた場合でも、それを言葉で適切に伝えることができないと、情緒面・行動面で不安定になり、その結果、他人によるケアがますます難しくなる

⇒　知的障害者は、成人しても母親の保護下から抜け出すことが難しい

(10) 母親が子どものケアを抱え込む

・(1)の「障害者に対するスティグマ」により、子どもに対して罪悪感・不憫な思いを抱く
・(1)の社会規範（家族規範・母親役割規範など）により、子どものケアに対する強い責任感を持ち、母親役割に徹することへのプレッシャーを感じ、「母親の責任として、私が一生、面倒を見る」という気持ちになる
・(1)の社会規範（子どもの独立規範の欠如や、知的障害者に対する弱者のイメージ）により、子どもの独立性を認めず、過保護・過干渉になる
・(1)の母親役割規範、(6)の専門職や(8)の夫から期待される母親像により、母親役割だけが自分のアイデンティティになり、母子間に密着関係ができ、母親役割を手放しにくくなる
・(4)の地域住民、(6)の専門職、(7)の親族、(8)の夫など、誰からも理解されないという孤独感を抱く

・(4) の地域住民との摩擦などから、遠慮や気兼ねを感じ、あまり外へ出なくなり、親子で引きこもりがちになる
・(3) の社会資源の不足、(5) の知的障害者の自立生活モデルのないこと、誰からも理解されない孤立感などから、将来に対して大きな不安を抱く
・自分１人でケアを担ってきているので、「自分と同じようなケアをできる人はいない」と感じ、他者にケアを任せる勇気が持てない
⇒　母親はケアのしんどさや将来への不安を持ちつつも、他者に委ねられず抱え込んでしまう

Ⅱ　社会的ケアへの移行を促すための相談支援従事者の支援や介入

(1) 母親に対する支援

ⅰ) 母親の受容・サポート・信頼関係の構築
・母親を傾聴・受容・共感し、心理的にサポートしたり、困っている時に具体的な支援の手を差し伸べたりして、時間をかけて信頼関係を構築する

ⅱ) 本人の利益を共に考えるというパートナーシップの構築
・本人のことについて普段から母親とよく話し、本人のことをよく理解し、本人の利益を共に考えるというパートナーシップを構築する

ⅲ) 子どもの自立に向けた働きかけ
・本人の将来の自立について折に触れて話題にしたり、子どもと距離を置くことを勧めたりして、子どもの自立に向けた働きかけを行う

ⅳ) 時機を逃さない介入
・母親がケアに行き詰まったりしている時に自立の提案をするなど、時機を逃さずに介入する

(2) 本人に対する支援

ⅰ) 個別的・継続的・段階的な支援
・日常的なかかわりを通じてニーズを把握し、一つひとつ課題をクリアしていけるよう、個別的・継続的・段階的な支援を提供する

ii） 主体性の尊重

・本人の生活・気持ちの安定・楽しみなどを中心に据え、自分はどうしたいかを時間をかけて決めてもらうなど、主体性を尊重したかかわりを行う

iii） 体験の機会の提供

・作業所・グループホームの体験利用や外出支援など、体験の機会を提供する

(3) 母子関係への介入

・ショートステイやガイドヘルプなどの利用を勧めるなど、母子が離れる体験の機会を提供する

(4) 支援者間・他機関等の協議・連携

・本人を中心に関係者で話し合ったり、高齢分野と障害分野が連携して親子を支えたり、他の事業所や支援者と積極的にコンタクトを取って、情報共有し、必要な時にすぐサービスが利用できるようパイプを作っておく

(5) 社会資源の開発

・ニーズに応えるために、制度にないサービスを先駆的に開発する

(6) 行政への働きかけ

・制度利用等に関して個別のアドボカシーを行ったり、地域支援体制づくりの提案をするなど、行政に積極的に働きかける

第3節　母親によるケアから社会的ケアへの移行に関するストーリーライン

以上の考察を踏まえて、母親による子どものケアの抱え込みと、それを社会的ケアへ移行させるための相談支援に関するストーリーラインができた。

I 「母親による知的障害児・者のケアの抱え込み」に関するストーリーライン

今日の日本社会の中には、〈**「知的障害者は親と同居し、母親が愛情と責任をもってケアすべき」という社会規範**〉があり、それが〈**親子同居や母親に**

よるケアを前提とした法制度の仕組み〉や、〈母親の代わりにならない社会資源〉という現状につながっている。また、知的障害者に対するスティグマや、地域や親族のつながりの希薄化などから、〈地域住民が知的障害者や家族と距離を置く〉ようになっており、〈親族が頼りにできない〉存在になっている。さらに、母親が知的障害者のケアをすべきという社会規範は専門職の間にも浸透し、〈専門職は母親にケアの担い手であることを求める〉傾向が強い。そして、この社会規範は家庭内にも持ち込まれて、父親は母親に子どものケアを任せてしまうため、〈父親は、子ども・妻へのかかわり・理解・協力が不十分〉な状態になっている。また、母親がケアすべきという社会規範、母親のケアを前提とした法制度の仕組み、母親の代わりにならない社会資源といった現状から、親元から離れて地域で暮らす知的障害者が少なく、〈知的障害者の地域自立生活のイメージがもてない〉のが現状である。一方、知的障害者本人に注目すると、ケアの必要度が高い、対応の難しい問題行動があるなどのために、母親以外の人によるケアが困難とされたり、母子だけの濃密な関係が維持されたりすることにより、〈本人は、母親の保護下から抜け出すことが難しい〉状態になる。これらの要因が相互作用しながら、母親が子どものケアを担い続ける事態を招き、母親はケアのしんどさや将来への不安を持ちつつも、他者に委ねることができず、〈母親が子どものケアを抱え込む〉ことになってしまう。

Ⅱ「母親によるケアから社会的ケアへ移行させるための相談支援」に関するストーリーライン

相談支援従事者たちは、母親によるケアから社会的ケアへの移行を促すために、さまざまな支援・介入を試みている。まず、母親に対する支援としては、母親を傾聴し、支援を提供したりすることを通じて、〈母親の受容・サポート・信頼関係の構築〉に取り組んでいる。本人のことを母親とよく共有することで、〈本人の利益を共に考えるパートナーシップの構築〉に努め、本人の自立について話題にしたり、子どもと距離を置くよう勧めたりして、母親に対して〈子どもの自立に向けた働きかけ〉を行い、母親がケアに行き詰まった時に自立の提案をするなど、〈時機を逃さない介入〉を心がけている。

さらに、本人に対しては、日常的なかかわりを通じて〈**個別的・継続的・段階的な支援**〉を提供しながら、〈**主体性の尊重**〉を心がけ、作業所·グループホームや外出などの〈**体験の機会の提供**〉を意図的に行っている。また、ショートステイ利用で母子が離れる機会を提供するという〈**母子関係への介入**〉を行ったりもしている。さらに、本人を中心に関係者で話し合い、母子ともに支援するという視点を持ち、必要なサービスがいつでも提供できるよう、普段から〈**支援者間・他機関等の協議・連携**〉を図るとともに、ニーズに応えるために制度にない支援メニューを地域の中につくるなどの〈**社会資源の開発**〉に取り組み、個別のアドボカシーや地域支援体制づくりの提案などの〈**行政への働きかけ**〉を積極的に行っている。このようにして、相談支援従事者たちは、個人レベル・対人関係レベル・ネットワークレベル・政策レベルといった多岐にわたる支援・介入により、母親によるケアから社会的ケアへの移行を促進しようとしている。

以上のように、1つ目の「母親による知的障害児・者のケアの抱え込み」に関するストーリーラインは、相談支援従事者のアセスメントに相当する部分であり、2つ目の「母親によるケアから社会的ケアへ移行させるための相談支援」に関するストーリーラインは、そのアセスメントに基づいて行われている相談支援の状況を示しているといえる。そこで、第3章の知的障害児·者の母親に対するアンケート調査では、本章の1つ目のストーリーラインで得られたようなアセスメントの妥当性を母親の視点から検証することを目的に、相談支援従事者の母親観および支援対象家族観をもとにした仮説をつくり、これを検証できるような調査設計を行った。こうして、アセスメントの妥当性の検証を経て、支援の妥当性についても考察できるように量的調査を設計した。

第3章

知的障害児・者の母親に対する調査

知的障害分野の熟練相談支援従事者への質的調査から示唆された「母親によるケアの現状」と「ケアの抱え込み」について、母親を対象とした量的調査によって検証するとともに、「母親によるケアから社会的ケアへの移行に向けた準備」の促進要因と阻害要因を探ることを目的として、知的障害児・者の親の会の会員977名（回答数451票、回収率46.2%、有効回答449票、回答率46.0%）を対象にアンケート調査を実施した。本調査の分析結果は、相談支援従事者へのインタビュー調査の結果（第2章参照）とともに、相談支援従事者向けの「実践ガイド」（第4章参照）を作成するための基本的資料として活用した。

第1節　調査の概要

I　調査の背景

近年、知的障害者福祉分野においても、家族によるケアの現状や課題、あるいは知的障害児・者と家族との関係等が、研究テーマとして取り上げられるようになってきている。そしてその多くは、母親がケアの負担を抱え込んでいること（麦倉 2004）、親たちは親亡き後を心配しつつも、親離れ・子離れが困難であること（白波瀬・香川 2003）、ケアの行為を親と社会が「分有」するという発想が必要であること（中根 2006）、親が子どもの世話を担う役割から降りるためのサポートが必要であること（西村 2009）など、親によるケアから社会的ケアに移行するためには、支援が必要であることを指摘している。

Ⅱ 調査の目的と方法

(1) 相談支援従事者に対するインタビュー調査

上記のような知的障害児・者の家族によるケアの困難性や課題については、本研究に先立って、2009年度に実施した障害者相談支援事業所の相談支援専門員や知的障害者の母親などを対象にしたインタビュー調査（植戸 2011）、および2010年度に実施した知的障害者の通所施設（生活介護や就労継続支援Ｂ型等の障害福祉サービス事業所）の相談支援従事者を対象にしたインタビュー調査においても、繰り返し指摘されてきた。

そこで、2011～2012年度に障害者相談支援事業所の熟練相談支援従事者を対象に、母親によるケアから社会的なケアへの移行に着目したインタビュー調査を行った（植戸 2014）。その結果、調査協力者が日々感じていることとして、親とりわけ母親がケアを１人で負担し続け、社会的ケアへと委ねることに不安を抱いている現状が語られていた。そして、その背景には「母子密着」や「親離れ・子離れの難しさ」といった要因があると考えられていた。さらに、その社会的ケアへの移行を促進するためには、単にサービスを用意するだけではなく、「親離れ・子離れ」を意識した丁寧な相談支援が必要であり、それによって親が「サービスを利用し、ケアを社会に委ねる」という行動に移っていくことも示唆された。

(2) アンケート調査の目的と課題

このように、相談支援従事者へのインタビュー調査から「母親によるケアの抱え込み」や「社会的ケアへの移行の必要性」は明らかになってきたが、これらは主として支援者側からの視点であり、当事者である親の視点が欠けていると言わざるを得ない。そこで、次のステップとして、親（特に母親）を対象に調査を実施した。調査方法は、インタビュー調査ではなく無記名式アンケート調査を選択した。「母子密着」や「ケアの抱え込み」をテーマにしたインタビュー調査は、現にケアを抱え込んでいる母親が自己反省的にならざるを得ず、明確な回答が得られにくいし、「抱え込んでいること」自体を自覚していないケースもあると推測される。そのため、定型化された質問票に無記名で回答するというアンケート調査の手法により、事実と意識の双方を調査することとした。

本アンケート調査によって明らかにしようとした課題は、以下のとおりである。

ｉ）母親によるケアの抱え込みの現状

知的障害児・者の大半が親と同居しており[1]（厚生労働省 2018）、母親が主たる介護者となっており[2]（きょうされん 2010）、先行研究や相談支援従事者へのインタビュー調査において「母親がケアを抱え込んでいる」と指摘されていることから、母親によるケアの実態を明らかにすることにより、どのような「ケアの抱え込み」が存在するのかを探る。

ⅱ）社会的ケアへの移行に向けた準備の阻害要因と促進要因

母親が子のケアを抱え込む背景には「母子密着」があるという指摘があり、それが社会的ケアへの移行を阻害していると考えられている。また、先行研究では、社会全体が知的障害児・者のケアを母親に任せてきたという歴史があり、その結果として母親が子のケアを社会に委ねることが難しくなっているとも指摘されている。一方で、わが子の自立や社会参加を進めようという意識を持ちながら、「わが子を手放そう」と、積極的にサービスを利用したり地域活動に参加したりしている母親もいる。知的障害のある人が、親元を離れて地域で安定した生活を継続していくためには、地域社会の中にあるサービスやサポートを活用しながら、ケアを社会に委ねていくことが必要であるが、それを阻害しているものは何か、それを促進するものは何かを、母親の視点から探っていく。

(3) アンケート調査の設計と仮説

上記の課題を明らかにするために、先行研究や相談支援従事者へのインタビュー調査の結果を踏まえて、大別して以下の２つの質問項目群を設定した。

ｉ）「社会的ケアへの移行に向けた準備」の程度を問う質問群（従属変数）

「社会的ケアへの移行に向けた準備」の程度について、たとえば「あなたは知的障害のあるお子さんから子離れするために、どの程度準備ができていると思いますか？」といったことを母親に直接問うた場合、それは母親にとってセンシティブな質問であり、これまでの知的障害福祉施策の歴史的背景を考えると大変失礼な質問でもあり、回答者の感情を害したり、矛盾する回答によってデータの信頼性が損なわれたりすることが、先行研究や相談支援従事者へのインタビュー調査から予測された。このため、子離れ支援に際して相談支援従事者が「サービス利用」を勧めたり、「母子が離れる機会」を提供することを意識したりしている点から、「母親がどれだけ外部サービスを利用しているか」と、「母親と子が離れる時間」という２つの客観的指標によって「社会的ケアへの移行に向けた準備」の程度を測定することにした。

加えて、「社会的ケアへの移行に向けた準備」という概念について、「子の自立に向けた母親のかかわり」と「ケアを外部サービスに委ねようという母親の意向」という２つの下位概念を設定し、これらの概念に関する質問項目によっても「社会的ケアへの移行に向けた準備」の程度を測定しようとした。

このように、「母子が離れる時間」「サービスの積極的利用」「子の自立に向けた母親のかかわり」「ケアを外部サービスに委ねようという母親の意向」という４つの下位概念によって、「社会的ケアへの移行に向けた準備」を測定し、従属変数として分析を行うこととした。

なお、「子の自立に向けた母親のかかわり」については、ダウン症児の親を対象とした「自立へのかかわり尺度」（仁尾ら 2010）の15項目のうちの11項目を、本アンケート調査の目的・対象に合わせて改変して用いた。

ⅱ）「社会的ケアへの移行に向けた準備」に影響を与える要因に関する質問群（独立変数）

「社会的ケアへの移行に向けた準備」に影響を与える要因として、母と子それぞれの基本属性のほか、母親の社会参加状況、母親の心身の状態、母親のケア負担感、母親の価値観、母親の自分の性格についての認識、母親の子との関係についての認識、サポートの状況、暮らし向きを想定し、これらに関する質問項目から独立変数を設定した。

なお、本研究の鍵概念である「母子密着」を測るための既存尺度としては、藤田（1998）による「母子密着尺度」がある。これは大学生などの青年期の子からみた母親との関係についての質問群であり、「私が衣服を買う時には母がついて来てくれることがよくある」「私は自分の進路や進学のさいに母とよく相談をした」といった内容のものであり、知的障害者の母親が回答するには当てはまりにくい質問である。また、谷井・上地（1993）による「親役割診断尺度」は、中高生の子を持つ親が自己評定する尺度となっているが、質問項目が「『勉強しなさい』と言っては、うるさがられることが多い」「転勤のある大企業より地元の企業または役所に就職して欲しい」など、知的障害者の親には馴染まない質問項目が多く、本研究で用いることはできないと判断した。そこで、先行研究や相談支援従事者へのインタビュー調査の結果を参考にしながら、母子密着の度合いを見るために、「子への理解度」と「子と一心同体」の２つの質問項目を新たに作成した。

まず、相談支援従事者の語りの「母親は『自分が子どものことを、何でも一番よく分かっている』と思っている」に着目した。これは、母親が知的障害のある子に対して、「母親も知らない意思や世界を持った独立した存在」とはみなしていないことの表れであり、母親の子に対する心理的密着を示していると解釈し、「子どものことは、自分が一番よく分かっていると思う（子への理解度）」という質問項目を設定した。また、相談支援従事者の語りにある「母親が『（自分と子は）死ぬ時は一緒』と言う」や、先行研究における「我が子は自己の一部というほどの密接な存在」（一瀬 2007：19）、「ベタベタの関係」（岡原 1995：91）、「母と子の２人の世界観があって感性に満ちている」（伊藤 2011：36）などの記述も、母子の心理的に密着した関係を表していると考え、「子どもと自分は、『一心同体』だと感じることがある（子と一心同体）」という質問項目を設けた。

以上の項目間の関係性を仮説として図式化すると、図3-1-1のようになる。

(4) 調査方法

ⅰ）調査協力者

Ａ市の知的障害児・者の親たちが組織・運営するＢ会の全会員を対象とした。なお、「知的障害児・者のケアを担ってきた親が、子のケアを社会に委ねる」という本調査のテーマを踏まえて、調査依頼文には、高校生以上の知的障害児・者の家族に回答してもらうよう記載した。

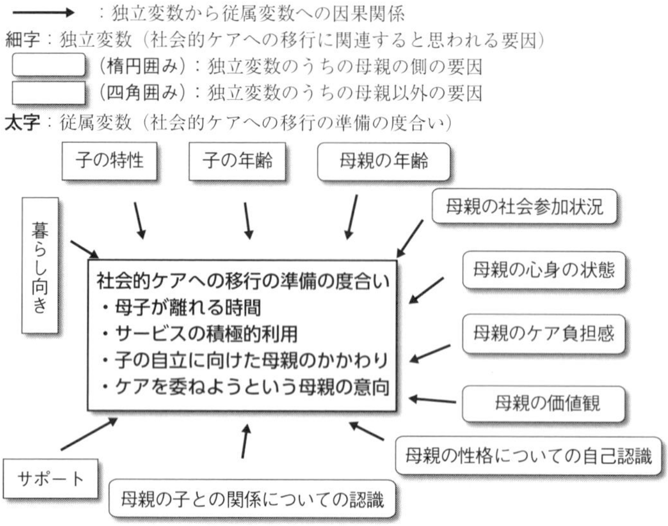

図 3-1-1　アンケート調査における変数間の関係の仮説の図式化

ⅱ）倫理的配慮

調査に先立ってＢ会の役員に質問票を示して調査の目的・概要について口頭および文書で説明し、調査協力の承諾を得た。また、会員への調査協力依頼文において、回答は無記名とし、調査への協力は回答者の自由意思によること、回答は統計的に処理し個人が特定されないこと、調査結果は論文・学会などで発表することなどを説明した。各会員が回答を返送することで、調査協力の承諾を得たとみなした。なお、本調査の実施に先立って、「神戸女子大学ヒト研究倫理委員会」による調査実施の審査と承認を得ている（受付番号：H25-22）。

ⅲ）調査の実施

・調査期間：2014 年 2 月

・無記名・郵送法：アンケート調査の依頼文・質問票・返信用封筒のセットをＢ会から全会員に郵送してもらい、各自が無記名で回答した質問票は、返信用封筒に入れて調査者宛てに返送してもらった。

・有効回答数：送付した質問票 977 に対して、451 票の回答があった（回収率 46.2%）。そのうち、家族ではなく知的障害者本人が回答したと思われる無効票と白票を除く449票を有効票とみなした（回答率46.0%）。

iv）調査項目

① 回答者の基本属性（続柄、年齢、社会参加状況２項目、健康状態）、５項目

② 知的障害者本人の基本属性（性別、年齢、療育手帳、障害程度区分、行動特性４項目、自立度８項目）、16項目

③ 社会的ケアへの移行の準備に関する質問（サービス利用状況６項目、母子が別々に過ごす時間４項目、ケアを委ねようという意向８項目、子の自立に向けたかかわり11項目）、29項目

④ 社会的ケアへの移行の準備に関係すると思われる質問(母親の価値観３項目、母親の心理状態13項目、インフォーマルサポート２項目、フォーマルサポート７項目、父子のかかわり２項目、経済的状況２項目)、29項目

以上のほか、自由記述の設問も含めて、合計85の質問項目を作成した(質問票は巻末資料を参照)。また、具体的な質問項目および質問文については、障害学と看護学の研究者（障害児・者の親へのアンケート調査実施の経験者）のスーパービジョンを受けた。さらに、調査協力を依頼する段階で、協力団体（知的障害児・者の親の会）の役員を含む複数のメンバーに質問票を見てもらい、質問文の表面的妥当性について検討してもらった。

独立変数として設定した上記①②④の質問項目を表に整理したものは、表3-1-1である。

v）分析方法

・回答者の基本属性：単純集計（第２節）

・社会的ケアへの移行の準備に関連する要因：相関分析／一元配置分散分析（第３節）

・社会的ケアへの移行の準備の促進要因と阻害要因：重回帰分析（第４節）

・重回帰分析に先立って、既存尺度を改変借用した質問項目等について因子分析を行い、変数をまとめた。

表 3-1-1　アンケート調査における独立変数

独立変数		
母親の側の要因	年齢	年齢
	社会参加状況	就労状況
		ボランティア・地域活動状況
	心身の状態	健康状態
		孤独感
	ケアの負担感	ケアの負担感*1)
	価値観	社会に訴えかける姿勢
		子の独立規範意識
	性格についての自己認識	支援を求める姿勢
		自助努力意識
		他者を受け入れる柔軟性
		リジリエンス*2)
	子との関係についての認識	母親役割意識
		子への理解度
		子への罪悪感
		子と一心同体
子の側の要因	子の年齢	子の年齢
	子の行動特性	ADL
		IADL
		パニック
暮らし向き	暮らし向き	世帯の平均月収
		暮らし向きのゆとり感
サポート	専門職への信頼度	専門職の本人理解
		専門職の家族理解
	夫からのサポート	夫は子の世話に協力
		夫は子とよくかかわる
		夫は子を理解している

*1)「Zarit 介護負担尺度日本語短縮版」（国立長寿医療研究センター）の 8 項目のうち 5 項目を、本アンケート調査の目的・対象に合わせて改変して用いた。

*2)「二次元リジリエンス要因尺度（BRS)」（平野真理）の 21 項目のうち、1 項目を採用した。

・因子の分析方法は主因子法とし、スクリー基準および累積寄与率45%を基準として、因子数を設定した。そして、バリマックス回転による因子分析を行い、共通性0.3%未満の項目、複数の因子に高い負荷量を示す項目を順次除外して、安定した因子構造を得た。

重回帰分析にあたっては、「社会的ケアへの移行の準備」を測定するための「母子が離れる時間」「サービスの積極的利用」「子の自立に向けたかかわり」「ケアを委ねようという意向」という4つの概念から6つの従属変数を改めて設定した。そして、相関分析や分散分析の結果に配慮しながら、図3-1-1の仮説モデルを修正したうえで、ステップワイズ法による重回帰分析を行った。仮説モデルに従って独立変数を設定し、有意な独立変数の組み合わせのうち、もっとも当てはまりのよい回帰モデルを採択した。なお、採択モデルにおいては、独立変数の有意確率が5%水準のものまでを受け入れている。

第2節　調査結果の概要

本節では、アンケート調査の単純集計結果の主なものについて述べる。すべての単純集計結果は巻末資料のとおりである。

Ⅰ　回答者の属性

続柄：母親が356名で、約8割を占めていることから、知的障害者本人に最も近い家族としての母親の存在の大きさが示唆された（問71）。

年齢：平均年齢は65.2歳（39～90歳、SD9.60）で、60代が157名（35.0%）で最も多く、次いで70代が105名（23.4%）となっており、60代以上が全体の3分の2（295名、65.7%）を占めるという結果であった。本調査に協力してくれたB会のみならず、全国の知的障害児・者の親の会にみられる会員の高齢化（全日本手をつなぐ育成会 2014）が、この結果からも明確に浮き彫りになった（問72）。

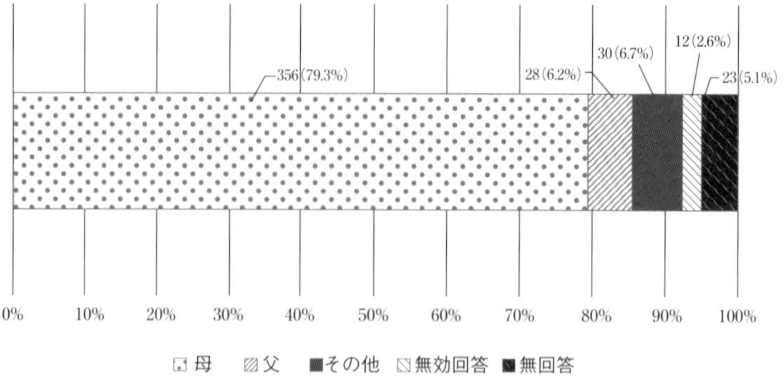

図 3-2-1　回答者の続柄（n=449）

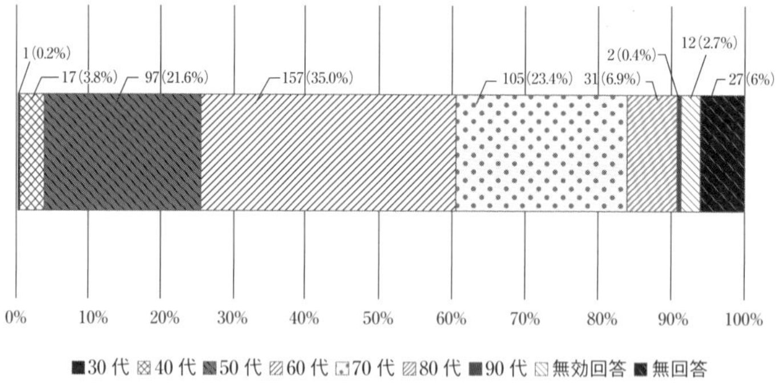

図 3-2-2　回答者の年齢（n=449）

健康状態：健康状態では、「とても健康」「やや健康」が合わせて87名（19.4%）であるのに対し、「あまり健康でない」「健康でない」の合計が103名（22.9%）となっており、健康ではないと感じている人の方が多いことが分かった（問73）。

就労状況：就労状況は、「仕事をしていない」人は6割強（275名、61.2%）となっており、回答者に高齢者が多いことから、就労していない人が多いものと思われる（問75）。

ボランティアや地域活動への参加状況：ボランティアや地域活動に「参加していない」人が半数近くいる一方で（215人、47.9%）、約3割（133人、29.6 %）の人が月1回以上の活動に参加しているという結果であった（問76）。

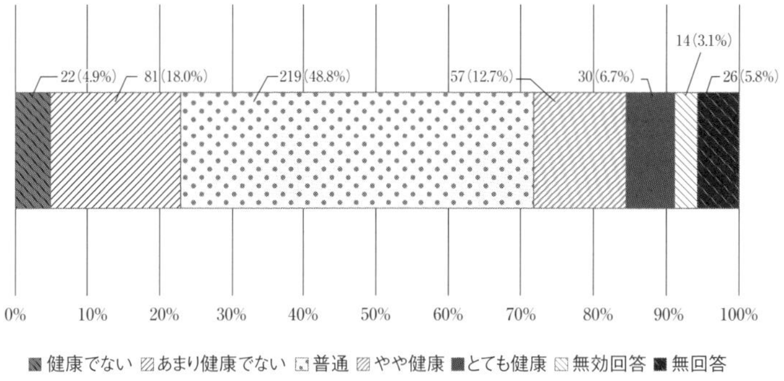

図 3-2-3　回答者の健康状態（n=449）

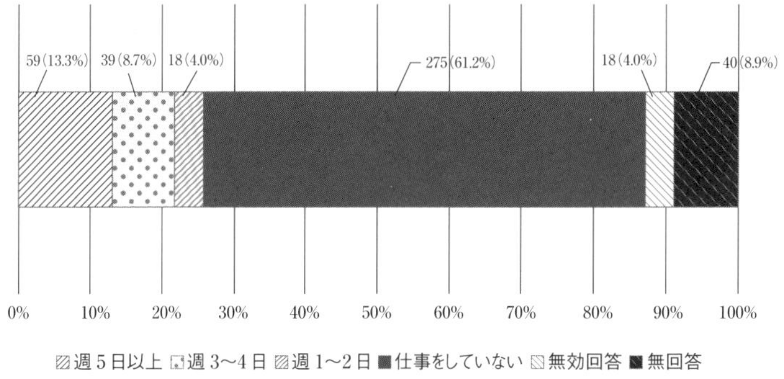

図 3-2-4　回答者の就労状況（n=449）

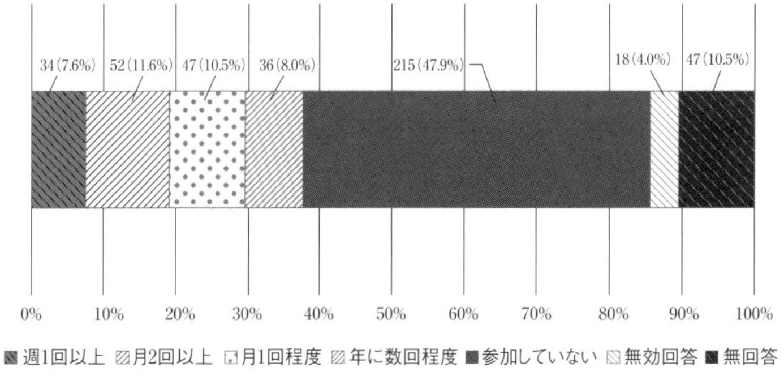

図 3-2-5　回答者のボランティア・地域活動状況（n=449）

Ⅱ　知的障害者本人の属性

年齢：知的障害者本人の満年齢は、平均年齢は38.1歳（16～72歳、SD10.35）であった。40代が147名（32.7%）で最も多く、40代以上の中高年者が半数近く（203名、45.2%）を占めていた。厚生労働省の「平成23年生活のしづらさなどに関する調査（全国在宅障害児・者実態調査）結果」（以下、全国実態調査）によれば、在宅知的障害児・者は30代が20.5%で多く、10代が18.5%、20代が18.0%、10歳未満が9.5%と続いており、40代以上の中高年者は32.7%という結果であった。全国実態調査は0歳から64歳までを対象とした統計であり、また施設入所者が含まれていないため、本アンケート調査とは直接的な比較はできないが、本調査では全国実態調査よりも、知的障害者本人の年齢が高いことが分かる（問1）。

性別：男性が全体の66.8%であり、男性が女性の2倍以上という結果であった。全国実態調査では、65歳未満の在宅知的障害児・者の性別は、男性が57.7%に対して、女性が42.3%となっている。本アンケート調査が親の会に所属している人たちで高校生以上の知的障害児・者に対象が絞られていることと、入所している人も含まれていることなどから、このような差が生じているものと推測される（問2）。

療育手帳：重度の人が半数以上（245名、54.8%）を占めていた。全国実態調査では、18歳以上の在宅知的障害者の療育手帳は、「重度」が39.7%となっ

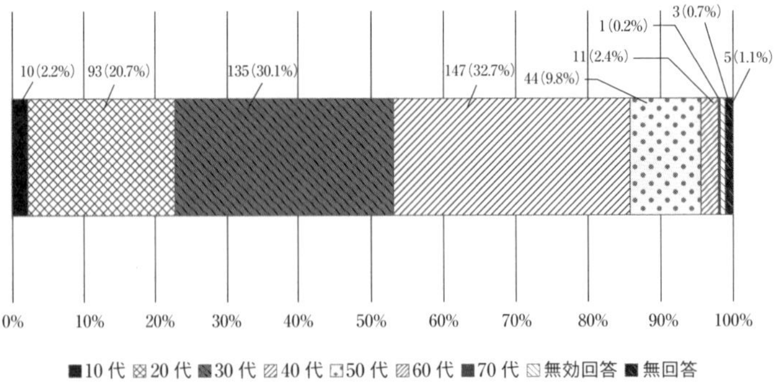

図3-2-6　本人の年齢（n=449）

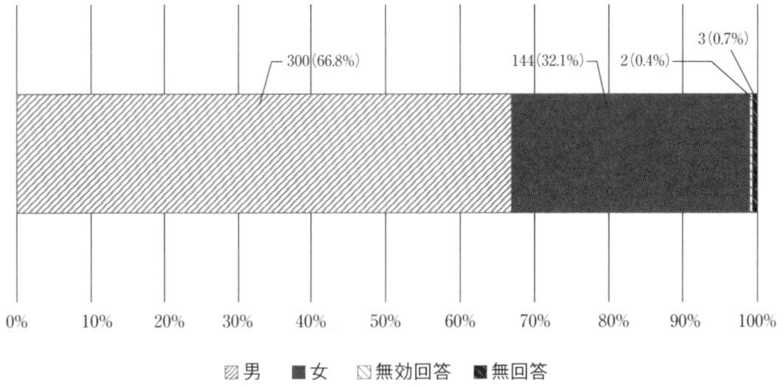

図 3-2-7　本人の性別（n=449）

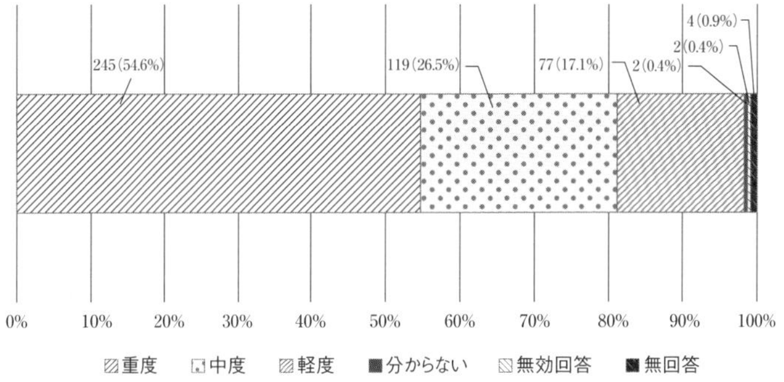

図 3-2-8　療育手帳（n=449）

ている。本アンケート調査には施設入所者も含まれていることが、重度者の割合が高い要因の１つではないかと考えられる（問 3）。

障害程度区分 :「区分 1」が 22 名（4.9%)、「区分 2」が 65 名（14.5%)、「区分 3」が 66 名（14.7%)、「区分 4」が 69 名（15.4%)、「区分 5」が 60 名(13.4%)、「区分 6」が 33 名（7.3%）となっていた（問 4）。

居住場所・形態 :「親と同居」が 379 名（84.4%）で、圧倒的多数であった(問 5)。

日中活動の場 :「通所施設や作業所」が 298 名（66.4%）で最も多く、約 3 人に 2 人が福祉サービス事業所で日中を過ごしていることが分かった(問 6)。

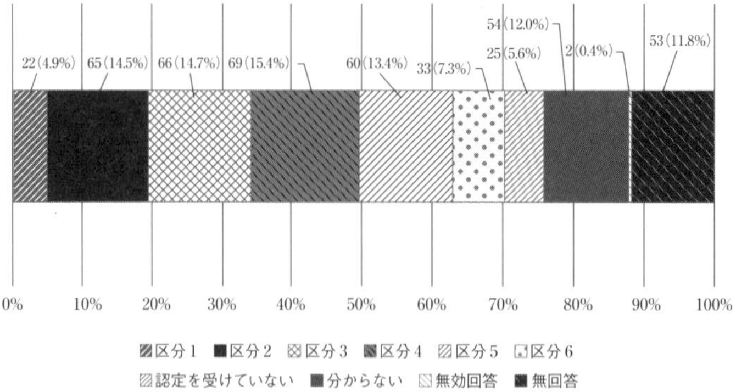

図 3-2-9　障害程度区分（n=449）

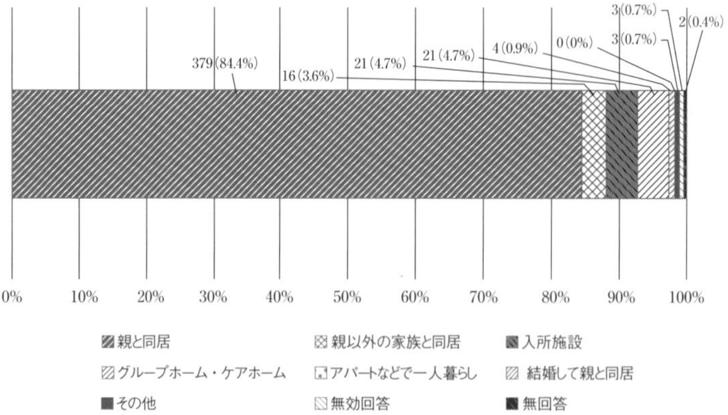

図 3-2-10　居住場所・形態（n=449）

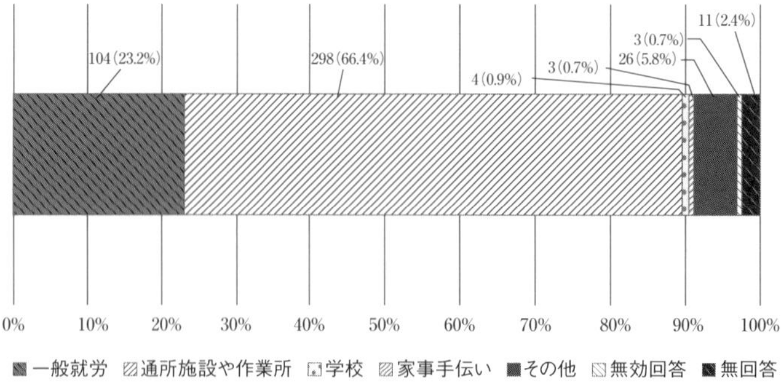

図 3-2-11　日中活動の場（n=449））

Ⅲ「社会的ケアへの移行に向けた準備」についての質問項目の単純集計

(1) 母子が離れる時間

知的障害者本人と同居している母親に対して母子が離れる時間について尋ねた（n=369）。

平日別々の時間 :「7～9時間」が22.5%で最も多く、平均が7.7時間（0～16時間、SD2.44)、中央値が7時間となっていた。

休日別々の時間 :「5時間未満」が43.4%で最も多く、平均が3.9時間（0～20時間、SD3.66)、中央値が3時間であった。

ショートステイ（以下、SS）や宿泊行事等による別々の日数 :過去1年間に、SSや宿泊行事などの公的サービスの利用によって、母子が別々に過ごした日数を尋ねたところ、「1～5日」が最も多く（27.4%)、平均が6.1日（0～110日、SD14.88)、中央値は1日となっていた。

SSや宿泊行事等以外による別々の日数 : 過去1年間に、SSなどの公的サービス以外に、親戚宅に泊まるなどで母親と別々に過ごした日数を尋ねたところ、「0日」が最も多く（60.4%)、1日でも別々に過ごしたことがある人はわずか6.5%、平均が0.5日(0～10日、SD1.79)、中央値は0日となっていた。

(2) サービスの積極的利用（n=449）

過去1年間利用サービス :「ガイドヘルプ（以下、GH)」が38.3%、次いで「SS」が26.1%、「ホームヘルプ（以下、HH)」5.1%で、在宅サービスの利用はあまり普及していないと思われる。

過去1か月のGH利用時間 :平均が14.7時間（0～64時間、SD10.52)、中央値が12時間という結果であった。

過去1年間のSS利用日数 : 平均が12.4日（0～310日、SD30.52)、中央値が4日となっていた。「0日」という人が7.8%いる一方で、最大310日利用した人もおり、利用日数には大きなばらつきがあった。

(3) ケアを他者に委ねようという意向

知的障害のある子と同居する母親に回答を求めた（n=369、「近所に気を配る」を除く)。

世話できなくなった時の子の生活を思い描く :「あまり思い描けない」と

「まったく思い描けない」を合わせると36.0%で、「よく思い描ける」「かなり思い描ける」の合計の23.6%よりも多くなっていた。

親元を離れた子の生活を想像する：「よく想像できる」と「かなり想像できる」の合計18.4%に対して、「あまり想像できない」と「まったく想像できない」の合計37.9%となっており、想像できない母親ができる母親の約2倍という結果であった。

将来について子に伝える：「いつも伝えようとしている」と「時々伝えようとしている」を合わせると48.2%で、半数近い母親が伝えようとしていた。

将来について家族と話す：「いつもしている」「よくしている」「時々している」の合計が50.1%で、半数の母親が日常的に家族で話をしていた。

将来について行政や支援センターに相談する：「いつも相談している」と「時々相談している」を合わせても20.3%で、相談している人は少数派であった。本人や家族と話はしても、行政などへは相談していない人が多いと思われる。

近所に気を配る：「本人を理解してもらうために近所に気を配る」では、「いつもしている」と「よくしている」の合計が27.4%であるのに対し、「していない」と答えた母親はそれよりやや多い28.7%であった（n=449）。

（4）子の自立に向けたかかわり

すべての回答者に回答を求めた（n=449、「健常児と同じ子育て」を除く）。

子の自立に向けたかかわり：回答者が知的障害者本人の自立に向けたかかわり（11項目）をどの程度しているかの質問に対して、「いつもしている／させている」と「よくしている／させている」と答えた人の合計をみると、「1人で通学・通勤・外出」では47.9%、「家事の手伝い」では20.7%、「できることを自分でする」では54.8%、「規則正しい生活を送る」では73.5%、「社会のルールやマナーを教える」では57.2%、「読み書き・計算を教える」では33.6%、「健常児と同じ子育て」（n=398）では50.0%、「本人のことを周囲に伝える」では55.0%、「家族以外と交流させる」では25.8%、「地域活動に参加させる」では7.6%、「趣味の機会を作る」では23.8%となっていた。

Ⅳ「社会的ケアへの移行の準備に関係すると思われる要因」についての質問項目の単純集計

(1) 母親の側の要因

(Ⅰ) 知的障害のある子と同居する母親のみに尋ねた質問は、以下のとおりである（n=398）。

母親役割意識：子の世話が張り合い ：「強く思う」と「かなり思う」を合わせると41.2%となり、「まったく思わない」「あまり思わない」の合計の22.1%を大きく上回った。

子への罪悪感：子に対して申し訳ない ：「強く思う」と「かなり思う」を合わせて36.4%、「多少思う」も含めると67.6%という結果であった。

子との心理的密着 ：「子のことは自分が一番よく分かっている」では、「強く思う」と「かなり思う」を合わせると69.6%、「子と一心同体」では35.2%という結果であった。「母親たちは、自分が一番よく分かっているという自信はあるが、必ずしも一心同体と感じているとは限らない」といえる。

社会に訴えかける姿勢：社会に訴えるべき ：「強く思う」と「かなり思う」を合わせて54.8%であり、半数を超える母親が、知的障害のある人への理解を求めるために社会に訴えるべきと考えていた。

ケアの負担感 ：ケアの負担感に関する質問（5項目）に対して、「いつも思う」と「よく思う」と答えた人の合計をみると、「子の行動に困る」では39.7%、「世話を誰かに任せたい」では10.8%、「子をどうしていいか分からない」では16.1%、「家族とつきあいづらい」が16.8%、「社会参加が減った」が15.8%という結果であった。

孤立感：孤独だと思う ：「思わない」と答えた母親が61.8%と6割を占めていたが、「いつも思う」と「よく思う」を合わせて4.0%と、少数ながら孤独を感じている母親もいた。

(Ⅱ) 配偶者のいる母親のみに尋ねた質問は、以下のとおりである（n=397）

夫からのサポート：夫は子の世話に協力する ：「いつも思う」と「よく思う」の合計が35.3%で、「思わない」と「たまに思う」の合計（17.6%）の約2倍となっていた。

(Ⅲ) 身近に相談できる専門職がいる人に尋ねた質問は、以下のとおりである（n=426）。

専門職の本人理解度:最も身近な専門職は本人のことを理解してくれていると思うか、については、「強く思う」と「かなり思う」を合わせて46.5%であった。

専門職の家族理解度:最も身近な専門職は家族の気持ちをよく理解してくれていると思うか、については、「強く思う」と「かなり思う」の合計が32.6%であった。本人への理解度と家族への理解度を比較すると、「本人のことは理解してくれているが、家族の気持ちは理解してくれていない」と感じている母親の存在がみえてきた。

(Ⅳ) すべての回答者に尋ねた質問は、以下のとおりである（n=449）。

自助努力意識：自分で解決したい:「強く思う」と「かなり思う」を合わせると26.1%で、「まったく思わない」と「あまり思わない」の合計20.9%より多い結果であった。

子の独立規範意識：親から独立すべき:「まったく思わない」と「あまり思わない」の合計（27.4%）は「強く思う」と「かなり思う」の合計（21.8%）を上回っていた。

支援を求める姿勢：悩みを相談する:「していない」と「たまにしている」の合計が41.4%であるのに対して、「いつもしている」と「よくしている」の合計17.4%を大きく上回り、母親たちは悩みをあまり人に相談しておらず、大変さを抱え込んでいる可能性がある。

他者を受け入れる柔軟性：助言を受け入れる:「（助言された時、「人は人、自分は自分」と）まったく思わない」と「あまり思わない」の合計（33.2%）が「強く思う」と「かなり思う」の合計（11.6%）を上回り、おおむね3人に1人は助言を受け入れる姿勢を持っていた。

リジリエンス：困難を切り抜けられる:「強く思う」と「かなり思う」の合計（21.6%）が、「まったく思わない」と「あまり思わない」の合計（17.6%）をやや上回った。

助けてくれる人：家族以外で助けてくれる人:「いる」と答えた人が49.9%で、「いない」と答えた人（34.3%）より多かったが、「無回答」の13.6%の中には、実際には「いない」と感じている人が含まれている可能性がある。

（2）子の側の要因（n=449）

入浴動作の自立度：入浴動作のうち「1人でできる」の割合をみると、「服を脱ぐ」では86.0%、「体を洗う」では59.7%、「髪を洗う」では56.1%、「服を着る」では78.2%であった。

買い物行動の自立度：買い物行動のうち「1人でできる」の割合をみると、「品物を選ぶ」が58.6%、「レジに持って行く」が55.0%、「代金を支払う」が46.8%、「おつりが分かる」が25.6%となっていた。

こだわりの有無：スケジュール・持ち物・食べ物などに関するこだわりについては、「ある」人が57.0%で、「ない」人（35.6%）を大きく上回っていた。

パニックの日数：過去1か月にパニックのあった日数は、「0日」が40.0%、「1日～10日未満」が21.4%で、平均が3.5日となっていた。

（3）父子のかかわりの要因

配偶者のいる母親に対して父子のかかわりについて質問した（n=397）。

夫は子とよくかかわる：「いつも思う」と「よく思う」を合わせると36.3%で、「思わない」と「たまに思う」の合計（18.1%）の約2倍という結果であった。

夫は子を理解している：「いつも思う」と「よく思う」を合わせると32.0%で、「思わない」と「たまに思う」の合計（19.4%）を上回っていた。ただし、「夫が子とよくかかわる」に比べると、「夫が子を理解している」と考える母親は少なく、「夫は子とかかわってはいるが、よく理解していない」と思っている母親の存在がうかがえる。

（4）経済的状況の要因（n=449）

世帯平均月収：世帯の平均月収は、平均が37.1万円、中央値と最頻値がともに30万円で、30万円前後が平均的な月収であると思われる。一方で、回答者間に大きな格差があり（最低2万円～最高300万円）、20万円未満の世帯が9.8%となっており、収入の非常に少ない世帯が一定割合いることも明らかとなった。

暮らし向きのゆとり：「ゆとりがある」と「ややゆとりがある」を合わせると12.5%であったのに対し、「苦しい」と「やや苦しい」の合計が30.7%となっており、家計が苦しいという世帯が3割に上ることが明らかとなった。

V　その他の質問項目の単純集計

親亡き後の子の生活の場の希望：子と同居している母親に親亡き後の子どもの生活の場に関する希望（複数回答）を尋ねたところ（n=342）、「入所施設」が168名（49.1%）と有効回答の半数近くを占め、入所志向の根強さを物語っている。次いで「グループホーム」が105名（30.7%）、「家族の支援を受けながら自宅」が50名（14.6%）、「事業所の支援を受けながら自宅」が33名（9.6%）、「その他」が22名（6.4%）となっており、少数派ながら施設や在宅サービスの利用を考えていない人もいることが分かった。

第3節　「社会的ケアへの移行に向けた準備の程度」に関連する要因

本節では、「母親によるケアから社会的ケアへの移行に向けた準備の程度」に関連する要因を探る。これは、次節で述べる「社会的ケアへの移行の促進要因と阻害要因の同定」のための因子分析と重回帰分析に先立って、大まかな傾向を把握するための作業である。

本調査では、「社会的ケアへの移行」そのものの測定が困難であることから、「社会的ケアへの移行に向けた準備の程度」という概念を想定し、それを測定可能にする4つのより具体的な下位概念として、「母子が離れる時間」「サービスの積極的利用」「子の自立に向けたかかわり」「ケアを委ねようという意向」を設定した。そして、これら「社会的ケアへの移行の準備の程度」を示す変数とそれらに関連すると思われる変数に関する仮説を立て、相関分析および一元配置分散分析によって検証した。

I　「母子が離れる時間」に関連する要因の分析

(1) 仮説

(1) 母親の要因として、「子の独立規範意識」が強く、「就労状況」や「ボランティア･地域活動状況」が活発で、「夫からのサポート」や「夫以外からのサポート」が多いほど、「母子が離れる時間」が多い。また、子の要因として、「子の自立度」が高いほど、父子の要因として「父子のかかわり」が多いほど、さらに「経済的状況」にゆとりがあるほど、「母子が離れる時間」が多い。

(II) 母親の要因として、「母親役割意識」や「自助努力意識」が強く、「ケアの負担感」が大きいほど、また子の要因として、「子の問題行動」が多いほど、「母子が離れる時間」が少ない。

(2) 結果と考察

「母子が離れる時間」を示す変数と、それに関連すると思われる変数との有意な関連を、相関分析および一元配置分散分析によって調べた（表 3-3-1、表 3-3-2）。

分析結果からは、まず、「問 23：平日別々時間」と「問 24：休日別々時間」において、「問３：療育手帳」（平日 r=.540、休日 r=.427）、「問４：障害程度区分」（平日 r=.470、休日 r=.294）との間に 1% 水準で有意な関連がみられ、「問９：入浴動作」「問 10：買い物行動」との間に 1% 水準で有意な関連がみられた。これは、「子の自立度が高いほど、母子が離れる時間が多い」という仮説を支持している。アンケート調査に先立って実施した相談支援従事者からのインタビュー調査においては、「母子密着」に関連する要因として「本人の自立度」についてはあまり言及されていなかったが、母親に対するアンケート調査からは、本人の自立度が大きな要因となっていることが明らかになった。

また、「問 23：平日別々時間」や「問 24：休日別々時間」を多くする要因として、母親の独立規範意識や就労状況、経済状況が有意に関連していた。一方、別々時間を少なくする要因として、ケアの負担感が有意に関連していることは、「ケア負担感が重いほど母子が一緒にいる時間が多い」という仮説を支持している。

「問 25：SS・宿泊訓練等による別々の日数」では、一部に仮説とは反対の「子の自立度が低いほど、母子が離れる時間が多い」という結果がみられたが、「問４：障害程度区分」（r=−.205, p=.002）と「問 33：世話が張り合い」

表 3-3-1　相関分析の結果：従属変数「母子が離れる時間」

	「母子が離れる時間」を示す従属変数			
関連すると思われる変数	問 23：平日別々時間	問 24：休日別々時間	問 25：SS 等による別々日数	問 26：SS 等以外による別々日数
問 3：療育手帳（1-3）	r=.540**, p=.000, n=305	r=.427**, p=.000, n=314	r=-.114*, p=.045, n=311	r=.081, p=.160, n=299
問 4:障害程度区分(6-1)	r=.470**, p=.000, n=216	r=.294**, p=.000, n=223	r=-.205**, p=.002, n=230	r=.054, p=.422, n=223
問 13：パニック日数	r=-.060, p=.362, n=233	r=-.005, p=.941, n=244	r=.031, p=.628, n=246	r=.087, p=.181, n=236
問 33：世話が張り合い（1-5）	r=-.033, p=.571, n=297	r=-.021, p=.712, n=309	r=.155**, p=.007, n=305	r=.015, p=.797, n=294
問 39：子の行動に困る（1-5）	r=-.118*, p=.043, n=292	r=-.139*, p=.016, n=302	r=.104, p=.073, n=297	r=.001, p=.984, n=288
問 40:世話を誰かに任せたい（1-5）	r=-.135*, p=.021, n=292	r=-.074, p=.199, n=303	r=.081, p=.162, n=299	r=.023, p=.697, n=289
問 41：どうしていいか分からない（1-5）	r=-.041, p=.489, n=292	r=.012, p=.837, n=304	r=.013, p=.828, n=299	r=.022, p=.704, n=289
問 42：家族とつきあいづらい（1-5）	r=-.183**, p=.002, n=292	r=-.165**, p=.004, n=302	r=.045, p=.439, n=297	r=.035, p=.551, n=289
問 43:社会参加が減った（1-5）	r=-.209**, p=.000, n=293	r=-.149**, p=.009, n=304	r=.078, p=.176, n=299	r=.038, p=.518, n=291
問 45：夫は子の世話に協力する（1-5）	r=.024, p=.722, n=219	r=-.043, p=.520, n=224	r=-.018, p=.785, n=223	r=.014, p=.842, n=218
問 46:父親の子へのかかわり度（1-5）	r=-.032, p=.639, n=219	r=-.050, p=.458, n=224	r=-.015, p=822, n=223	r=.078, p=.251, n=218
問 47：父親の子への理解度（1-5）	r=.040, p=.559, n=220	r=.022, p=.740, n=225	r=.009, p=.895, n=224	r=.010, p=.880, n=219
問 75:就労状況（1-4）	r=.230**, p=.000, n=279	r=.185**, p=.002, n=289	r=-.126*, p=.033, n=284	r=-.038, p=.530, n=277
問 76：ボランティア・地域活動状況（1-4）	r=.049, p=.419, n=276	r=-.040, p=.499, n=286	r=.058 ,p=.329, n=280	r=-.018, p=.765, n=276
問 77：自分で解決したい（1-5）	r=.054, p=.370, n=282	r=-.051, p=.384, n=292	r=-.038, p=.515, n=289	r=.068, p=.256, n=282
問 78：親から独立すべき（1-5）	r=.170**, p=.004, n=279	r=.037, p=.529, n=290	r=.013, p=.821, n=286	r=.112, p=.060, n=280
問 82：世帯平均月収	r=.168*, p=.019, n=196	r=.100, p=.151, n=206	r=-.066, p=.349, n=201	r=-.038, p=.591, n=199
問 83:暮らし向きのゆとり（1-5）	r=.145*, p=.015, n=279	r=.086, p=.143, n=291	r=-.093, p-=.115, n=287	r=-.077, p=.194, n=284

**p<.01, *p<.05

表 3-3-2　一元配置分散分析の結果：従属変数「母子が離れる時間」

関連すると思われる変数	「母子が離れる時間」を示す従属変数					
	問 23：平日別々時間			問 24：休日別々時間		
	あり できる	なし できない	分散分析	あり できる	なし できない	分散分析
問 9-1：服を脱ぐ	7.946	5.797	F (1,297) =24.281** p=.000	4.044	1.700	F (1,305) =11.494** p=.001
問 9-2：体を洗う	8.603	6.338	F (1,294) =77.762** p=.000	4.720	2.315	F (1,304) =34.245** p=.000
問 9-3：髪を洗う	8.675	6.421	F (1,294) =79.104** p=.000	4.846	2.364	F (1,304) =38.205** p=.000
問 9-4：服を着る	8.101	5.906	F (1,294) =40.373** p=.000	4.250	1.793	F (1,304) =21.294** p=.000
問 10-1：品物を選ぶ	8.368	6.664	F (1,296) =39.523** p=.000	4.821	2.087	F (1,303) =44.976** p=.000
問 10-2：レジに持っていく	8.646	6.508	F (1,297) =70.774** p=.000	5.000	2.094	F (1,302) =54.013** p=.000
問 10-3：代金を支払う	9.087	6.464	F (1,293) =123.104** p=.000	5.391	2.266	F (1,303) =67.439** p=.000
問 10-4：おつりが分かる	9.375	7.005	F (1,288) =69.910** p=.000	5.693	3.099	F (1,296) =32.397** p=.000
問 11：こだわりの有無	7.700	7.775	F (1,294) =.066 p=.798	3.624	4.185	F (1,302) =1.684 p=.195
問 58：助けてくれる人の有無	7.614	7.907	F (1,272) =.895 p=.345	3.811	3.459	F (1,283) =.685 p=.409

関連すると思われる変数	「母子が離れる時間」を示す従属変数					
	問 25：SS 等による別々日数			問 26：SS 等以外による別々日数		
	あり できる	なし できない	分散分析	あり できる	なし できない	分散分析
問 9-1：服を脱ぐ	5.35	11.27	F (1,302) =4.655* p=.032	.47	.15	F (1,290) =1.067 p=.302
問 9-2：体を洗う	4.31	8.67	F (1,299) =6.182* p=.013	.46	.36	F (1,288) =.230 p=.632
問 9-3：髪を洗う	4.58	7.96	F (1,299) =3.780 p=.053	.40	.44	F (1,288) =.044 p=.834
問 9-4：服を着る	5.45	9.04	F (1,299) =2.529 p=.113	.43	.36	F (1,288) =.075 p=.784
問 10-1：品物を選ぶ	5.38	7.08	F (1,299) =.931 p=.335	.62	.16	F (1,287) =4.946* p=.027
問 10-2：レジに持っていく	5.65	6.59	F (1,300) =.285 p=.594	.65	.17	F (1,288) =5.475* p=.020
問 10-3：代金を支払う	5.04	6.95	F (1,297) =1.206 p=.273	.64	.26	F (1,287) =3.328 p=.069
問 10-4：おつりが分かる	4.10	6.85	F (1,293) =1.908 p=.168	.36	.46	F (1,281) =.166 p=.684
問 11：こだわりの有無	4.98	7.75	F (1,298) =2.411 p=.122	.46	.32	F (1,286) =.469 p=.494
問 58：助けてくれる人の有無	7.12	2.75	F (1,274) =7.652** p=.006	.61	.35	F (1,268) =1.227 p=.269

**p<.01, *p<.05

（r=.155, p=.007）を除くといずれも5%水準での有意な関連である。知的障害者福祉においては、「本人の自立訓練をねらいとした体験的なSSの利用」というものがあるため、仮説においては「本人の自立度が高ければ、母親がSSの利用や親戚宅への宿泊などを通して、わが子の自立や社会的ケアへの移行を進めようとするのではないか」と考えていた。しかし、分析結果からは、「自立度の低い本人をケアする母親が、ケアを担えない状況になった時に、ケアを代替してくれるものとしてSSを利用している」ケースも含まれていることが推測される。

また、「問25：SS・宿泊訓練等による別々の日数」を少なくする要因として「問33：世話が張り合い」という変数を想定していたが、結果は1%水準で弱い相関（r=.155, p=.007）を示しており、「世話が張り合いと感じる母親ほど、SS利用によって別々に過ごす日が多い」という、仮説とは反対の傾向を示唆している。

相談支援従事者のインタビュー調査では、「母親は子どもの世話に一生懸命で、抱え込んでしまう」ということが強調され、仮説では「世話が張り合いと感じる母親は、わが子のケアを他者に委ねずに自分で抱え込むのではないか」と想定していた。しかし、この分析結果からは、「母親たちは、自分がケアできなければ、無理をして抱え込むのではなく、むしろSSを利用して適切なケアを保障することが母親の役割ととらえている」、あるいは、「母親たちは、子の自立訓練を意図してSSを利用している」という可能性が考えられる。

Ⅱ「サービスの積極的利用」に関連する要因の分析

(1) 仮説

(Ⅰ) 母親の要因として、「子の独立規範意識」が強く、「就労状況」や「ボランティア･地域活動状況」が活発で、「在宅サービスの満足度」や「専門職への信頼度」が高いほど、また、「経済的状況」にゆとりがあるほど、「サービスの積極的利用」が多い。

(Ⅱ) 母親の要因として、「母親役割意識」や「自助努力意識」が強く、「健康

理 コトワリ

KOTOWARI

No.75

2025

五〇〇点刊行記念

関西学院大学出版会の総刊行数が五〇〇点となりました。草創期とこれまでの歩みを歴代理事長が綴ります。

1997-2025

関西学院大学出版会

KWANSEI GAKUIN UNIVERSITY PRESS

未来の教育を語ろう

關谷《せきや》 武司《たけし》
関西学院大学教授

著者は現在六四歳になります。思えば、自身が大学に入学した頃に、パーソナル・コンピューター（ＰＣ）というものが世に現れ、最初はソフトウェアもほとんどなく、研究室にあるただの箱のような扱いでした。それが、毎年毎年数倍の革新的な能力アップを遂げ、あっという間に、ＰＣなくしては、研究だけでなく、あらゆるオフィス業務が考えられない状況が出現しました。その後のインターネットの充実は、さらに便利な社会をもたらし、近年はクラウドやバーチャルという空間まで生み出しました。そして、数年前から、ついに人工知能（ＡＩ）の実用化が始まり、人間の能力を超える存在にならんとしつつあります。ここまでの激的な変化が、わずか人間一代の時間軸の中で起こってきたわけです。

もはや、それまでの仕事の進め方は完全に時代遅れとなり、昨年まであった業務ポストがなくなり、人間の役割が問い直されるまでに至りました。この影響は、すでに学びの場、学校や大学にも及んでいます。

これまで生徒に対してスマホートフォンの使用を制限していた中学や高等学校では、タブレットが導入され、ＡＩを使う生徒の姿に教師が戸惑う光景が見られるようになりました。教室で、ＡＩなどの先進科学技術を利用しながら、子どもたちに、何を、どのように学ばせるべきなのか。これは避けて通れない目の前のことで、教育者はいま、その解を求められています。しかし、学校現場は日々の業務に忙殺されており、立ち止まって現状を見直し、高い視点に立って将来を見据えて考える、そんな時間的余裕などはとてもありません。ただただ、「これでいいわけはない」「今後に向けてどのような教育があるべきか」

など、焦燥感だけが募る毎日。

この書籍は、そのような状況にたまりかねた著者が、仲間うちの教育関係者に訴えかけて円卓会議を開いた、そのときに話された内容を記録したものです。まずは、僭越ながら著者が基調講演をおこない、続いて小学校から高等学校までの現場の先生方、そして教育委員会の指導主事の先生方にグループ討議をしていただきました。それぞれの教育現場における課題や懸念、今後やるべき取り組みやアイデアの提示を自由に話し合い、互いに共有しました。そして、それを受けて、大学の異なるご専門の先生方から、大学としていかなる変革が必要となるか、コメントを頂戴しました。実に有益なご示唆をいただくことができました。

では、私たちはどのような一歩を歩み出すべきなのでしょうか。社会の変化は非常に早い。

そこで、小学校から高等学校までの学校教育に多大な影響を及ぼしている大学教育に着目しました。それはまた、輩出する卒業生を通して社会に対しても大きな影響を及ぼす存在です。

一九七〇年にOECDの教育調査団から、まるでレジャーランドの如くという評価を受けてから半世紀以上が経ちました。もはや、このまま変わらずにはいられない大学教育に関して、大胆かつ具体的に、これからの日本に求められる理想としての大学の姿を提示してみました。遠いぼんやりした次世紀の大学ではなく、シンギュラリティが到来しているかもしれない、二〇五〇年を具体的にイメージしたとき、どういう教育理念で、どのようなカリキュラムを、どのような教授法で実施するのか。いま現在の制約をすべて取り払い、自らが主体的に動ける人材を生み出すために、妥協を廃して考えた具体的なアイデアを提示する。この奇抜な挑戦をやってみました。

このような大学がもし本当に出現したなら、社会にどのようなインパクトを及ぼすでしょうか。消滅しつつある、けれど本来は資源豊かな地方に設立されたら、どれほどの効果を生み出すでしょうか。その影響が共鳴しだせば、日本全体の教育を変えていくことにもつながるのではないでしょうか。

そんな希望を乗せて、この書籍を世に出させていただきました。批判も含め、大いに議論が弾む、その礎となることを願っています。

五〇〇点刊行記念　関西学院大学出版会の草創期を語る

関西学院大学出版会の誕生と私

荻野《おぎの》 昌弘《まさひろ》
関西学院理事長

一九九五年は、阪神・淡路大震災が起こった年である。関西学院大学も、教職員・学生の犠牲者が出て、授業も一時中断した。この年の秋、大学生協書籍部の谷川恭生さん、岡見精夫さんと神戸三田キャンパスを見学しに行った。新しいキャンパスに総合政策学部が創設されたのは、震災が起こった一九九五年の四月のことである。震災という不幸にもかかわらず、神戸三田キャンパスの新入生は、活き活きとしているように見えた。

その後、三田市ということで、三田屋でステーキを食べた。その時に、私が、そろそろ、単著を出版したいと話して、具体的な出版社名も挙げたところ、谷川さんがそれよりもいい出版社があると切り出した。それは、関西学院大学生活協同組合出版会のことで、たしかに蔵内数太著作集全五巻を出版している。生協の出版会を基に、本格的な大学出版会を作っていけばいいという話だった。

震災は数多くの建築物を倒壊させた。それは、不幸なできごとであったが、そこから新たな再建、復興計画が生まれる。何か新しいものを生み出したいという気運が生まれてくる。私は、谷川さんの新たな出版会創設計画に大きな魅力を感じ、積極的にそれを推進したいという気持ちになった。

そこで、まず、出版会設立に賛同する教員を各学部から集め、設立準備有志の会を作った。岡本仁宏（法）、田和正孝（文）、田村和彦（経＝当時）、広瀬憲三（商）、浅野考平（理＝当時）の各先生が参加し、委員会がまず設立された。また、経済学部の山本栄一先生から、おりに触れ、アドバイスをもらうことになった。

出版会を設立するうえで決めなければならないのは、まずその法人格をどのようにするかだが、これは、財団法人を目指す

任意団体にすることにした。そして、何よりの懸案事項は、出版資金をどのように調達するかという点だった。あるときに、たしか当時、学院常任理事だった、私と同じ社会学部の髙坂健次先生から山口恭平常務に会いにいけばいいと言われ、単身、常務の執務室に伺った。山口常務に出版会設立計画をお話し、資金を融通してもらいたい旨お願いした。山口さんは、社会学部の事務長を経験されており、そのときが一番楽しかったという話をされ、その後に、一言「出版会設立の件、承りました」と言われた。事実上、出版会の設立が決まった瞬間だった。

　その後、書籍の取次会社と交渉するため、何度か東京に足を運んだ。そのとき、谷川さんと共に同行していたのが、今日まで、出版会の運営を担ってきた田中直哉さんである。東京出張の折には、よく酒を飲む機会があったが、取次会社の紹介で、高齢の女性が、一人で自宅の応接間で営むカラオケバーで、バラのリキュールを飲んだのが、印象に残っている。

　取次会社との契約を無事済ませ、社会学部教授の宮原浩二郎編集長の下、編集委員会が発足し、震災から三年後の一九九八年に、最初の出版物が刊行された。

　ところで、当初の私の単著を出版したいという目的はどうなったのか。出版会設立準備の傍ら、執筆にも勤しみ、第一回の刊行物の一冊に『資本主義と他者』を含めることがかなった。新たな出版会で刊行したにもかかわらず、書評紙にも取り上げられ、また、読売新聞が、出版記念シンポジウムに関する記事を書いてくれた。当時大学院生で、その後研究者になった方々から私の本を読んだという話を聞くことがあるので、それなりの反響を得ることができたのではないか。書店で『資本主義と他者』を手にとり、読了後すぐに連絡をくれたのが、当時大阪大学大学院の院生だった、山泰幸人間福祉学部長である。また、いち早く、論文に引用してくれたのが、今井信雄社会学部教授（当時、神戸大学の院生）で、今井論文は後に、日本社会学会奨励賞を受賞する。出版会の立ち上げが、新たなつながりを生み出していることは、私にとって大きな喜びであり、出版会が、今後も知的ネットワークを築いていくことを期待したい。

『資本主義と他者』1998年

資本主義を可能にしたものは？　他者の表象をめぐる闘争から生まれる、新たな社会秩序の形成を、近世思想、文学、美術等の資料をもとに分析する

草創期をふり返って

宮原《みやはら》　浩二郎《こうじろう》
関西学院大学名誉教授

関西学院大学出版会の刊行書が累計で五〇〇点に到達した。ホームページで確認すると、設立当初の一〇年間は毎年一〇点前後、その後は毎年二〇点前後のペースで刊行実績を積み重ねてきたことがわかる。あらためて今回の「五〇〇」という大台達成を喜びたい。

草創期の出版企画や運営体制づくりに関わった初代編集長として当時をふり返ると、何よりもまず出版会立ち上げの実務を担った谷川恭生氏の面影が浮かんでくる。当時の谷川さんは関学生協書籍部の「マスター」として、関学内外の多くの大学教員や研究者を知的ネットワークに巻き込みながら、学術書を中心に本の編集、出版、流通、販売の仕組みや課題を深く研究し、全国の書店や出版社、取次会社に多彩な人脈を築いていた。谷川さんに連れられて、東京の大手取次会社を訪問した帰りの新幹線で、ウィスキーのミニボトルをあけながら夢中で語り合い、気がつくともう新大阪に着いていたのをなつかしく思い出す。

数年後に病を得た谷川さんが実際に手にとることができた新刊書は当初の五〇点ほどだったはずである。今や格段に充実した刊行書のラインアップに喜び、深く安堵してくれているにちがいない。それはまた、谷川さんの知識経験や文化遺伝子を引き継いだ、田中直哉氏はじめ事務局・編集スタッフによる献身と創意工夫の賜物でもあるのだから。

草創期の出版会はまず著者を学内の教員・研究者に求め「関学の」学術発信拠点としての定着を図る一方、学外の大学教員・研究者にも広く開かれた形を目指していた。そのためすでに初期の新刊書のなかに関学教員の著作に混じって学外の大学

教員・研究者による著作も見受けられる。その後も「学内を中心としながら、学外の著者にも広く開かれている」という当初の方針は今日まで維持され、それが刊行書籍の増加や多様性の確保にも少なからず貢献してきたように思う。

　他方、新刊学術書の専門分野別の構成はこの三〇年弱の間に大きく変わってきている。たとえば出版会初期の五年間と最近五年間の新刊書の「ジャンル」を見比べていくと、現在では当初よりも全体的に幅広く多様化していることがわかる。「社会・環境・復興」（災害復興研究を含むユニークな「ジャンル」）や「経済・経営」は現在まで依然として多いが、いずれも新刊書全体に占める比重は低下し、「法律・政治」「福祉」「宗教・キリスト教」「関西学院」「エッセイその他」にくわえて、当初は見られなかった「言語」や「自然科学」のような新たな「ジャンル」が加わっている。何よりも目立つ近年の傾向は、「哲学・思想」や「文学・芸術」のシェアが顕著に低下する一方、「教育・心理」や「国際」、「地理・歴史」のシェアが大きく上昇していることである。

　こうした「ジャンル」構成の変化には、この間の関西学院大学の学部増設（人間福祉、国際、教育の新学部、理系の学部増設など）がそのまま反映されている面がある。ただ、その背景には関学だけではなく日本の大学の研究教育をめぐる状況の変化もあるにちがいない。思い返せば、関西学院大学出版会の源流の一つに、かつて谷川さんが関学生協書籍部で編集していた書評誌『みくわんせい』（一九八八―九二年）がある。それは当時の「ポストモダニズム」の雰囲気に感応し、最新の哲学書や思想書の魅力を伝えることを通して、専門の研究者や大学院生だけでなく広く読書好きの一般学生の期待に応えようとする試みでもあった。出版会草創期の新刊書にみる「哲学・思想」や「文学・芸術」のシェアの大きさとその近年の低下には、そうした一般学生・読者ニーズの変化という背景もあるように思う。関西学院大学出版会も着実に「歴史」を刻んできたことにあらためて気づかされる。これから二、三十年後、刊行書「一〇〇〇点」達成の頃には、どんな「ジャンル」構成になっているだろうか、今から想像するのも楽しみである。

『みくわんせい』
創刊準備号、1986年

この書評誌を介して集った人たちによって関西学院大学出版会が設立された

関西学院大学出版会への私信

田《た》中《なか》 きく代《よ》
関西学院大学名誉教授

私は出版会設立時の発起人ではありませんでしたが、初代理事長の荻野昌弘さん、初代編集長の宮原浩二郎さんから設立のお話をいただいて、気持ちが高まりワクワクしたことを覚えています。発起人の方々の熱い思いに感銘を受けてのことで、「田中さん、研究発進の出版部局を持たないと大学と言えないよね」という誘いに、もちろん「そうよね!!」と即答しました。皆さんの良い本をつくりたいという理想も高く、何度も会合がもたれました。ことに『理』の責任者であった生協の書籍におられた谷川恭生さんのご尽力は並々ならないものであったと感謝しております。谷川さんを除けば、皆さん本屋さんの出版にはさほど経験がなく、苦労も多かったのですが、苦労よりも新しいものを生み出すことに嬉々としていたように思います。

私は、設立から今日まで、理事として編集委員として関わらせていただき、一時期には理事長の要職に就くことにもなりましたが、荻野さん、宮原さん、山本栄一先生、田村和彦さん、大東和重さん、前川裕さん、田中直哉さん、戸坂美果さんと、指を折りながら思い返し、多くの編集部の方々のおかげで、やってくることができたと実感しています。五〇〇冊記念を機に、まずは感謝を申し上げ、いくつか関西学院大学出版会の「いいとこ」を宣伝しておきたいと思います。

「関学出版会の『いいとこ』は何?」と聞かれると、本がとても「温かい」と答えます。出版会の出版目録を見ていると、それぞれの本が出来上がった時の記憶が蘇ってきますが、どの本も微笑んでいます。教員と編集担当者が率先して一致協力して運営に関わっていることが、妥協しないで良い本をつくろうとすることからくる真剣な取り組みとなっているのです。出版

会の本は丁寧につくられ皆さんの心が込められているのです。

また、本をつくる喜びも付け加えておきます。毎月の編集委員会では、新しい企画にいつもドキドキしています。私事ですが、私は歴史学の研究者の道を歩んできましたが、同時にどこかでいつか本屋さんをやりたいという気持ちがあったことは否定できません。関学出版会では、自らの本をつくる時など特にそうですが、企画から装丁まですべてに自分で直接に関わることができるのですよ。こんな嬉しいことがありますか。

皆でつくるということでは、夏の拡大編集委員会の合宿も思い出されます。毎夏、有馬温泉の「小宿とうじ」で実施されてきましたが、そこでは編集方針について議論するだけではなく、毎回「私の本棚」「思い出の本」「旅に持っていく本」などなどの議題が提示されました。自分の好きな本を本好きの他者に「押しつけ?」、本好きの他者から「押しつけられる?」楽しみを得る機会が持てたことも私の財産となりました。夕食後には皆で集まって、学生時代のように深夜まで喧々諤々の時間を過ごしてきたことも楽しい思い出です。今後もずっと続けていけたらと思っています。

記念事業としては、設立二〇周年の一連の企画がありましたが、記念シンポジウム「いま、ことばを立ち上げること」では、田村さんのご尽力で、「ことばの立ち上げ」に関わられた諸氏にお話しいただき、本づくりの大切さを再確認することができました。今でも「投壜通信」という「ことば」がビンビン響いてきます。文字化される「ことば」に内包される心、誰かに届けたい「ことば」のことを、本づくりの人間は忘れてはいけないと実感したものです。

インターネットが広がり、本を読まない人が増えている現状で、今後の出版界も変革を求められていくでしょうが、大学出版会としては、学生に「ことば」を伝える義務があります。ネット化を余儀なくされ「ことば」を伝えるにも印刷物ではなくなることも増えるでしょう。だが、学生に学びの「知」を長く蓄積し生涯の糧としていただくには、やはり「本棚の本」が大切だと思います。出版会の役割は重いですね。

『いま、ことばを立ち上げること』
K.G. りぶれっとNo. 50、2019年

2018年に開催した関西学院大学出版会設立20周年記念シンポジウムの講演録

ふたつの追悼集

田村《たむら》　和彦《かずひこ》
関西学院大学名誉教授

荻野昌弘さんの原稿で、一九九五年の阪神淡路の震災が出版会誕生の一つのきっかけだったことを思い出した。今から三〇年前になる。ぼく自身は一九九〇年に関西学院大学に移籍して間もなくだった。震災との直接のつながりは思いつかないが、新たな出発に向けての思いが大学に満ちていたことは確かである。

ぼく自身と出版会とのかかわりは、当時関学生協書籍部にいた谷川恭生さんに直接声をかけられたことから始まる。谷川さんの関西学院大学出版会発足にかけた情熱については、本誌で他の方々も触れているとおりである。残念ながら、出版会がどうやら軌道に乗り始めた二〇〇四年にわずか四九歳で急逝した谷川さんには、翌年に当出版会が出した追悼文集『時（カイロス）の絆』に学内外の多くの方々が思いを寄せている。出版会についていえば、前身には発足の十年近く前から谷川さんが発行していた書評誌『みくわんせい』があったことも忘れえない。『みくわんせい』のバックナンバーの書影は前記追悼集に収録されている。出版会を立ちあげて以来発行されてきたこの小冊子『理』にしても、最初は彼が構想する大学発の総合雑誌の前身となるべきものだったと記憶している。「理」を「ことわり」と読むことにこだわったのも彼である。谷川さんのアイデアは尽きることなく広がり、何度かの出版会主催のシンポジウムも行われた。そんななか、出版会が発足してからもいつもは外野のにぎわわせ役を決めこんでいたぼくに、谷川さんから研究室に突然電話が入り、「編集長になりませんか」という依頼があった。なんとも闇雲な頼みで、答えあぐねているうちにいつの間にやら引き受けることになってしまった。その後編集長として十数年、その後は出版会理事長として谷川さんが蒔いた種から育った出版会の活動を、不十分ながら引き継いできた。

関学出版会を語るうえでもう一人忘れえないのが山本栄一氏で

ある。山本さんは阪神淡路の震災の折、ちょうど経済学部の学部長で、ぼく自身もそこに所属していた。学部運営にかかわる面倒なやり取りに辟易していたぼくだが、震災の直後に山本さんが学部活性化のために経済学部の教員のための紀要刊行費を削って、代わりに学部生を巻きこんで情報発信と活動報告を行う経済学部広報誌『エコノフォーラム』を公刊するアイデアを出したときには、それに全面的に乗り、編集役まで買って出た。それをきっかけに学部行政以外のつき合いが深まるなかで、なんとも型破りで自由闊達な山本さんの人柄にほれ込むことになった。発足間もない関学出版会についても、学部の枠を越えて、教員ばかりか事務職にまで関学随一の広い人脈を持つ山本さんの「拡散力」と「交渉力」が大いに頼みになった。一九九九年に関学出版会の二代目の理事長に就かれた山本さんは、毎月の編集会議にも、当時千刈のセミナーハウスで行なわれていた夏の合宿にも必ず出席なさった。堅苦しい会議の場は山本さんの一見脈絡のないおしゃべりをきっかけに、どんな話題に対しても、誰に対しても開かれた、くつろいだ自由な議論の場になった。本の編集・出版という作業は、著者だけでなく、編集者・校閲者も巻きこんで、まったくの門外漢や未来の読者までを想定した、実に楽しい仕事になった。山本さんは二〇〇八年の定年後も引き続き出版会理事長を引き受けてくださったが、二〇一一年に七一歳で亡くなられた。没後、関学出版会は上方落語が大好きだった山本さんを偲んで『賑わいの交点』という追悼文集を発刊している。

　出版会発足二八年、刊行点数五〇〇点を記念するにあたって特にお二人の名前を挙げるのは、お二人のたぐいまれな個性とアイデアが今なお引き継がれていると感じるからである。二つの追悼集のタイトルをつけたのは実はぼくだった。いま、それを久しぶりに紐解いていると関西学院大学出版会の草創期の熱気と、それを継続させた人的交流の広さと暖かさとが伝わってくる。

『賑わいの交点』
山本栄一先生追悼文集、
2012年（私家版）

39名の追悼寄稿文と、山本先生の著作目録・年譜・俳句など

『時（カイロス）の絆』
谷川恭生追悼文集、
2005年（私家版）

21名の追悼寄稿文と、谷川氏の講義ノート・『みくわんせい』の軌跡を収録

連載

スワヒリ詩人列伝

第8回　政権の御用詩人、マティアス・ムニャンパラの矛盾

小野田　風子

スワヒリ語詩、それは東アフリカ海岸地方の風土とイスラム的伝統に強く結びついた世界である。そのなかで、内陸部出身のキリスト教徒として初めてシャーバン・ロバート（本連載第2回〔『理』59号〕参照）に次ぐ大詩人として認められたのが、今回の詩人、マティアス・ムニャンパラ（Mathias Mnyampala, 1917-1969）である。

ムニャンパラは一九一七年、タンガニーカ（後のタンザニア）中央部のドドマで、ゴゴ民族の牛飼いの家庭に生まれる。幼いころから家畜の世話をしつつ、カトリック教会で読み書きを身につけた。政府系の学校で法律を学び、一九三六年から亡くなるまで教師や税務署員、判事など様々な職に就きながら文筆活動を行った。これまでに詩集やゴゴの民族誌、民話など十八点の著作が出版されている（Kyamba 2016）。

詩人としてのムニャンパラの最も重要な功績とされているのは、「ンゴンジェラ」（ngonjera）[注1]という詩形式の発明である。独立後のタンザニアは、初代大統領ジュリウス・ニェレレの強い指導力の下、社会主義を標榜し、「ウジャマー」（Ujamaa）と呼ばれる独自の社会主義政策を推進した。ニェレレは当時のスワヒリ語詩人たちに政策の普及への協力を要請し、詩人たちはＵＫＵＴＡ（Usanifu wa Kiswahili na Ushairi Tanzania）という文学団体を結成した。ＵＫＵＴＡの代表として政権の御用詩人を引き受けたムニャンパラが、非識字の人々に社会主義の理念を伝えるのに最適な形式として創り出したのが、ンゴンジェラである。これは、詩の中の二人以上の登場人物が政治的なトピックについて議論を交わすという質疑応答形式の詩である。ムニャンパラがまとめた詩集『ＵＫＵＴＡのンゴンジェラ』（*Ngonjera za Ukuta I & II*, 1971, 1972）はタンザニア中の成人教育の場で正式な出版前から活用され、地元紙には類似の詩が多数掲載された。

ムニャンパラの詩はすべて韻と音節数の規則を完璧に守った定型詩である。ンゴンジェラ以外の詩では、言葉の選択に細心の注意が払われ、表現の洗練が追求されている。詩の内容は良い生き方を諭す教訓的なものや、物事の性質や本質を解説するものが目立つ。詩のタイトルも、「世の中」「団結」「嫉妬」「死」など一語が多く、詩の形式で書かれた辞書のようでさえある。美徳や悪徳、無力さといった人間に共通する性質を扱う一方、差別や植民地主義への明確な非難も見られ、人類の平等や普遍性について

書いた詩人と大まかに評価できよう。

一方、ムニャンパラのンゴンジェラは、それ以外の詩と比べて深みや洗練に欠けると言われる。ムニャンパラは「庶民の良心」であることを放棄し、「政権の拡声器」に成り下がったとも批判されている（Ndulute 1985: 154）。知識人が無知な者を啓蒙するというンゴンジェラの基本的な性質上、確かにそこには、人間や物事の単純化や、善悪の決めつけ、庶民の軽視が見られる。人間の共通性や普遍性に焦点を当てるヒューマニズムも失われている。表現の推敲の跡もあまり見られず、政権のスローガンをただ詩の形式に当てはめただけのようである。以下より、ムニャンパラのンゴンジェラが収められている『UKUTAのンゴンジェラI』と、一般的な詩が収められている『ムニャンパラ詩集』（*Diwani ya Mnyampala*, 1965）、そして『詩の教え』（*Waadhi wa Ushairi*, 1965）から、実際にいくつか詩を見てみよう。

『UKUTAのンゴンジェラI』内の「愚かさは我らが敵」では、「愚か者」が以下のように発言する。「みんな私をバカだと言う　学のない奴と／私が通るとみんなであざけり　友達でさえ私を笑う／悪口ばかり浴びせられ　言葉数さえ減ってきた／さあ、確かなことを教えてくれ　私のどこがバカなんだ?」それに対し、「助言者」は、「君は本当にバカだな　そう言われるのももっともだ／だって君は無知だ　教育されていないのだから／君は幼子、背負われた子どもだ／教育を欠いているからこそ　君はバカなのだ」と切り捨てる。その後のやり取りが続けられ、最後には「愚か者」が、「やっと理解した　私の欠陥を／勉強に邁進し　愚かさから抜け出そう／そして味わおう　読書の楽しみを／確かに私は　バカだったのだ」と改心する（Mnyampala 1970: 14-15）。

一方、『詩の教え』内の詩「愚か者こそが教師である」では、「愚か者」についての認識に大きな違いがある。詩人は、「愚か者はこし器のようなもの　知覚を清めることができる／愚か者こそが、賢者を教える教師なのである」（Mnyampala 1965b: 55）と、ンゴンジェラとは異なる思慮深さを見せる。また、上記のンゴンジェラに見られる教育至上主義は、『詩の教え』内の別の詩「高貴さ」とも矛盾する。

たとえば人の服装や金の装身具／あるいは大学教育や宗教の知識に驚かされることはあっても／それが人に高貴さをもたらすわけではない　そういったものに惑わされるな／服は高貴さとは無縁だ　高貴さとは信心なのだ

高貴さとは信心である　読書習慣とは関係ない／スルタンであることや、ローマ人やアラブ人であることでもない／それは心の中にある信心　慈悲深き神を知ること／騒乱は高貴さには似合わない　高貴さとは信心なのだ（Mnyampala 1965b: 24）

同様の矛盾は、社会主義政策の根幹であったウジャマー村に

ついての詩にも見出せる。一九六〇年代末から七〇年代にかけて、平等と農業の効率化を目的として、人工的な村における集団農業の実施が試みられた。『UKUTAのンゴンジェラ』内の詩「ウジャマー村」では、政治家が定職のない都市の若者に、村に移住し農業に精を出すよう諭す。若者は「彼らが言うのだ　私たちは町を出ないといけないと／ウジャマー村というが　何の利益があるんだ?」と疑問を投げかけ、「この私がどんな利益を上げられるだろう?／体には力はなく　何も収穫することなどできない」、「なぜ一緒に暮らさないといけないのか　どういう義務なのか?／せっかくの成果を無駄にして　もっと貧しくなるだろう」と移住政策の有効性を疑問視し、「私はここの馴染みだ　私の人生は町にある／私はここで丸々肥えて　いつも喜びの中にある／もし村に住んだなら　骨と皮だけになってしまう」と懸念する。それに対し政治家は、「町を出ることは重要だ　共に村へ移住しよう／恩恵を共に得て　勝者の人生を歩もう」、「みんなで一緒に住むことは　国にとって大変意義のあること／例えば橋を作って　洪水を防ぐことができる／一緒に耕すのも有益だ　経済的成果を上げられる」とお決まりのスローガンを並べるだけである。にもかかわらず若者は最終的に、「鋭い言葉で　説得してくれてありがとう／怠け癖を捨て　鍬の柄を握ろう／そして雑草を抜いて　村に参加しよう／ウジャマー村には　確かに利益がある」と心変わりをするのである（Mnyampala 1970: 38-39）。

この詩は、その書かれた目的とは裏腹に、若者の懸念の妥当性と、政治家の理想主義の非現実性とを強く印象づける。以下の詩を書いたときのムニャンパラ自身も、この印象に賛同してくれるはずである。『ムニャンパラ詩集』内の詩「農民の苦労」では、農業の困難さが写実的かつ切実につづられる。

> はるか昔から　農業には困難がつきもの／まずは原野を開墾し　枯草を山ほど燃やす／草にまみれ　一日中働きづめだ／農民の苦労には　忍耐が不可欠
>
> 忍耐こそが不可欠　心変わりは許されぬ／毎日夜明け前に目を覚まし／すぐに手に取るのは鍬　あるいは鍬の残骸／農民の苦労には　忍耐が不可欠
>
> 森を耕しキビを植え　草原を耕しモロコシを植え／たとえ一段落しても　いびきをかいて眠るなかれ／動物が畑にやってきて　作物を食い荒らす／農民の苦労には　忍耐が不可欠（三連略）
>
> いつ休めるのか　いつこの辛苦が終わるのか／イノシシやサルに　怯えて暮らす苦しみが?／収穫の稼ぎを得る前から　疑念が膨らむばかり／農民の苦労には　忍耐が不可欠
>
> キビがよく実ると　私はひたすら無事を祈る／すべての枝が花をつける時　私の疑いは晴れていく／そして鳥たちが舞い

降りて　私のキビを狙い打ち／農民の苦労には　忍耐が不可欠（一連略）
農民は衰弱し　憐れみを掻き立てる／その顔はやせ衰え　見る影もない／すべての困難は終わり、農民はついに収穫する　みずからの終焉を／農民の苦労には　忍耐が不可欠
(Mnyampala 1965a: 53-54)

ウジャマー村への移住政策は遅々として進まず、一九七〇年代に入ると武力を用いた強制移住が始まる。しかしムニャンパラはタンザニア政治が暴力性を帯びる前、一九六九年に亡くなった。『詩の教え』内の「政治」という詩には、「国民に無理強いするのは、政府のやることではない」という一節がある (Mnyampala 1965b: 5)。ムニャンパラがもう少し長く生き、社会主義政策の失敗を目の当たりにしていたなら、「政権の拡声器」か「庶民の良心」か、どちらの役割を守っただろうか。

ムニャンパラは、時の政権であれ、身近なコミュニティであれ、そこから期待された役割を忠実に演じきった詩人と言えるだろう。そのような詩人を前にしたとき、われわれはつい、詩人自身の思いはどこにあるのかと問いたくなる。しかしスワヒリ語詩において重要なのは個人の思いではなく、詩がその時代や社会において良い影響を与え得るかどうかである。社会情勢が変われば詩の内容も変わる。よって本稿のように、詩人の主張が一貫していないことを指摘するのは野暮なのだろう。

社会主義政策は失敗に終わったが、ンゴンジェラは現在でも教育的娯楽として広く親しまれている。特に教育現場では、子どもたちが保護者等の前で教育的成果を発表するための形式として重宝されている。自由詩の詩人ケジラハビ（本連載第6回（『理』71号）参照）は、ムニャンパラの功績を以下のように称えた。「都会の人も田舎の人もあなたの前に腰を下ろす／そしてあなたは彼らを楽しませ、一人一人の聴衆を／ンゴンジェラの詩人へと変えた！」(Kezilahabi 1974: 40)。

（大阪大学　おのだ・ふうこ）

注1　ゴゴ語で「一緒に行くこと」を意味するという(Kyamba 2022: 135)。

参考文献

Kezilahabi, E. (1974) *Kichomi*, Heineman Educational Books.
Kyamba, Anna N. (2022) "Mchango wa Mathias Mnyampala katika Maendeleo ya Ushairi wa Kiswahili", *Kioo cha Lugha* 20(1): 130-149.
Kyamba, Anna Nicholaus (2016) "Muundo wa Mashairi katika *Diwani ya Mnyampala* (1965) na Nafasi Yake katika Kuibua Maudhui" *Kioo cha Lugha* Juz. 14: 94-109.
Mnyampala, Mathias (1965a) *Diwani ya Mnyampala*, Kenya Literature Bureau.
——— (1965b) *Waadhi wa Ushairi*, East African Literature Bureau.
——— (1970) *Ngonjera za UKUTA Kitabu cha Kwanza*, Oxford University Press.
Ndulute, C. L. (1985) "Politics in a Poetic Garb: The Literary Fortunes of Mathias Mnyampala", *Kiswahili* Vol. 52 (1-2): 143-162.

【4～7月の新刊】

『未来の教育を語ろう』
闞谷 武司［編著］
A5判 一九四頁 二五三〇円

【近刊】 ＊タイトルは仮題

『宅建業法に基づく
重要事項説明Q&A 100』
弁護士法人 村上・新村法律事務所［監修］

『教会暦によるキリスト教入門』
前川 裕［著］

『ローマ・ギリシア世界・東方』
ファーガス・ミラー古代史論集
ファーガス・ミラー ［著］
藤井 崇／増永理考［監訳］

KGりぶれっと60
『学生たちは挑戦する』
開発途上国におけるユースボランティアの20年
村田 俊一［編著］
関西学院大学国際連携機構［編］

【好評既刊】

『ポスト「社会」の時代』
社会の市場化と個人の企業化のゆくえ
田中 耕一［著］
A5判 一八六頁 二七五〇円

『カントと啓蒙の時代』
河村 克俊［著］
A5判 二二六頁 四九五〇円

『学生の自律性を育てる授業』
自己評価を活かした教授法の開発
岩田 貴帆［著］
A5判 二〇〇頁 四四〇〇円

『破壊の社会学』
社会の再生のために
荻野 昌弘／足立 重和／山 泰幸［編著］
A5判 五六八頁 九二四〇円

KGりぶれっと59
『基礎演習ハンドブック 第三版』
さぁ、大学での学びをはじめよう！
関西学院大学総合政策学部［編］
A5判 一四〇頁 一三二〇円

※価格はすべて税込表示です。

好評既刊

絵本で読み解く 保育内容 言葉

齋木 喜美子［編著］

絵本を各章の核として構成したテキスト。児童文化についての知識を深め、将来質の高い保育を立案・実践するための基礎を学ぶ。

B5判 214頁 2420円（税込）

スタッフ通信

弊会の刊行点数が五百点に到達した。九七年の設立から二八年かかったことになる。設立当初はまさかこんな日が来るとは思っていなかった。ちなみに東京大学出版会の五百点目は一九六二年（設立一一年目）、京都大学学術出版会は二〇〇九年（二〇年目）、名古屋大学出版会は二〇〇四年（二三年目）とのこと。特集に執筆いただいた草創期からの教員理事長をはじめ、歴代編集長・編集委員の方々、そしてこれまで支えていただいたすべての皆様に感謝申し上げるとともに、つぎの千点にむけてバトンを渡してゆければと思う。（田）

コトワリ No. 75 2025年7月発行
〈非売品・ご自由にお持ちください〉

知の創造空間から発信する
K.G. University Press
関西学院大学出版会
〒662-0891 兵庫県西宮市上ケ原一番町1-155
電話0798-53-7002 FAX0798-53-5870
http://www.kgup.jp/ mail kwansei-up@kgup.jp

状態」が良いほど、「サービスの積極的利用」が少ない。

(2) 結果と考察

「サービスの積極的利用」を示す変数と、それに関連すると思われる変数との間の相関を調べた（表 3-3-3）。

表 3-3-3　相関分析の結果：従属変数「サービスの積極的利用」

	「サービスの積極的利用」を示す従属変数			
関連すると思われる変数	問 61：GH 月の利用時間	問 62：GH 利用年数	問 66：SS 利用日数	問 67：SS 利用年数
問 33：世話が張り合い（1-5）	r=.012, p=.883, n=149	r=.036, p=.666, n=144	r=−.051, p=.561, n=134	r=.014, p=.870, n=145
問 55：専門職の子への理解（1-5）	r=−.012, p=.889, n=134	r=−.004, p=.968, n=127	r=.187*, p=.041, n=119	r=.146, p=.096, n=132
問 56：専門職の家族への理解（1-5）	r=.088, p=.319, n=131	r=.044, p=.631, n=124	r=.271**, p=.003, n=117	r=.164, p=.062, n=131
問 64：GH 評価点	r=−.140, p=.092, n=146	r=−.073, p=.382, n=146	r=.069, p=.536, n=82	r=−.012, p=.909, n=89
問 73：健康状態（1-5）	r=−.102, p=.207, n=154	r=.075, p=.362, n=150	r=−.168*, p=.048, n=140	r=−.065, p=.424, n=152
問 75：就労状況（1-4）	r=.102, p=.215, n=149	r=.120, p=.152, n=144	r=−.124, p=.152, n=135	r=−.139, p=.097, n=143
問 76：ボランティア・地域活動状況（1-4）	r=−.152, p=.067, n=147	r=−.003, p=.971, n=143	r=−.083, p=.340, n=135	r=.059, p=.488, n=142
問 77：自分で解決したい（1-5）	r=−.043, p=.600, n=151	r=−.096, p=.249, n=147	r=.162, p=.058, n=137	r=.050, p=.550, n=146
問 78：親から独立すべき（1-5）	r=−.009, p=.909, n=149	r=−.155, p=.063, n=144	r=.023, p=.794, n=136	r=.065, p=.437, n=145
問 82：世帯平均月収	r=.068, p=.496, n=102	r=−.063, p=.532, n=100	r=.006, p=.953, n=95	r=−.088, p=.389, n=99
問 83：暮らし向きのゆとり（1-5）	r=.030, p=.715, n=151	r=−.029, p=.724, n=147	r=−.127, p=.142, n=136	r=−.133, p=.106, n=148

**p<.01, *p<.05

分析の結果、「問 56：専門職が家族をよく理解してくれる」と考える母親ほど、「問 66：SS の利用日数」が多いという弱い相関があり（r=.271, p=.003）、「問 55：専門職が子どもをよく理解してくれる」と考える母親にも同様の傾向（r=.187, p=.041）があった。SS は、知的障害のある本人が母親や他の家族の手から離れて福祉施設に宿泊し、専門職によるケアを受けるというサービスであり、母親にとっては、GH や HH 以上に、サービス利用に不安がともなうと考えられる。したがって、専門職を信頼したうえでサービスを利用しているケースと、不安があっても必要に迫られて利用しているケースが混在した実態が結果に表れていると解釈できるかもしれない。

また、健康状態のよくない母親もSSの利用日数が多い（r=-.168, p=.048）傾向があり、健康問題が原因でケアができなくなった時にSSを利用している可能性がうかがえる。

なお、GHの利用についてはいずれの要因とも有意な関連はみられず、GHの利用時間数については、仮説で想定していなかった要因が影響していると考えられる。また、HHを利用している回答者は23名に過ぎなかったため、分析の対象から除外した。

Ⅲ「子の自立に向けたかかわり」に関連する要因の分析

(1) 仮説

(Ⅰ) 母親の要因として、「子の独立規範意識」が強く、「就労状況」や「ボランティア･地域活動状況」が活発で、「夫からのサポート」や「夫以外からのサポート」が多いほど、「子の自立に向けたかかわり」が多く、また、子の要因として、「子の自立度」が高いほど、「子の自立に向けたかかわり」が多い。

(Ⅱ) 母親の要因として、「母親役割意識」や「自助努力意識」が強いほど、「子の自立に向けたかかわり」が少ない。

(2) 結果と考察

「子の自立に向けたかかわり」を示す変数と、それに関連すると思われる変数との間の関連を、相関分析および一元配置分散分析によって調べた（表3-3-4、表3-3-5）。

「問78：独立規範意識」が強い母親ほど、子どもを「問15：1人で外出」（r=.209, p=.000）させ、「問17：自分でできることをする」（r=.141, p=.006）よう促し、「問19：マナーを教え」（r=.170, p=.001）、「問20：読み書きを教え」（r=.200, p=.000）、「問52：趣味の機会」（r=.234, p=.000）を作っていた。また、「問16：家事」（r=.126, p=.014）を手伝わせ、「問38：健常児と同じ子育て」（r=.124, p=.030）をし、「問51：地域活動に参加」（r=.126, p=.015）さ

表3-3-4　相関分析の結果：従属変数「子の自立に向けたかかわり」

	「子の自立に向けたかかわり」を示す従属変数					
関連がすると思われる変数	問15：1人で外出（1-5）	問16：家事の手伝い（1-5）	問17：自分でする（1-5）	問18：規則正しい生活（1-5）	問19：マナーを教える（1-5）	問20：読み書きを教える（1-5）
問3：療育手帳（1-3）	r=.655**, p=.000, n=424	r=.379**, p=.000, n=429	r=.351**, p=.000, n=423	r=.186**, p=.000, n=422	r=.199**, p=.000, n=415	r=.417**, p=.000, n=408
問4：障害程度区分（1-6）	r=.638**, p=.000, n=301	r=.416**, p=.000, n=306	r=.420**, p=.000, n=299	r=.155*, p=.007, n=300	r=.298**, p=.000, n=294	r=.347**, p=.000, n=290
問33：世話が張り合い（1-5）	r= − .105*, p=.046, n=363	r=.080, p=.125, n=367	r=.050, p=.345, n=362	r=.139**, p=.008, n=364	r=.159**, p=.003, n=357	r= − .059, p=.269, n=350
問45：夫は子の世話に協力する（1-5）	r= − .011, p=.854, n=265	r=.123*, p=.044, n=268	r=.072, p=.243, n=264	r=.079, p=.196, n=267	r=.069, p=.270, n=261	r=.067, p=.287, n=257
問75：就労状況（1-4）	r=.215**, p=.000, n=384	r=.221**, p=.000, n=388	r=.132**, p=.010, n=383	r= − .013, p=.797, n=383	r=.060, p=.245, n=376	r=.085, p=.101, n=373
問76：ボランティア・地域活動状況（1-4）	r=.076, p=.139, n=378	r=.042, p=.418, n=381	r=.094, p=.068, n=376	r=.097, p=.061, n=376	r=.140**, p=.007, n=370	r=.130*, p=.012, n=369
問77：自分で解決したい（1-5）	r=.067, p=.188, n=389	r=.108*, p=.033, n=393	r=.103*, p=.042, n=388	r=.077, p=.130, n=388	r=.123*, p=.016, n=381	r=.029, p=.570, n=378
問78:親から独立すべき（1-5）	r=.209**, p=.000, n=379	r=.126*, p=.014, n=383	r=.141**, p=.006, n=378	r=.068, p=.184, n=378	r=.170**, p=.001, n=373	r=.200**, p=.000, n=369

	「子の自立に向けたかかわり」を示す従属変数				
関連すると思われる変数	問38:健常児と同じ子育て（1-5）	問48:本人のことを伝える（1-5）	問50:家族以外と交流させる（1-5）	問51:地域活動に参加させる（1-5）	問52:趣味の機会を作る（1-5）
問3：療育手帳（1-3）	r=.175**, p=.001, n=337	r=-.122*, p=.014, n=409	r=.236**, p=.000, n=402	r=.128**, p=.010, n=412	r=.171**, p=.001, n=396
問4：障害程度区分（1-6）	r=.117, p=.067, n=244	r=-.137*, p=.019, n=294	r=.158**, p=.007, n=289	r=.148*, p=.011, n=296	r=.223**, p=.000, n=285
問33:世話が張り合い（1-5）	r=.133*, p=.015, n=333	r=.189**, p=.000, n=350	r=.144**, p=.008, n=345	r=.169**, p=.001, n=353	r=.129*, p=.017, n=339
問45:夫は子の世話に協力する（1-5）	r=.131*, p=.040, n=246	r=.174**, p=.005, n=260	r=.163**, p=.009, n=256	r=.120, p=.051, n=264	r=.142*, p=.024, n=252
問75:就労状況（1-4）	r=.039, p=.489, n=311	r=-.025, p=.632, n=375	r=.050, p=.336, n=368	r=.021, p=.681, n=376	r=.105*, p=.047, n=360
問76：ボランティア・地域活動状況（1-4）	r=.050, p=.388, n=305	r=.176**, p=.001, n=369	r=.228**, p=.000, n=362	r=.249**, p=.000, n=370	r=.226**, p=.000, n=355
問77:自分で解決したい（1-5）	r=.080, p=.156, n=314	r=.035, p=.494, n=380	r=.074, p=.152, n=373	r=.058, p=.259, n=381	r=.095, p=.068, n=365
問78：親から独立すべき（1-5）	r=.124*, p=.030, n=309	r=.047, p=.364, n=371	r=.101, p=.054, n=363	r=.126*, p=.015, n=372	r=.234**, p=.000, n=358

**p<.01, *p<.05

表 3-3-5　一元配置分散分析の結果：従属変数「子の自立に向けたかかわり」(1/2)

関連すると思われる変数	「子の自立に向けたかかわり」を示す従属変数					
	問 15：1 人で外出 (1-5)			問 16：家事の手伝い (1-5)		
	あり できる	なし できない	分散分析	あり できる	なし できない	分散分析
問 9-1：服を脱ぐ	3.25	1.15	F (1,413) =51.134**, p=.000	2.67	1.22	F (1,418) =50.063**, p=.000
問 9-2：体を洗う	4.02	1.35	F (1,408) =353.751**, p=.000	3.05	1.61	F (1,413) =156.081**, p=.000
問 9-3：髪を洗う	4.13	1.46	F (1,408) =378.332**, p=.000	3.07	1.72	F (1,413) =139.079**, p=.000
問 9-4：服を着る	3.41	1.26	F (1,409) =93.455**, p=.000	2.77	1.29	F (1,414) =90.773**, p=.000
問 10-1：品物を選ぶ	3.81	1.78	F (1,411) =153.738**, p=.000	2.92	1.84	F (1,415) =78.339**, p=.000
問 10-2：レジに持っていく	4.06	1.58	F (1,406) =287.695**, p=.000	3.05	1.75	F (1,409) =124.256**, p=.000
問 10-3：代金を支払う	4.40	1.72	F (1,407) =411.932**, p=.000	3.21	1.84	F (1,412) =153.180**, p=.000
問 10-4：おつりが分かる	4.68	2.36	F (1,399) =168.501**, p=.000	3.39	2.16	F (1,404) =83.419**, p=.000
問 58：助けてくれる人の有無	2.90	3.14	F (1,370) =1.475, p=.225	2.54	2.44	F (1,372) =.453, p=.501

関連すると思われる変数	「子の自立に向けたかかわり」を示す従属変数					
	問 19：マナーを教える (1-5)			問 20：読み書きを教える (1-5)		
	あり できる	なし できない	分散分析	あり できる	なし できない	分散分析
問 9-1：服を脱ぐ	3.78	2.49	F (1,405) =42.752**, p=.000	2.90	1.51	F (1,398) =36.919**, p=.000
問 9-2：体を洗う	3.90	3.21	F (1,401) =34.401**, p=.000	3.19	2.06	F (1,395) =68.538**, p=.000
問 9-3：髪を洗う	3.93	3.25	F (1,401) =35.229**, p=.000	3.23	2.11	F (1,395) =71.703**, p=.000
問 9-4：服を着る	3.84	2.65	F (1,401) =63.051**, p=.000	2.98	1.78	F (1,395) =45.038**, p=.000
問 10-1：品物を選ぶ	3.94	3.20	F (1,403) =41.476**, p=.000	3.14	2.18	F (1,397) =49.182**, p=.000
問 10-2：レジに持っていく	3.95	3.27	F (1,397) =34.524**, p=.000	3.27	2.09	F (1,390) =79.919**, p=.000
問 10-3：代金を支払う	4.05	3.26	F (1,399) =51.021**, p=.000	3.40	2.18	F (1,393) =89.472**, p=.000
問 10-4：おつりが分かる	4.11	3.49	F (1,391) =22.682**, p=.000	3.60	2.44	F (1,384) =59.130**, p=.000
問 58：助けてくれる人の有無	3.81	3.64	F (1,361) =1.775, p=.184	2.83	2.80	F (1,353) =.030, p=.862

**p<.01, *p<.05

問17：自分でする（1−5）			問18：規則正しい生活（1−5）		
あり できる	なし できない	分散分析	あり できる	なし できない	分散分析
3.75	1.75	F（1,412）=101.152**, p=.000	4.07	3.66	F（1,411）=5.192*, p=.023
4.06	2.66	F（1,407）=142.600**, p=.000	4.18	3.76	F（1,407）=14.668**, p=.000
4.07	2.78	F（1,407）=121.864**, p=.000	4.19	3.78	F（1,407）=14.360**, p=.000
3.84	2.04	F（1,408）=141.161**, p=.000	4.09	3.67	F（1,407）=8.678**, p=.003
3.96	2.86	F（1,409）=79.443**, p=.000	4.13	3.88	F（1,409）=4.992*, p=.026
4.02	2.86	F（1,404）=89.996**, p=.000	4.20	3.81	F（1,403）=13.231**, p=.000
4.19	2.91	F（1,406）=119.685**, p=.000	4.27	3.80	F（1,405）=19.753**, p=.000
4.35	3.21	F（1,398）=67.944**, p=.000	4.33	3.91	F（1,397）=11.849**, p=.001
3.54	3.46	F（1,366）=.296, p=.586	4.09	3.92	F（1,366）=2.258, p=.134

問38：健常児と同じ子育て（1−5）			問48：本人のことを伝える（1−5）		
あり できる	なし できない	分散分析	あり できる	なし できない	分散分析
3.52	2.85	F（1,326）=7.845**, p=.005	3.67	3.82	F（1,397）=.568, p=.452
3.59	3.24	F（1,322）=5.391*, p=.021	3.64	3.75	F（1,393）=.751, p=.387
3.62	3.23	F（1,322）=6.899**, p=.009	3.63	3.75	F（1,393）=.895, p=.345
3.56	2.96	F（1,323）=9.874**, p=.002	3.66	3.77	F（1,394）=.492, p=.483
3.60	3.19	F（1,326）=7.431**, p=.007	3.70	3.68	F（1,396）=.022, p=.883
3.65	3.15	F（1,323）=11.935**, p=.001	3.66	3.74	F（1,389）=.387, p=.534
3.69	3.22	F（1,324）=10.754**, p=.001	3.68	3.71	F（1,392）=.090, p=.765
3.70	3.36	F（1,315）=4.087*, p=.044	3.56	3.75	F（1,384）=1.986, p=.160
3.55	3.26	F（1,297）=3.262, p=.072	3.92	3.38	F（1,362）=18.219**, p=.000

表 3-3-5　一元配置分散分析の結果：従属変数「子の自立に向けたかかわり」(2/2)

関連すると思われる変数	「子の自立に向けたかかわり」を示す従属変数					
	問 50：家族以外と交流させる (1-5)			問 51：地域活動に参加させる (1-5)		
	あり できる	なし できない	分散分析	あり できる	なし できない	分散分析
問 9-1：服を脱ぐ	2.78	2.35	F (1,391) =3.719, p=.055	1.70	1.51	F (1,400) =1.166, p=.281
問 9-2：体を洗う	2.90	2.41	F (1,389) =13.734**, p=.000	1.73	1.56	F (1,396) =2.747, p=.098
問 9-3：髪を洗う	2.96	2.39	F (1,389) =19.475**, p=.000	1.74	1.57	F (1,396) =2.763, p=.097
問 9-4：服を着る	2.81	2.29	F (1,389) =9.153**, p=.003	1.71	1.48	F (1,397) =2.841, p=.093
問 10-1：品物を選ぶ	2.94	2.41	F (1,391) =16.206**, p=.000	1.80	1.49	F (1,399) =8.679**, p=.003
問 10-2：レジに持っていく	3.04	2.33	F (1,384) =29.937**, p=.000	1.85	1.44	F (1,393) =15.664**, p=.000
問 10-3：代金を支払う	3.13	2.37	F (1,387) =36.053**, p=.000	1.86	1.51	F (1,395) =11.693**, p=.001
問 10-4：おつりが分かる	3.12	2.61	F (1,381) =11.953**, p=.001	1.95	1.59	F (1,388) =9.172**, p=.003
問 58：助けてくれる人の有無	3.00	2.36	F (1,356) =22.363**, p=.000	1.83	1.46	F (1,365) =11.005**, p=.001

関連すると思われる変数	「子の自立に向けたかかわり」を示す従属変数		
	問 52：趣味の機会を作る (1-5)		
	あり できる	なし できない	分散分析
問 9-1：服を脱ぐ	2.57	1.92	F (1,384) =7.560**, p=.006
問 9-2：体を洗う	2.74	2.10	F (1,381) =20.715**, p=.000
問 9-3：髪を洗う	2.79	2.09	F (1,381) =26.668**, p=.000
問 9-4：服を着る	2.62	1.89	F (1,382) =16.233**, p=.000
問 10-1：品物を選ぶ	2.76	2.13	F (1,383) =20.525**, p=.000
問 10-2：レジに持っていく	2.85	2.04	F (1,378) =34.868**, p=.000
問 10-3：代金を支払う	2.93	2.12	F (1,397) =36.672**, p=.000
問 10-4：おつりが分かる	2.87	2.37	F (1,374) =10.088**, p=.002
問 58：助けてくれる人の有無	2.71	2.26	F (1,353) =9.417**, p=.002

**p<.01, *p<.05

せる傾向があった。それに対して、「問18：規則正しい生活を送る」「問48：本人のことを周囲に伝える」「問50：家族以外と交流させる」においては有意な関連がみられなかった。母親の独立規範意識は、「本人ができることを増やす」という行動につながるが、「家族以外の周囲の人とのかかわりを増やす」という行動には必ずしもつながっていないことがうかがわれる。

一方、「問33：母親役割意識」は、「子の自立へのかかわりを少なくするであろう」というのが当初の仮説であったが、一部を除いてまったく反対の結果が得られることとなった。「問33：わが子の世話が張り合いだ」と感じている母親ほど、子どもに「問18：規則正しい生活」（r=.139, p=.008）を送らせ、「問19：マナーを教え」（r=.159, p=.003）、「問48：本人のことを周囲に伝え」（r=.189, p=.000）、「問50：家族以外と交流させ」（r=.144, p=.008）、「問51：地域活動に参加」（r=169, p=.001）させるという行動がみられた。また、「問38：健常児と同じ子育てを心がけ」（r=.133, p=.015）、「問52：趣味の機会を作る」（r=.129, p=.017）傾向もみられた。先行研究や相談支援従事者の語りにあった「子のケアを抱え込み、子の世話を張り合いとする母親」とは異なり、今回の調査に協力してくれた母親たちは、子の自立に向けたさまざまな働きかけを行うことを自分の役割と考え、張り合いを感じているようであった。

さらに、母親の「問77：自助努力意識」に関しては、仮説では「『人に頼らず何でも自分で解決したい』と思う母親は、子のケアをすべて自分でやってしまおうとするため、子の自立を促すようなかかわりは少ないのではないか」と考えていた。しかし、調査結果をみると、自助努力意識の強い母親は「子の自立に向けたかかわり」が多い傾向にあり、子どもに「問16：家事の手伝い」をさせ（r=.108, p=.033）、「問17：自分でできることをさせ」（r=.103, p=.042）、「問19：マナーを教える」（r=.123, p=.016）傾向がうかがえた。「自分で解決したい」という母親の思いは、「わが子にも自分で解決できるようになってもらいたい」という思いにつながっていることが推測される。

また「問75：就労状況」は、「問15：1人で外出」（r=.215, p=.000）、「問16：家事の手伝い」（r=.221, p=.000）、「問17：できることを自分でする」（r=.132, p=.010）などとの間に1%水準で有意な弱い相関があり、「働く母親は、子どもに自分で身の回りのことをし、家の手伝いをするよう促している」のか、あるいは「子どもが身の回りのことや家の手伝いができるから、母親が働きに出られる」のか、いずれかの可能性が考えられる。

それに対して、母親のもう1つの社会参加を示す「問76：ボランティア・地域活動」をみると、「問19：マナーを教える」(r=.140, p=.007)、「問48：本人のことを伝える」(r=.176, p=.001)、「問50：家族以外と交流させる」(r=.228, p=.000)、「問51：地域活動に参加させる」(r=.249, p=.000)、「問52：趣味の機会を作る」(r=.226, p=.000) などと1%水準で有意な弱い相関があり、「地域に出ていく母親は、本人が社会とつながるようなかかわりをしている」のか、あるいは「本人が社会とのつながりを持てるよう、母親自身が地域との関係を築いていこうとしている」ことが考えられる。同じ母親の社会参加状況でも、就労する母親と地域活動に参加する母親とでは、子の自立に向けたかかわり行動のタイプが異なることが浮き彫りになった。

また、「夫からのサポート（問45：夫は子の世話に協力)」では、「問48：本人のことを周囲に伝える」(r=.174, p=.005)、「問50：家族以外と交流させる」(r=.163, p=.009) などに有意な関連がみられ、夫からのサポートが、子どもを社会で受け入れてもらえるような働きかけにつながることが推測できる。

さらに、「夫以外からのサポート（問58：助けてくれる人の有無)」をみると、助けてくれる人のいる母親は、「問48：周囲に本人のことを伝え」(F (1,362)=18,219, p=.000)、「問50：家族以外と交流させ」(F (1,356)=22.363, p=.000)、「問51：地域活動に参加させ」(F (1,365)=11,005, p=.001)、「問52：趣味の機会を作る」(F (1,353) = 9.417, p=.002) など、本人が社会とのつながりを持てるようなかかわりをしていることが分かった。他方、「助けてくれる人の有無」と、子ども自身ができることを増やそうというような自立のかかわりには有意な関連がみられなかった。これらのことから、夫および夫以外からのサポートにより、母親は他者への信頼を高め、わが子が社会とつながることに対してより積極的な行動につながる可能性が考えられる。

子の要因に目を向けると、「問3：療育手帳」「問4：障害程度区分」「問9：入浴動作」「問10：買い物行動」といった「子の自立度」と、「問15：1人で通学・通勤・外出する」「問16：家事の手伝い」「問17：できることを自分でする」「問18：規則正しい生活を送る」「問19：マナーを教える」「問20：読み書きを教える」「問38：健常児と同じ子育て」「問50：家族以外と交流させる」「問52：趣味の機会を作る」において、おおむね仮説どおりの有意な関連がみられ、「子の自立度が高いほど、自立に向けたかかわりが多い」ということが分かった。

ただし、「問48：本人のことを周囲に伝える」という項目だけをみると、本人のADL（問9：入浴動作）やIADL（問10：買い物行動）との間には有意な関連はみられなかったが、「問3：療育手帳」（r=-.122, p=.014）や「問4：障害程度区分」（r=-.137, p=.019）では、むしろ「子の自立度が低い方が、母親は周囲に本人のことを伝えようとしている」という傾向が観察された。本人の自立度が低い場合、母親は本人のケアに関して周囲に理解してもらい、時には助けてもらわなければならないと考えるのであろう。母親がいなくても、周囲の人たちと直接かかわることができる自立度の高い知的障害者とは違い、自立度が低い場合は、母親が本人と周囲との橋渡しの役割を果たそうとしていることがうかがえる。

Ⅳ「ケアを委ねようという意向」に関連する要因の分析

(1) 仮説

(Ⅰ) 母親の要因として、「子の独立規範意識」や「ケアの負担感」が強く、「就労状況」や「ボランティア・地域活動状況」が活発で、「在宅サービスの満足度」や「専門職への信頼度」が高く、「夫からのサポート」や「夫以外からのサポート」を受けている母親ほど、「ケアを委ねようという意向」が強い。また、「子の自立度」が高く、「子の問題行動」が多く、「子の年齢」が高いほど、「ケアを委ねようという意向」が強い。さらに、「経済的状況」にゆとりがあるほど、「ケアを委ねようという意向」が強い。

(Ⅱ)「母親役割意識」や「自助努力意識」が強い母親ほど、「ケアを委ねようという意向」が弱い。

(2) 結果と考察

「ケアを委ねようという意向」を示す変数と、それに関連すると思われる変数との有意な関連を、相関分析および一元配置分散分析によって調べた（表3-3-6、表3-3-7）。

まず、「問78：子どもは親から独立すべき」という独立規範意識が強い母親ほど、「問30：将来について子に伝え」（r=.276, p=.000）たり、「問31：将来について家族と話し」（r=.167, p=.003）たりしていた。また、独立規範の強い母親ほど、「問28：親元を離れた生活を想像」（r=.124, p=.028）し、「問32：行政に相談する」（r=.140, p=.012）傾向がみられた。

ケアの負担感については、「問39：子の行動に困る」と思っている母親ほど、「問49：近所に気を配って」（r=.146, p=.007）いた。また、「問40：世話を誰かに任せたい」と思っている母親ほど、「問32：将来について行政に相談」（r=.205, p=.000）し、「問49：近所に気を配る」（r=.117, p=.030）傾向があった。さらに、「問41：子をどうしていいか分からない」と思っている母親ほど、「問32：将来について行政に相談」（r=.147, p=.007）していた。一方、同じケアの負担感でも、「問42：家族とつきあいづらい」「問43：社会参加が減った」と感じている母親は、むしろケアを委ねようという意向が弱い傾向があった。普段から社会関係の乏しい母親は、社会にケアを委ねようという気持ちになりにくいことが推測される。

また、「問76：ボランティアなどの地域活動に参加」している母親は、「問49：近所に気を配って」（r=.207, p=.000）おり、「問：27世話ができなくなった時のことを思い描き」、「問28：親元を離れた生活を想像」し、「問32：将来について行政に相談する」傾向がみられ、ケアを委ねようという行動に出ている可能性がある。さらに、「問56：専門職に対する信頼度」が高い母親も、「近所に気を配り」（r=.153, p=.008）、「問32:将来について行政に相談する」（r=.156, p=.013）傾向がみられた。これらから、社会や他者に対して開かれた構えを持つ母親は、他者にケアを委ねようという意向が強いことが推測できる。

本人の要因に着目すると、本人の自立度（療育手帳、障害程度区分、入浴動作、買い物行動）や年齢が高いことがケアを委ねる意向を強くするという結果であった。特に、「問30：将来について子に伝える」においては、その関連が強く表れていた。ただ、例外として「問4：障害程度区分」においては、「自立度が低いほど、より近所に気を配る」傾向があるという結果になっていた。この理由としては、「わが子の自立度が低い場合には、近所の人たちの世話になる場面を想定して、普段から近所に気を配って、理解と協力を得ようとしている」ことが考えられる。

一方、経済的状況については、「ゆとりがある方がケアを委ねる意向が強い」という仮説を立てたが、「問82：世帯平均月収」が高いほど、「問28：親元を離れた生活を想像する」（r=-.138, p=.041）ことができず、「問30：将来について子に伝える」（r=-.173, p=.012）ことなく、「問32：行政に相談」（r=-.152, p=.025）しない傾向がうかがえる。経済状況についての「問83：経済的なゆとり感」には有意な関連がみられなかった。

また、仮説と大きく異なったものとしては、「問33：世話が張り合い」が挙げられる。仮説では、「母親役割意識が強い母親は、子の世話に専念することに張り合いを感じて、子のケアを抱え込んでしまい、他者にケアを委ねる意向が弱いのではないか」と推測していた。しかし、分析結果からは、「熱心に子を世話し、張り合いと感じる母親は、将来の生活を思い描き、家族や行政に相談したり近所に気を配ったりしている」ということが分かった。相談支援従事者がとらえた「ケアを抱え込む熱心な母親像」とは異なり、「わが子の将来に向けてケアを委ねる準備に取り組む熱心な母親像」が浮き彫りとなった。

表 3-3-6　相関分析の結果：従属変数「ケアを委ねようという意向」

	「ケアを委ねようという意向」を示す従属変数		
関連すると思われる変数	問 27：世話不能時の生活を描く（1-5）	問 28：親元を離れた生活を想像（1-5）	問 30：将来について子に伝える（1-4）
問 1：子の年齢	r=.183**, p=.001, n=341	r=.010, p=.855, n=341	r=.249**, p=.000, n=328
問 3：療育手帳（1-3）	r=.079, p=.147, n=343	r=.083, p=.126, n=344	r=.431**, p=.000, n=331
問 4：障害程度区分（1-6）	r=.126*, p=.047, n=250	r=.126*, p=.047, n=250	r=.272**, p=.000, n=235
問 13：パニック日数	r−−.012, p=.854, n=259	r=.052, p=.403, n=260	r=−.019, p=.766, n=254
問 33：世話が張り合い（1-5）	r=180**, p=.001, n=335	r=.123*, p=.024, n=337	r=.107, p=.055, n=326
問 39：子の行動に困る（1-5）	r=−.065, p=.237, n=329	r=.055, p=.321, n=331	r=−.004, p=.942, n=319
問 40:世話を誰かに任せたい（1-5）	r=−.066, p=.229, n=330	r=.059, p=.287, n=332	r=.079, p=.157, n=320
問 41：子をどうしていいか（1-5）	r=−.119*, p=.030, n=330	r=.025, p=.652, n=331	r=.015, p=.791, n=321
問 42:家族とつきあいづらい（1-5）	r=−.245**, p=.000, n=330	r=−.102, p=.064, n=331	r=−.136*, p=.015, n=319
問 43：社会参加が減った（1-5）	r=−.189**, p=.001, n=331	r=−.051, p=.357, n=333	r=−.089, p=.113, n=321
問 45：夫は子の世話に協力する（1-5）	r=.109, p=.087, n=245	r=.083, p=.193, n=248	r=.014, p=.837, n=234
問 55:専門職の子への理解（1-5）	r=.087, p=.162, n=262	r=.044, p=.478, n=259	r=.028, p=.654, n=252
問 56：専門職の家族への理解（1-5）	r=.107, p=.091, n=250	r=.048, p=.448, n=248	r=.025, p=.703, n=241
問 64：GH 評価点	r=.109, p=.218, n=130	r=.039, p=.662, n=131	r=.144, p=.108, n=126
問 75：就労状況（1-4）	r=−.089, p=.114, n=315	r=−.007, p=.897, n=315	r=.070, p=.226, n=304
問 76：ボランティア・地域活動状況（1-4）	r=.122*, p=.032, n=312	r=.127*, p=.025, n=311	r=.054, p=.351, n=300
問 77：自分で解決したい　（1-5）	r=.005, p=.927, n=319	r=−.012, p=.826,　n=319	r=.091, p=.109, n=309
問 78：親から独立すべき（1-5）	r=.033, p=.563, n=315	r=.124*, p=.028, n=315	r=.276**, p=.000, n=305
問 82：世帯平均月収	r=−.122, p=.099, n=220	r=−.138*, p=.041, n=219	r=−.173*, p=.012, n=209
問 83：暮らし向きのゆとり（1-5）	r=−.011, p=.842, n=317	r=−.053, p=.346, n=319	r=.049, p=.393, n=306

**p<.01, *p<.05

問 31：将来について家族と話す（1-5）	問 32：将来について行政に相談する（1-4）	問 49：近所に気を 配る（1-5）	問 63：GH 最大利用可能時間
r=.230**, p=.000, n=343	r=.151**, p=.005, n=344	r=.038, p=.449, n=404	r=−.150, p=.069, n=149
r=170**, p=.002, n=346	r=.065, p=.227, n=347	r=−.084, p=.093, n=405	r=−.026, p=.750, n=150
r=.048, p=.450, n=250	r=.094, p=.140, n=250	r=−.142*, p=.015, n=291	r=.136, p=.128, n=127
r=−.021, p=.738, n=262	r=.131*, p=.034, n=262	r=.009, p=.882, n=302	r=−.116, p=.191, n=128
r=.162**, p=.003, n=340	r=.206**, p=.000, n=341	r=.212**, p=.000, n=350	r=−.048, p=.578, n=138
r=−.013, p=.816, n=334	r=.089, p=.104, n=335	r=.146**, p=.007, n=344	r=−.014, p=.869, n=134
r=.062, p=.254, n=335	r=.205**, p=.000, n=336	r=.117*, p=.030, n=344	r=.047, p=.589, n=136
r=−.003, p=.959, n=336	r=.147**, p=.007, n=336	r=.029, p=.591, n=347	r=.023, p=.791, n=137
r=−.183**, p=.001, n=334	r=−.044, p=.422, n=335	r=−.019, p=.717, n=349	r=−.093, p=.280, n=138
r=−.139*, p=.011, n=336	r=.015, p=.787, n=337	r=.121*, p=.023, n=350	r=−.092, p=.282, n=138
r=.150*, p=.018, n=250	r=.113, p=.074, n=250	r=.100, p=.107, n=259	r=.151, p=.120, n=107
r=−.003, p=.961, n=263	r=.117, p=.058, n=264	r=.097, p=.083, n=318	r=−.119, p=.185, n=126
r=.065, p=.307, n=252	r=.156*, p=.013, n=253	r=.153**, p=.008, n=303	r=.002, p=.985, n=123
r=.008, p=.928, n=131	r=.183*, p=.036, n=131	r=−.049, p=.558, n=143	r=−.051, p=.555, n=139
r=−.088, p=.116, n=317	r=−.124*, p=.027, n=318	r=−.073, p=.159, n=372	r=.240**, p=.004, n=139
r=.080, p=.157, n=313	r=.154*, p=.006, n=314	r=.207**, p=.000, n=365	r=.128, p=.135, n=137
r=−.013, p=.812, n=321	r=−.042, p=.448, n=322	r=.004, p=.944, n=377	r=−.087, p=.308, n=141
r=.167**, p=.003, n=318	r=.140*, p=.012, n=318	r=.066, p=.203, n=368	r=.065, p=.453, n=137
r=−.070, p=306, n=218	r=−.152*, p=.025, n=219	r=−.082, p=.193, n=253	r=.107, p=.297, n=97
r=−.002, p=.968, n=320	r=.011, p=.842, n=321	r=.075, p=.145, n=378	r=.064, p=.448, n=141

表 3-3-7　一元配置分散分析の結果：従属変数「ケアを委ねようという意向」

関連すると思われる変数	「ケアを委ねようという意向」を示す従属変数（1/2）					
	問 27：世話不能時の生活を描く（1-5）			問 28：親元を離れた生活を想像（1-5）		
	あり できる	なし できない	分散分析	あり できる	なし できない	分散分析
問 9-1：服を脱ぐ	2.86	2.66	F (1,333) =.943, p=.332	2.74	2.37	F (1,334) =3.843, p=.051
問 9-2：体を洗う	2.97	2.64	F (1,329) =6.779*, p=.010	2.80	2.59	F (1,330) =3.098, p=.079
問 9-3：髪を洗う	2.96	2.68	F (1,329) =5.111*, p=.024	2.79	2.62	F (1,330) =2.096, p=.149
問 9-4：服を着る	2.88	2.64	F (1,329) =2.021, p=.156	2.79	2.37	F (1,330) =7.616**, p=.006
問 10-1：品物を選ぶ	2.95	2.65	F (1,331) =5.476*, p=.020	2.77	2.61	F (1,331) =1.790, p=.182
問 10-2：レジに持っていく	2.93	2.72	F (1,329) =2.755, p=.098	2.82	2.55	F (1,329) =5.181*, p=.023
問 10-3：代金を支払う	2.90	2.76	F (1,329) =1.253, p=.264	2.85	2.58	F (1,328) =5.392* p=.021
問 10-4：おつりが分かる	2.95	2.79	F (1,322) =1.287, p=.257	2.89	2.64	F (1,322) =3.528, p=.061
問 11：こだわりの有無	2.80	2.89	F (1,329) =.434, p=.511	2.72	2.71	F (1,330) =.007, p=.931
問 58：助けてくれる人の有無	2.89	2.65	F (1,302) =2.911, p=.089	2.82	2.53	F (1,302) =5.387, p=.021

関連すると思われる変数	「ケアを委ねようという意向」を示す従属変数（2/2）					
	問 32：行政に相談する（1-4）			問 49：近所に気を配る（1-5）		
	あり できる	なし できない	分散分析	あり できる	なし できない	分散分析
問 9-1：服を脱ぐ	1.82	1.56	F (1,337) =3.011, p=.084	2.64	2.36	F (1,393) =1.446, p=.230
問 9-2：体を洗う	1.84	1.71	F (1,333) =1.782, p=.183	2.54	2.70	F (1,390) =1.202, p=.274
問 9-3：髪を洗う	1.83	1.74	F (1,333) =.909, p=.341	2.54	2.68	F (1,390) =1.032, p=.310
問 9-4：服を着る	1.82	1.66	F (1,333) =1.757, p=.186	2.65	2.37	F (1,390) =2.332, p=.128
問 10-1：品物を選ぶ	1.82	1.75	F (1,334) =.535, p=.465	2.63	2.57	F (1,392) =.188, p=.665
問 10-2：レジに持っていく	1.84	1.73	F (1,333) =1.468, p=.227	2.55	2.64	F (1,386) =.334, p=.564
問 10-3：代金を支払う	1.85	1.73	F (1,332) =1.669, p=.197	2.53	2.68	F (1,388) =1.089, p=.297
問 10-4：おつりが分かる	1.86	1.78	F (1,325) =.647, p=.422	2.43	2.66	F (1,382) =2.013, p=.157
問 11：こだわりの有無	1.87	1.66	F (1,333) =5.181*, p=.023	2.77	2.37	F (1,382) =7.911**, p=.005
問 58：助けてくれる人の有無	1.89	1.67	F (1,308) =4.898*, p=.028	2.87	2.24	F (1,361) =19.742**, p=.000

**p<.01, *p<.05

問 30：将来について子に伝える（1-4）			問 31：将来について家族と話す（1-5）		
あり できる	なし できない	分散分析	あり できる	なし できない	分散分析
2.56	1.93	F (1,321) =9.109**, p=.003	2.67	2.43	F (1,337) =1.435, p=.232
2.74	2.09	F (1,319) =30.660**, p=.000	2.79	2.40	F (133) =9.701**, p=.002
2.79	2.08	F (1,319) =38.798**, p=.000	2.79	2.45	F (1,333) =7.625**, p=.006
2.60	1.92	F (1,319) =18.603**, p=.000	2.71	2.29	F (1,333) =6.908**, p=.009
2.74	2.08	F (1,318) =32.364**, p=.000	2.78	2.46	F (1,334) =6.109*, p=.014
2.77	2.08	F (1,316) =35.794**, p=.000	2.74	2.51	F (1,332) =3.245, p=.073
2.91	2.10	F (1,316) =53,210**, p=.000	2.78	2.51	F (1,332) =4.978*, p=.026
3.03	2.29	F (1,311) =33.808**, p=.000	2.85	2.58	F (1,325) =3.712, p=.055
2.52	2.46	F (1,317) =.258, p=.612	2.75	2.50	F (1,333) =3.764, p=.053
2.47	2.49	F (1,292) =.023, p=.881	2.62	2.68	F (1,306) =.178, p=.673

問 63：GH 最大利用可能時間		
あり できる	なし できない	分散分析
7.39	5.47	F (1,144) =1.705, p=.194
8.40	5.84	F (1,144) =8.537**, p=.004
8.59	5.86	F (1,144) =9.859**, p=.002
7.70	5.22	F (1,144) =4.978*, p=.027
7.43	6.89	F (1,144) =.360, p=.549
8.01	6.22	F (1,144) =4.039*, p=.046
7.73	6.68	F (1,144) =1.406, p=.238
8.46	6.99	F (1,143) =1.357, p=.246
7.03	7.67	F (1,142) =.460, p=.499
7.69	6.80	F (1,139) =.805, p=.371

第4節　「社会的ケアへの移行に向けた準備」の促進要因と阻害要因

「知的障害児・者の母親によるケアから、社会的ケアへの移行に向けた準備」に対してどのような要因が影響しているかを探るために、重回帰分析を行うこととした。しかし、この「社会的ケアへの移行に向けた準備」という概念は、直接的に測定することが難しいため、この概念を測定するために、①母子が離れる時間、②サービスの積極的利用、③子の自立に向けたかかわり、④ケアを委ねようという意向、という4つの下位概念を設定した。

Ⅰ　従属変数の設定

(1) 母子が離れる時間

「母子が離れる時間」については、「問23：母子が平日別々に過ごす時間数」と「問24：母子が休日別々に過ごす時間数」は、それぞれ関連する要因との関係で有意な相違はみられなかったために、両方の時間数を合計して新変数を作成し、これを1つの従属変数として扱うこととした。

(2) サービスの積極的利用

「サービスの積極的利用」については、連続尺度である「問61：GHの1か月の利用時間」と「問66：SSの年間利用日数」は、それぞれ2つの従属変数として扱った(3)。GHやSSの利用については、「子の自立訓練をねらいとして利用する」という場合と、「ケアできなくなったために必要に迫られて利用する」という場合の2通りの利用の仕方があると考えられた。なお、在宅サービスのうち、HHについては利用していると回答した人が非常に少なかったため（23名、回答者全体の5.1％）、重回帰分析の対象から除外した。

(3) 子の自立に向けたかかわり

母親がどの程度子の自立に向けたかかわりをしているかをみるために、11の質問項目を設定した。これらは、仁尾ら（2010）によるダウン症児・者の母親の「自立に向けたかかわり」尺度の15項目のうちの11項目を一部改変して用いたものである。

11の質問項目は以下のとおりである。

「問15：1人で通学・通勤・外出している」「問16：家事を手伝う」

「問17：できることを自分でする」「問18：規則正しい生活を送る」

「問19：マナーを教える」「問20：読み書きを教える」

「問38：健常児と同じ子育てをする」「問48：周囲に本人のことを伝える」

「問50：家族以外と交流させる」「問51：地域活動に参加させる」

「問52：趣味の機会を作る」

これら11項目について因子分析を行った。因子の分析方法は主因子法とし、スクリー基準および累積寄与率45%を基準として、因子数を設定した。そして、バリマックス回転による因子分析を行い、共通性0.3%未満の項目や、複数の因子に高い付加量を示す項目を順次除外していったところ、以下の2つの因子が抽出された。回転後の累積因子寄与率は46.3%であった（表3-4-1）。

表3-4-1　「子の自立に向けたかかわり」の因子分析結果

n=347

		因子1	因子2	共通性
子の自立に向けた生活訓練（α=.783）	家事を手伝う	.780	.084	.616
	できることを自分でする	.754	.126	.584
	1人で通学・通勤・外出する	.620	.129	.401
	マナーを教える	.569	.246	.384
	読み書き計算を教える	.542	.297	.382
社会参加機会の準備（α=.705）	趣味の機会を作る	.222	.700	.539
	家族以外と交流させる	.179	.648	.452
	地域活動に参加させる	.074	.587	.350

因子抽出法：主因子法、回転法：Kaiserの正規化をともなうバリマックス法

仁尾らは、これら2つの因子とほぼ同じものを「親が子どもの能力を高める」と「親が積極的に社会と関わる」と名づけているが、本研究では、「自立に向けた生活訓練」と「社会参加機会の準備」と名づけることとした。また、障害学における「個人モデルと社会モデル」という観点を踏まえると、親が「子どもに対して訓練すること」と、「社会関係を拡大させること」の2つを

区別することに意味があると考えたため、これら2因子を、それぞれ異なる従属変数として取り扱っていくこととした。

この結果、「家事を手伝う」「できることを自分でする」「1人で通学・通勤・外出する」「マナーを教える」「読み書き計算を教える」の5項目の回答の合計点（最小値5点、最大値25点）を「子の自立に向けた生活訓練」という従属変数とし、「趣味の機会を作る」「家族以外と交流させる」「地域活動に参加させる」の3項目の回答の合計点（最小値3点、最大値15点）を「社会参加機会の準備」という従属変数とした。

(4) ケアを委ねようという意向

母親が、子と分かれて暮らし他者にケアを委ねることを、どの程度現実的に考えているかを見るために設定した7つの質問項目は、以下のとおりである。

「問27：世話不能時の子の生活を思い描く」

「問28：親元を離れた子の生活を想像する」

「問30：将来について子に伝える」

「問31：将来について家族と話す」

「問32：将来について行政や支援センターに相談する」

「問49：近所に気を配る」

「問63：GH最大利用可能時間」

この7項目について因子分析を行ったところ、1つの因子が抽出され、回転後の累積因子寄与率は53.1%であった（表3-4-2）。

表3-4-2 「ケアを委ねようという意向」の因子分析結果

n=336

		因子1	共通性
子の自立を想定する程度 (α=.764)	世話不能時の子の生活を思い描く	.847	.718
	将来について家族と話す	.665	.433
	親元を離れた子の生活を想像する	.658	.442

因子抽出法：主因子法、回転法：Kaiserの正規化をともなうバリマックス回転

この結果から、「世話不能時の子の生活を思い描く」「将来について家族と話す」「親元を離れた子の生活を想像する」の3項目をまとめて合計点を出し（最小値3点、最大値15点）、「子の自立を想定する程度」という従属変数を

作成した。

仮説に基づいて設定した従属変数は、最終的には以下の6つの変数となった（表3-4-3）。

表3-4-3　重回帰分析の対象となる従属変数

仮説における操作的概念	因子分析でできた因子	重回帰分析の従属変数	質問項目
1. 母子が離れる時間	—	1. 母子が離れる時間	問23：平日別々時間＋ 問24：休日別々時間
2. サービスの積極的利用	—	2. GH利用時間	問61：GH利用時間
	—	3. SS利用日数	問66：SS利用日数
3. 子の自立に向けたかかわり	子の自立に向けた生活訓練	4. 子の自立に向けた生活訓練	問15：1人で外出する＋ 問16：家事を手伝う＋ 問17：できることを自分でする＋ 問19：マナーを教える＋ 問20：読み書きを教える
	社会参加機会の準備	5. 社会参加機会の準備	問50：家族以外と交流させる＋ 問51：地域活動に参加させる＋ 問52：趣味の機会を作る
4. ケアを委ねようという意向	子の自立を想定する程度	6. 子の自立を想定する程度	問27：世話不能時の生活を描く＋ 問28：親元を離れた生活を想像＋ 問31：将来について家族と話す

Ⅱ　独立変数の設定

本アンケート調査に際して立てた仮説では、「社会的ケアへの移行」に影響すると思われる要因として、母親の価値観・心理状態・年齢・健康状態・社会参加状況、子の年齢・自立度・問題行動、父子のかかわり、世帯の経済状況を想定していた。これらに相当する質問項目の一部から新たな変数を作成した。

(1) ADL/IADL得点

子の自立度を表す質問項目のうち、「問9：入浴動作」と「問10：買い物行動」については、それぞれ小設問（問9-1、問9-2など）を設けて「1人でできる」「できない」の選択肢による回答をしてもらった。これらすべての8つの小設問の合計点を算出し、「ADL/IADL得点」として1つの独立変数を作成した。

（2）ケアの負担感

本アンケート調査では、母親の心理状態のうち「ケアの負担感」を測るために、「Zarit 介護負担尺度日本語短縮版」の 8 項目のうちの 5 項目を、本調査にふさわしい表現に変えて採用した（「問 39：子の行動に困る」「問 40：世話を誰かに任せたい」「問 41：子をどうしていいか分からない」「問 42：家族とつきあいづらい」「問 43：社会参加が減った」）。そこで、これら 5 項目について因子分析を行ったところ、2 因子が抽出され、回転後の累積因子寄与率は 63.1% であった（表 3-4-4）。

表 3-4-4 「ケアの負担感」の因子分析結果

n=355

		因子 1	因子 2	共通性
世話の限界（α=.791）	子をどうしていいか	.779	.176	.638
	子の行動に困る	.698	.218	.535
	世話を誰かに任せたい	.652	.266	.496
世話による孤立（α=.841）	社会参加が減った	.187	.862	.777
	家族とつきあいづらい	.332	.772	.706

因子抽出法：主因子法、回転法：Kaiser の正規化をともなうバリマックス法

本アンケート調査の対象者は、高齢者の介護を担う家族とは異なり、子の誕生以降、ずっとケアを担ってきているという状況があり、「世話による孤立」には、「単に介護負担からくる孤立」だけではなく、障害児を持ったことにともなう「差別や偏見による孤立」も含まれると考えられる。そこで、「世話の限界」と「世話による孤立」をそれぞれ別の独立変数として分析対象にすることとした。

具体的には、「子をどうしていいか」「子の行動に困る」「世話を誰かに任せたい」の 3 項目の回答の合計点（最小値 3 点、最大値 15 点）を「世話の限界」という独立変数とし、「社会参加が減った」「家族とつきあいづらい」の 2 項目の回答の合計点（最小値 2 点、最大値 10 点）を「世話による孤立」という独立変数とした。

(3) 母親へのサポート

「母親へのサポート」にかかわる質問項目として、「問 45：夫は子の世話に協力する」「問 46：夫は子とよくかかわる」「問 47：夫は子をよく理解している」「問 55：専門職の本人理解度」「問 56：専門職の家族理解度」「問 64：GH（ガイドヘルパー）評価点」の６項目を設定した。当初は「夫は子とよくかかわる」「夫は子をよく理解している」を「父子のかかわり」の要因として想定していたが、これらは母親に対する間接的なサポートに当たると考えて、サポートにかかわる質問項目とみなした。これら６項目について因子分析を行ったところ、２因子が抽出され、回転後の累積寄与率は 77.5% となった（表 3-4-5）。

表 3-4-5　「母親へのサポート」の因子分析結果

n=194

		因子 1	因子 2	共通性
夫からのサポート (α=.910)	夫は子とよくかかわる	.955	.105	.922
	夫は子の世話に協力する	.869	.168	.783
	夫は子を理解している	.834	.135	.714
専門職への信頼 (α=.845)	専門職の家族理解度	.131	.843	.728
	専門職の本人理解度	.129	.842	.726

因子抽出法：主因子法、回転法：Kaiser の正規化をともなうバリマックス法

この結果、「夫は子とよくかかわる」「夫は子の世話に協力する」「夫は子を理解している」の３項目の回答の合計点（最小値３点、最大値 15 点）を「夫からのサポート」という独立変数とし、「専門職の家族理解度」「専門職の本人理解度」の２項目の回答の合計点（最小値２点、最大値 10 点）を「専門職への信頼」という独立変数にまとめた。

仮説に基づいて設定した独立変数は、最終的には 23 変数となった（表 3-4-6）。

Ⅲ　重回帰分析の結果

設定した従属変数と、これらに影響を与えると思われる独立変数を用いて、先行研究や相談支援従事者への質的調査結果を踏まえた仮説モデルを設

表 3-4-6　重回帰分析の対象となる独立変数

仮説における独立変数	因子分析でできた因子	重回帰分析の独立変数	質問項目
1. 母親の年齢	—	1.　母親の年齢	問 72：母親の年齢
2. 母親の社会参加状況	—	2-1.　母親の就労状況	問 75；母親の就労状況
	—	2-2.　母親の地域活動状況	問 76：母親の地域活動状況
3. 母親の心身の状態	—	3-1.　母親の健康状態	問 73：母親の健康状態
	—	3-2.　母親の心理状態	問 44：孤独だと思う
4. ケア負担感	世話の限界	4-1.　世話の限界	問 39：子の行動に困る＋ 問 40：世話を誰かに任せたい＋ 問 41：子をどうしていいか
	世話による孤立	4-2.　世話による孤立	問 42：家族とつきあいづらい＋ 問 43：社会参加が減った
5. 母親の価値観	—	5-1.　社会に訴える姿勢	問 36：社会に訴える
	—	5-2.　子の独立規範意識	問 78：親から独立すべき
6. 母親の性格についての自己認識	—	6-1.　支援を求める姿勢	問 74：悩みの相談
	—	6-2.　自助努力意識	問 77：自分で解決したい
	—	6-3.　他者を受け入れる柔軟性	問 79：助言を受け入れる
	—	6-4.　リジリエンス	問 80：困難を切り抜ける
7. 母親の子との関係についての認識	—	7-1.　母親役割意識	問 33：世話が張り合い
	—	7-2.　自分が一番分かっている	問 34：自分が一番分かっている
	—	7-3.　子への罪悪感	問 35：子に申し訳ない
	—	7-4.　子と一心同体	問 37：子と一心同体
8. 子の年齢	—	8.　子の年齢	問 1：子の年齢
9. 子の特性	—	9.　子の ADL/IADL 得点	問 9：入浴動作＋ 問 10：買い物行動
10. 暮らし向き	—	10-1.　世帯の平均月収	問 82：世帯の平均月収
	—	10-2.　暮らし向きのゆとり感	問 83：暮らし向きのゆとり感
11. サポート	専門職への信頼度	11-1.　専門職への信頼度	問 55：専門職の本人理解＋ 問 56：専門職の家族理解
	夫からのサポート	11-2.　夫からのサポート	問 45：夫は子の世話に協力＋ 問 46：夫は子とよくかかわる＋ 問 47：夫は子を理解している

定した。そしてこれを相関分析や一元配置分散分析の結果（第3章第3節）を参考に、ステップワイズ法による重回帰分析を行った。仮説モデルに従って独立変数を設定し、有意な独立変数の組み合わせのうち、もっとも当てはまりのよい回帰モデルを採択した。なお、採択モデルにおいては、独立変数の有意確率が5% 水準のものまでを受け入れている。

(1) 母子が離れる時間

「母子が離れる時間」については、第3節の相関分析および一元配置分散分析により、母親の社会参加が多く本人の自立度が高いほど、母子が離れる時間が多く、母親のケアの負担感が大きいほど母子が離れる時間が少ないことが確認された。また、先行研究や相談支援従事者の語りからは、母親の価値観、母子密着、周囲からのサポート、世帯の経済状況などが「母子が離れる時間」に影響する可能性が示唆されていた。そこで、「母子が離れる時間」を従属変数とし、「母親の就労状況」「母親の地域活動状況」「世話の限界」「世話による孤立」「社会に訴える姿勢」「子の独立規範意識」「母親役割意識」「自分が一番分かっている」「子への罪悪感」「子と一心同体」「ADL/IADL 得点」「世帯の平均月収」「暮らし向きのゆとり感」「専門職への信頼度」「夫からのサポート」を独立変数とする重回帰分析を行った。その結果、「ADL/IADL 得点」「世帯の平均月収」という2つの変数の組み合わせにおいて当てはまりの良い有意な回帰モデルを得た。F 値は0.1% 水準で有意であり、調整済み R2 乗は .366 であった（表3-4-7）。

表3-4-7　「母子が離れる時間」の重回帰分析結果

n=174

モデル	平方和	自由度	平均平方	F 値	有意確率	R2 乗（回帰決定係数）	調整済み R2 乗
回帰	1618.946	2	809.473	50.878	.000	.373	.366
残差	2720.602	171	15.910				
合計	4339.547	173					

	非標準化係数		標準化係数	t	有意確率	共線性の統計量	
	b	標準誤差	β			許容度	VIF
（定数）	5.474	.677		8.086	.000		
ADL/IADL 得点	1.048	.108	.587	9.664	.000	.993	1.008
世帯の平均月収	.017	.009	.124	2.048	.042	.993	1.008

子の「ADL/IADL 得点」が高い母子が離れて過ごす時間が多かった（標準化係数＝ .587, p=.000）。また、「世帯の平均月収」もわずかながら正の影響を与えている可能性がみられた（標準化係数＝ .124, p=.042）。子の自立度が高いほど、母子が離れる時間が長い傾向がみられた。

（2）サービスの積極的利用

ｉ）ガイドヘルパー（GH）月の利用時間

「ガイドヘルパーの利用」については、第3節の相関分析では有意な関連のある要因は見つからなかった。しかし、相談支援従事者の語りの中では、高齢の母親が入院や病気等のために通所施設への送迎や休日の外出の付き添いができなくなったことが契機となって、ガイドヘルパーを利用するようになるケースがあることが報告されていた。また、近年は就労する母親も増え、特に若い母親はサービス利用に積極的であることも述べられていた。このことから、ケアの負担感が大きいことや母親の社会参加が多いことが、子の外出への付き添いを難しくし、ガイドヘルパー利用につながると予測できる。すなわち、母親の年齢が高く、健康状態に問題が生じることでガイドヘルパー利用につながるケースと、母親の年齢が低く、就労などのために子の外出に付き添えないことでガイドヘルパーを利用するケースの両方があり、母親の年齢がガイドヘルパー利用に何らかの影響を与える可能性が考えられる。また、子の自立度が高ければ、そして専門職への信頼度が高ければ、母親は「ガイドヘルパーに任せても大丈夫だろう」と考えるであろうし、世帯の経済状況が豊かであれば、利用料や必要経費が負担できることから、ガイドヘルパーの利用が促進されるであろう[4]。さらに、母親の価値観がガイドヘルパー利用への動機づけに影響することが予想される。そこで、「ガイドヘルパーの月の利用時間」を従属変数とし、「母親の年齢」「母親の就労状況」「母親の地域活動状況」「世話の限界」「世話による孤立」「社会に訴える姿勢」「子の独立規範意識」「ADL/IADL 得点」「世帯の平均月収」「専門職への信頼度」を独立変数とする重回帰分析を行ったが、有意で当てはまりの良い回帰モデルは得られなかった。ガイドヘルパーを利用している人が少数派（172名、回答者全体の 38.3%）であったこともあり、ガイドヘルパーの利用には、本アンケート調査では想定していなかった他の要因が影響している可能性が考えられる。

ⅱ）ショートステイ（SS）利用日数

第3節の相関分析では、「SS利用日数」に関連する要因として、「専門職の子への理解」「専門職の家族への理解」「母親の健康状態」が確認された。また、相談支援従事者へのインタビュー調査でも述べられたように、母親の年齢が高く、ケアの負担感が大きければ、子のケアが困難になってSSを利用する機会が増えると思われる。そして、子の自立度が高ければ、外泊体験の機会としてSSを利用するかもしれないし、「わが子を託せる」という専門職への信頼度が高ければ、また利用料や諸経費を負担できる程度に経済状況がよければ、SS利用へのハードルも下がる可能性がある。さらに、母親の価値観がSS利用への動機づけに影響するかもしれない。そこで、「SS利用日数」を従属変数とし、「母親の年齢」「母親の健康状態」「世話の限界」「世話による孤立」「社会に訴える姿勢」「子の独立規範意識」「ADL/IADL得点」「世帯の平均月収」「専門職への信頼度」を独立変数とする重回帰分析を行ったが、有意で当てはまりの良い回帰モデルは得られなかった。SSを利用している人が少なく（117名、回答者全体の26.1%）、SSを利用するかどうかには、他の要因が影響していることが推測できる。

（3）子の自立に向けたかかわり

ⅰ）子の自立に向けた生活訓練

第3節の相関分析および一元配置分析によって、子の自立度が高く、母親の社会参加が活発な時に、母親が子の自立に向けたかかわりを多くする場合があることが明らかとなった。さらに、相関分析の結果や相談支援従事者の語りからは、母親の価値観や性格傾向が、子の自立に向けた生活訓練に影響を与えている可能性が考えられた。また、母親のケアの負担感が大きければ、子の自立に向けてかかわる余裕があまりないと推測される。そこで、「子の自立に向けた生活訓練」を従属変数とし、「母親の就労状況」「母親の地域活動状況」「世話の限界」「世話による孤立」「社会に訴える姿勢」「子の独立規範意識」「支援を求める姿勢」「自助努力意識」「他者を受け入れる柔軟性」「リジリエンス」「ADL/IADL得点」を独立変数として重回帰分析を行った結果、「ADL/IADL得点」「子の独立規範意識」「リジリエンス」「他者を受け入れる柔軟性」「世話の限界」という５つの変数の組み合わせにおいて、調整済み R2 乗は .703、F 値は 0.1% 水準で有意となり、非常に当てはまりのよい回帰モデルとなった（表 3-4-8）。「ADL/IADL 得点」が大きな正の影響を与えており（標準化係数 =.780, p=.000)、「子の独立規範意識」（標準化係数 =.104, p=.003）と「リジリエンス」（標準化係数 =.087, p=.013）と「他者を受け入れる柔軟性」（標準化係数 =.077, p=.024）も正の影響を与え、「世話の限界」（標準化係数 =-.082, p=.024）が負の影響を与えていた。子の自立度が高いほど、また、一般に成人すれば子は親から独立すべきと考え、困難を切り抜けられると感じ、他者の助言を受け入れる柔軟性を持っている母親ほど、子の自立に向けた訓練を行っているという結果であった。一方で、子の世話に限界を感じている母親は、子の自立に向けた生活訓練をしていないという傾向がみられた。

なお、調整済み R2 乗が .703 ときわめて高い値になっており、従属変数の大半が「ADL/IADL 得点」（標準化係数 .780）によって説明されている。このことは、ADL や IADL が高い子の親ほど、生活訓練を熱心に行うということを示している。また、このモデルは同時に、「ADL/IADL 得点」にかか

表 3-4-8 「子の自立に向けた生活訓練」の重回帰分析結果

n=279

モデル	平方和	自由度	平均平方	F 値	有意確率	R2 乗(回帰決定係数)	調整済み R2 乗
回帰	5727.227	5	1145.445	132.702	.000	.708	.703
残差	2356.451	273	8.632				
合計	8083.677	278					

	非標準化係数		標準化係数	t	有意確率	共線性の統計量	
	b	標準誤差	β			許容度	VIF
（定数）	4.570	1.099		4.158	.000		
ADL/IADL 得点	1.547	.068	.780	22.805	.000	.913	1.095
子の独立規範意識	.593	.201	.104	2.954	.003	.856	1.168
リジリエンス	.547	.220	.087	2.491	.013	.881	1.135
他者を受け入れる	.520	.229	.077	2.270	.024	.939	1.065
世話の限界	-.158	.069	-.082	-2.278	.024	.830	1.205

わらず、「子の独立規範意識」「リジリエンス」「他者を受け入れる柔軟性」「世話の限界」という４つの変数が「子の自立に向けた生活訓練」に有意な影響を与えていることを示している。

ⅱ）社会参加機会の準備

第３節の相関分析および一元配置分散分析では、本人の自立度が高く、母親の社会参加が活発な場合に、社会とのかかわりを増やすような働きかけを多くしていることが確認できた。また、先行研究や相談支援従事者のインタビュー調査からは、母子の間に密着関係があると、子の社会参加が進まないことが示唆されており、母親の価値観や性格も、子の社会参加への取り組みに影響を与えていることが示された。さらに、母親がケアに大きな負担を感じていれば、子の社会参加を促進するかかわりに取り組むことは難しいと考えられる。そこで、「社会参加機会の準備」を従属変数とし、「母親の就労状況」「母親の地域活動状況」「世話の限界」「世話による孤立」「社会に訴える姿勢」「子の独立規範意識」「支援を求める姿勢」「自助努力意識」「他者を受け入れる柔軟性」「リジリエンス」「母親役割意識」「自分が一番分かっている」「子への罪悪感」「子と一心同体」「ADL/IADL 得点」を独立変数として重回帰分析を行ったところ、「ADL/IADL 得点」「リジリエンス」「母親の地域活動状況」「母親役割意識」「社会に訴える姿勢」「世話の限界」「世話による孤立」「子の独立規範意識」という８変数の組み合わせにおいて、当てはまりの良い有意なモデルを得た。調整済み R2 乗は .338、F 値は 0.1% 水準で有意な結果となった（表 3-4-9）。

「ADL/IADL 得点」が最も大きな正の影響を与えており（標準化係数 =.275, p=.000）、「リジリエンス」（標準化係数 =.204, p=.000）が２番目に大きな影響を与え、「母親の地域活動状況」（標準化係数 =.163, p=.003）と「母親役割意識」（標準化係数 =.160, p=.004）がほぼ同じ正の影響力を持っていた。また、「社会に訴える姿勢」（標準化係数 =.142, p=.015）、「世話の限界」（標準化係数 =.135, p=.023）、「子の独立規範意識」（標準化係数 =.119, p=.032）も正の影響力を持つ傾向がみられ、「世話による孤立」（標準化係数 =−.129, p=.030）は負の影響力を持つ傾向がみられた。子の自立度が高いほど、母親がボランティアなどの地域活動に参加しているほど、「知的障害者の理解のために社

表 3-4-9 「社会参加機会の準備」の重回帰分析結果

n=262

モデル	平方和	自由度	平均平方	F 値	有意確率	R2 乗(回帰決定係数)	調整済み R2 乗
回帰	832.197	8	104.025	17.654	.000	.358	.338
残差	1490.811	253	5.893				
合計	2323.008	261					

	非標準化係数		標準化係数	t	有意確率	共線性の統計量	
	b	標準誤差	β			許容度	VIF
(定数)	-2.075	1.072		-1.934	.054		
ADL/IADL 得点	.301	.060	.275	5.014	.000	.841	1.188
リジリエンス	.725	.194	.204	3.736	.000	.854	1.171
母親の地域活動状況	.348	.117	.163	2.969	.003	.844	1.185
母親役割意識	.431	.148	.160	2.917	.004	.840	1.191
社会に訴える姿勢	.472	.192	.142	2.458	.015	.758	1.319
世話の限界	.142	.062	.135	2.292	.023	.731	1.368
世話による孤立	-.164	.076	-.129	-2.177	.030	.717	1.394
子の独立規範意識	.369	.171	.119	2.160	.032	.834	1.198

会に訴えるべき」「成人すればと誰でも親から独立すべき」と考え、「子の世話が張り合い」「世話をするのが限界」と感じる母親ほど、子に家族以外の人たちと交流させ、地域の活動に参加させるなど、子の社会参加機会の準備を進めているという結果であった。それに対して、「子の世話によって孤立している」と感じる母親は、子の社会参加の機会を準備していない傾向がみられた。子の自立度が高く、母親自身が独立意識や社会に向けて開かれた態度を持ち、社会とのつながりを持っていることが、子の社会参加にもつながっているようである。

(4) 子の自立を想定する程度

第3節の相関分析および一元配置分散分析では、子の年齢や自立度が高い場合に、ケアを委ねようという意向が強いことが分かった。また、母親の年齢が高くなり、ケアの負担感が大きくなることで、母親の中に焦りが生まれ、子の自立を現実のこととして考え始めることが予想される。一方、相談支援従事者の語りでは、母子の間に密着関係があると、子の自立を想定することが難しくなることが指摘されていた。さらに、母親の価値観や性格も、子の自立を想定する程度に影響を与えると思われる。そこで、「子の自立を想定する程度」を従属変数とし、「母親の年齢」「世話の限界」「世話による孤立」「社会に訴える姿勢」「子の独立規範意識」「支援を求める姿勢」「自助努力意識」「他者を受け入れる柔軟性」「リジリエンス」「母親役割意識」「自分が一番分かっている」「子への罪悪感」「子と一心同体」「ADL/IADL 得点」を独立変数とした重回帰分析を行ったところ、「母親の年齢」「世話による孤立」「社会に訴える姿勢」「支援を求める姿勢」「母親役割意識」「子と一心同体」「ADL/IADL 得点」の７つの独立変数の組み合わせにおいて、調整済み R2 乗は .210、F 値は 0.1% 水準で有意な回帰モデルを得た（表 3-4-10）。

表 3-4-10　「子の自立を想定する程度」の重回帰分析結果

n=278

モデル	平方和	自由度	平均平方	F 値	有意確率	R2 乗(回帰決定係数)	調整済み R2 乗
回帰	502.797	7	71.828	11.520	.000	.230	.210
残差	1683.448	270	6.235				
合計	2186.245	277					

	非標準化係数		標準化係数	t	有意確率	共線性の統計量	
	b	標準誤差	β			許容度	VIF
(定数)	1.113	1.385		.804	.422		
子と一心同体	-.587	.165	-.228	-3.553	.000	.694	1.442
支援を求める姿勢	.570	.147	.216	3.888	.000	.920	1.087
母親の年齢	.061	.018	.189	3.384	.001	.917	1.090
母親役割意識	.429	.161	.171	2.662	.008	.687	1.455
社会に訴える姿勢	.536	.183	.171	2.924	.004	.833	1.201
ADL/IADL 得点	.149	.059	.148	2.532	.012	.837	1.195
世話による孤立	-.149	.070	-.123	-2.123	.035	.850	1.176

母親が子の自立を想定することに対しては、「支援を求める姿勢」（標準化係数 =.216, p=.000）、「母親の年齢」（標準化係数 =.189, p=.001）、「母親役割意識」（標準化係数 =.171, p=.008）、「社会に訴える姿勢」（標準化係数 =.171, p=.004）、「ADL/IADL 得点」（標準化係数 =.148, p=.012）が正の影響を与え、

「子と一心同体」（標準化係数 =-.228, p=.000）、「世話による孤立」（標準化係数 =-.123, p=.035）が負の影響を与えていた。子との一心同体感が弱く、支援を求める姿勢が強く、年齢が高く、子のために社会に訴えようと考え、子の世話を張り合いと感じている母親ほど、子の自立を想定していた。また、子の自立度が高く、子の世話による孤立感が少ない母親ほど、子の自立を想定する傾向があった。ただし、回帰モデルの説明力はあまり高くないため、他の変数が介在している可能性もある。

Ⅳ 考察

(1) 重回帰分析のまとめ

「知的障害児･者の母親によるケアから社会的ケアへの移行」についての重回帰分析によってできた回帰モデルから、次のようなことが明らかとなった。

- 子の自立度が高く、世帯収入が多いほど、母子が離れる時間が長い。
- サービスを利用するかどうかについては、本調査で想定していなかった要因が影響していると考えられる。
- 子の自立度が高く、独立規範意識が強く、困難を切り抜けられるというリジリエンスや他者の支援を受け入れる柔軟性を持っている母親は、子の自立に向けて生活訓練をする。一方で、子の世話に限界を感じる母親は生活訓練をしない傾向がある。
- 子の自立度が高く、リジリエンスや独立規範意識が強く、地域活動に参加したり社会に訴える姿勢を持ったりし、子の世話に張り合いや限界を感じる母親は、子の社会参加の機会を準備している。それに対して、子の世話によって孤立を感じている母親は、子の社会参加の機会を準備しない傾向がみられる。
- 子の自立度が高く、自身の年齢が高く、世話に張り合いを感じ、社会に訴えたり支援を求めたりする母親は、子の自立を想定している。一方で、子と一心同体感を持ち、世話によって孤立感を抱く母親は、子の自立を想定しにくい傾向がみられる。

なお、各従属変数に対して影響を与えていた独立変数をまとめると、表

表 3-4-11　従属変数に対する独立変数の影響

従属変数	独立変数	
	正の影響	負の影響
母子が離れる時間	ADL/IADL 得点 世帯の平均月収	—
子の自立に向けた生活訓練	ADL/IADL 得点 子の独立規範意識 リジリエンス 他者を受け入れる姿勢	世話の限界
社会参加機会の準備	ADL/IADL 得点 リジリエンス 母親の地域活動状況 母親役割意識 社会に訴える姿勢 世話の限界 子の独立規範意識	世話による孤立
子の自立を想定する程度	支援を求める姿勢 母親の年齢 母親役割意識 社会に訴える姿勢 ADL/IADL 得点	子と一心同体 世話による孤立

3-4-11 のようになる。各セルの独立変数は、影響力の大きい順に並べてある。

(2)「社会的ケアへの移行」の阻害要因と促進要因

上記の分析結果から、社会的ケアへの移行の阻害要因と促進要因が抽出できた。

ⅰ）阻害要因

・子と一心同体感を持ち、母子が閉じた関係にある

・子の世話によって、孤立している

ⅱ）促進要因

・子の自立度が高い

・世帯収入が多い

・母親の年齢が高い

・母親がボランティアなどの地域活動に参加している
・母親が独立規範意識を持っている
・母親のリジリエンスが高い
・母親が子の世話に張り合いを感じている
・母親が支援を求める姿勢を持っている
・母親が社会に訴えかけようとしている
・母親が他者の支援を受け入れる柔軟性を持っている

なお、「子の世話に限界を感じる」という要因は、社会的ケアへの移行を促進する要因にも阻害する要因にもなるという結果であった。

(3) 子の世話に熱心な「異なる2つのタイプの母親」の存在

これらの阻害要因・促進要因を見てみると、同じように子の世話に一生懸命取り組んでいても、異なる2つのタイプの母親がいる可能性が浮上してきた。1つ目のタイプは、子の世話や自立に向けた働きかけに積極的な意味を見いだして「張り合い」を感じ、子に対して「独立すべきという意識」を持ち、「困難を切り抜けられる」という自信があり、地域活動などを通した「社会関係」を持ち、「支援を求め、社会に訴えかけ、他者の支援を受け入れよう」という、「開かれたタイプ」の母親であり、もう1つは、「子と一心同体」になり、「子の世話による孤立」を感じるという、「閉じたタイプ」の母親である。

先行研究や相談支援従事者からのインタビュー調査では、「母子密着」や「母子カプセル」といった「閉じた関係」が、子の自立や「親離れ・子離れ」を難しくしていると指摘されてきており、本アンケート調査でも同様の傾向をみることができた。

一方で、母子関係に関する先行研究や実践現場などでは、「母親が子の世話に一生懸命になること」をネガティブにとらえ、それが「ケアの抱え込み」につながると考えられてきたが、「熱心に世話をすること」自体が問題になるわけではないという可能性がみえてきた。むしろ、「母親が子の世話にどのような意味づけをしているか」、あるいは「母親が他者や社会とどのようにかかわろうとしているか」といった要因が、「社会的ケアへの移行に向けた相談支援」において注目すべきポイントとなるであろう。

注

(1) 厚生労働省社会・援護局障害保健福祉部による「平成 28 年生活のしづらさなどに関する調査（全国在宅障害児・者等実態調査）結果」(2018) によれば、65 歳未満の療育手帳所持者のうち、92.0% が「親と暮らしている」となっている。身体障害者手帳保持者の 48.6%、精神障害者保健福祉手帳所持者の 67.8% と比較しても、親との同居率が高い。なお、「第 7 回世帯動態調査」（国立社会保障・人口問題研究所）によれば、2014 年現在の一般の成人（20 歳以上）の親との同居率は 22.2% であった。障害者、特に知的障害者においては親との同居率が圧倒的に高いといえる。

(2) きょうされんによる「家族の介護状況と負担についての緊急調査の結果」(2010) によれば、通所している障害者（身体障害・知的障害・精神障害・その他を含む）にとっての主たる介護者は、母親が最も多い（64.2%）という結果となっている。

(3) GH の利用と SS の利用はそれぞれ独立した選択であり、単純集計の結果でも、両者の利用量の分散には大きな違いがみられた。

(4) 田中（2010）は、知的障害者の家族の貧困を取り上げた論文の中で、「貧困により障害者本人の福祉サービスの利用や社会的活動に制限が生じる」(p. 30) と指摘している。

第4章

実践ガイド原案の作成と修正

相談支援従事者へのインタビュー調査によって、「ケアの抱え込み」や「親離れ・子離れの必要性」等についての相談支援従事者の認識が明らかになった。一方で、親に対するアンケート調査からは、母子の置かれている状況や「社会的ケアへの移行」の関連要因・促進要因・阻害要因が明らかになり、相談支援従事者の認識とは異なる新たな知見も得られた。そこで、相談支援従事者には「自分たちの経験知」だけに頼るのではなく、当事者である母親の思いや「ケアの抱え込み」の背景を理解してもらうことが必要となる。そのうえで、相談支援従事者がどのようにして「母親によるケアから社会的ケアへの移行」を促進していけばよいかの方向性を示すというのが、「実践ガイド」作成の意義である。実践ガイドの作成は、①～③の手順で進めていった。

① 実践ガイド原案の作成 :「相談支援従事者へのインタビュー調査の分析結果」（第2章）と「親に対するアンケート調査の分析結果」（第3章）から得られた知見を、「ソーシャルワークの基本的な視点・留意点・支援の姿勢などのポイント」という観点から整理して作成

② 相談支援従事者へのフォーカス・グループ・インタビュー：①の実践ガイド原案についての意見を聴取

③ 実践ガイドの作成：②で聞き取った意見を反映させて、①の実践ガイド原案に加筆修正を加えて作成

芝野（2011）は、ソーシャルワークの実践と理論をつなぐものとしての実

践モデルを開発するにはソーシャルワーカーの参加を得ながら進めることが重要であると述べ、実践モデル開発のプロセスとして「M-D&D（modified design and development）」を提唱している。芝野はM-D&Dプロセスの概要として、実践の対象となる問題を理解する「フェーズⅠ」、実践モデルの叩き台をデザインする「フェーズⅡ」、叩き台を実践現場で試行・評価・改良する「フェーズⅢ」、さらに「フェーズⅢ」の施行・評価・改良を繰り返すことで完成させた実践モデルを宣伝・普及させる「フェーズⅣ」の一連の手続きを紹介している（芝野 2011：8-11）。本研究においては、第1章（先行研究レビュー）、第2章（エキスパート・インタビュー）、第3章（親へのアンケート調査）が「フェーズⅠ」に相当する。そして、本章の実践ガイド原案の作成が「フェーズⅡ」である。さらに、相談支援従事者へのフォーカス・グループ・インタビューで実践ガイド原案について意見を聴取し、その意見を反映させて実践ガイド原案を修正した。芝野が提唱する「フェーズⅢ」における「施行」の手続きは行えていないが、実践現場で経験を積んできた相談支援従事者に、日頃の自らの実践と照らし合わせながら実践ガイド原案を「評価」してもらい、それを踏まえて実践ガイド原案の「修正」を行ったのは、芝野のM-D&Dから着想を得ている。

第1節　実践ガイド原案の作成

Ⅰ　実践ガイド原案作成のプロセス

実践ガイド原案を作成するために、2010～2013年度に相談支援従事者などを対象としたインタビュー調査を実施し（第2章）、在宅知的障害者と家族に対する相談支援の現状と課題、および地域生活継続に必要な相談支援のあり方などについて意見を聴取した。次に、2014年度には、相談支援従事者へのインタビュー調査から明らかになった相談支援従事者の課題認識を、当事者である親の意識と比較する目的で、知的障害児・者の親の会の会員を対象にアンケート調査を実施した（第3章）。分析の結果、「社会的ケアへの移行に関連する要因」「社会的ケアへの移行の促進要因」「社会的ケアへの移行の阻害要因」を抽出することができた。さらに、これら「社会的ケアへの移行」の関連要因・促進要因・阻害要因を踏まえて、アセスメントの視点、介入における留意点、本人・親（特に母親）への支援の姿勢など、主なポイントを盛り込んだ実践ガイド原案を作成した。なお、実践ガイド原案の作成に際しては、障害学とソーシャルワークの研究者（ソーシャルワーク実践の経験者）によるスーパービジョンを受けた。

実践ガイド原案作成のプロセスを整理すると図4-1-1のようになる。

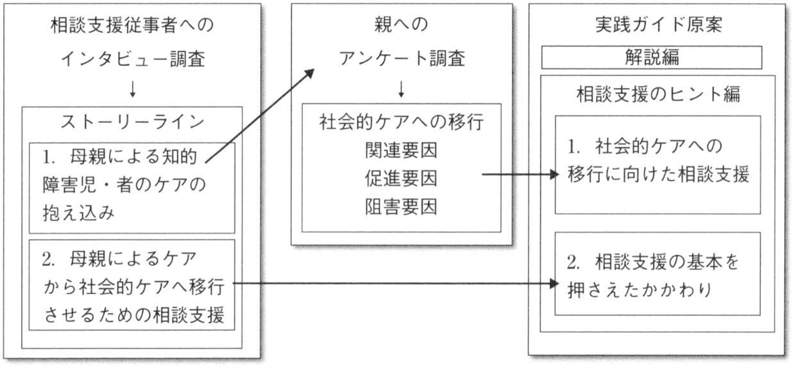

図4-1-1　実践ガイド原案作成のプロセス

Ⅱ　実践ガイド原案の概要

「知的障害児･者の母親によるケアから社会的ケアへの移行に向けた相談支援：実践ガイド原案」は、「解説編」（A4用紙3ページ）と「相談支援のヒント編」（A4用紙3ページ）の2部構成とした。

（1）解説編

1. はじめに

まず、在宅知的障害者をケアする親（特に母親）が、高齢・病気等のためにケアできなくなり、本人や家族の生活が行き詰まっている現状を指摘し、親によるケアから社会的ケアへの移行のための相談支援の重要性を述べたうえで、そのような相談支援に資するために実践ガイド原案が作成されていることを説明した。

2. 実践ガイド原案作成の経緯

実践ガイド原案が、相談支援従事者からのインタビュー調査および親へのアンケート調査の分析結果を受けて作成された経緯を解説した。

3.「社会的ケアへの移行」に関連する要因

相談支援従事者が「母親によるケアから社会的ケアへの移行」を促していくためには、アセスメントの段階から「社会的ケアへの移行」を意識しながら、具体的にどのような事柄に注目しながら本人や親とかかわっていくべきかを知っておく必要がある。そこで、本人の要因、母親の要因、家族状況等のうち、上述の分析結果から明らかとなった「母親によるケアから社会的ケアへの移行」との間で関連のみられた9つの要因について簡単に解説した。これらの関連要因とは、「本人の自立度」「本人の年齢」「ケアの負担感」「独立規範意識」「母親役割意識」「母親の就労状況」「母親のボランティア・地域活動」「夫や夫以外からのサポート」「経済的状況」である。それぞれの要因が、どのように「社会的ケアへの移行」に関連しているのか（たとえば、「子の自立度が高ければ、普段は母子が離れる時間が多く、母親は子ができることを増やそうというかかわりをしている」など）を説明した。そして、従来から指摘されてきた「母子密着」や「ケアの抱え込み」は、子の属性、母親の価値観、社会とのかかわり、経済的状況など、多様な要因が絡み合って起こっている可能性があることに言及し、丁寧なアセスメントが重要であることを述べた。

4.「社会的ケアへの移行」の促進要因と阻害要因

すでに述べたように、アセスメントの段階ではどのような要因によって「社会的ケアへの移行」が促進されたり阻害されたりしているのかを読み解くことが必要であり、また介入の段階では「社会的ケアへの移行」を促すために具体的にどのような支援やかかわりを行うことが有効であるかを知っておくことが望まれる。そこで、母親によるケアから「社会的ケアへの移行」の促進要因と阻害要因を表に整理して提示した。促進要因としては、「子の自立度が高い」「母親の年齢が高い」「母親が就労している」「母親が地域活動に参加している」「母親が支援を求める姿勢を持っている」「母親が子の世話を張り合いと感じている」「母親が『子は親から独立すべき』と考えている」「母親が『自分は困難を切り抜けられる』と感じている」「母親が理解を求めて社会に訴えかけようとしている」「世帯の収入が多い」を挙げた。一方の阻害要因としては、「母親が子と一心同体感を持っている」「母親が子の世話によって孤立している」を挙げた。さらに、これらの促進要因と阻害要因に鑑みて、「子の世話に一生懸命取り組む母親」には異なる2つのタイプの母親（社会関係を持ちながら、子の自立や社会参加を目指す「開かれたタイプの母親」と、子と一心同体になって、世話によって孤立を感じる「閉じたタイプの母親」）がいる可能性を指摘した。

5. まとめ

これまで考えられていたように「母親が熱心に世話をすること」自体を問題視するのではなく、「母親が子の世話にどのような意味づけをし、他者や社会とどのようにかかわろうとしているか」という要因が、「社会的ケアへの移行に向けた準備」において注目すべきポイントであることを述べた。

（2）相談支援のヒント編

1. 社会的ケアへの移行に向けた相談支援

「社会的ケアへの移行」を促す相談支援のポイントを4つに整理し、それぞれについて「本人・母親・家族の状況や背景」と、それに対応する「相談支援のヒントと具体例」を表にまとめた。4つのポイントとは、親に対するアンケート調査の重回帰分析の結果、「社会的ケアへの移行の準備」に影響していると思われた従属変数から導き出したもので、「母子が別々に過ごす時間を増やす」「本人の自立を促すよう働きかける」「本人の社会参加の機会を作るよう働きかける」「本人の将来の生活について考える機会を作る」とした。たとえば、「本人・母親・家族の状況や背景」として「本人の自立度が低い」「母親が就労していない」「経済的にゆとりがない」といったことがみられた場合、「社会的ケアへの移行を促す相談支援のヒント」は、「母子が別々に過ごす時間を増やす」ことであり、そしてその具体例としては「ガイドヘルパーやボランティアの支援を利用した外出を勧める」「母親自身が、趣味や地域活動などで自分の時間を持つことを勧める」「費用負担の少ないサービスや方策を提示する」などが考えられる。このように、アセスメントで注目すべきポイント、それを踏まえて「社会的ケアへの移行」を促すような相談支援のヒント、そして母親・本人へのアプローチや環境づくりなどの具体例を示すことで、個々の支援事例に当てはめて実践していけるように工夫した。

2. 相談支援の基本を押さえたかかわり

相談支援従事者へのインタビュー調査から導き出された2つのストーリーラインのうちの1つ目の「『母親による知的障害児･者のケアの抱え込み』に関するストーリーライン」は、親に対するアンケート調査によって検証され、分析の結果、「社会的ケアへの移行」の関連要因･促進要因･阻害要因が抽出された。そしてそれは、実践ガイド原案の相談支援のヒント編において「社会的ケアへの移行に向けた相談支援」に反映させることができた。そして2つ目の「『母親によるケアから社会的ケアへ移行させるための相談支援』に関するストーリーライン」は、相談支援のヒント編において「相談支援の基本を押さえたかかわり」の中に盛り込むこととした。具体的には、「本人･家族との信頼関係」「家族とのパートナーシップ」「主体性の尊重」「具体的な生活ニーズへの対応」「タイミングを逃さない働きかけ」「時間をかけて寄り添う姿勢」「ミクロ、メゾ、マクロを視野に入れた相談支援」を挙げ、それぞれについて簡単に説明を加えた。たとえば、「本人・家族との信頼関係」では、相談支援においては信頼関係が重要であり、上記の「相談支援のヒントと具体例」は、信頼関係があって初めて効果が期待できることなどを述べた。

第2節　相談支援従事者を対象としたインタビュー調査

Ⅰ　調査の目的

本インタビュー調査の目的は、第1節で述べた「知的障害児・者の母親によるケアから社会的ケアへの移行に向けた相談支援」のための「実践ガイド原案」について、経験豊富な相談支援従事者から意見を聴取することである。

Ⅱ　調査の概要

(1) 調査方法

A市内14か所の委託障害者相談支援事業所と1か所の障害者基幹相談支援センターから構成される連絡協議会宛てに、各事業所につき1名ずつの相談支援従事者を対象としたグループでのインタビュー調査（フォーカス・グループ・インタビュー、以下FG）への協力を依頼し、承諾を得た。FGへの参加は各相談支援従事者の自由意思によるものとし、FGの実施日に参加できないが、「知的障害児・者の母親によるケアから社会的ケアへの移行に向けた相談支援」について問題意識を持ち、「実践ガイド原案」に関心があって、別途個別インタビュー調査を希望する相談支援従事者には、個別の時間を取ることとした。

調査の実施に先立って、「神戸女子大学人間を対象とする研究倫理委員会」の承諾を得た（受付番号：H27-23)。そのうえで、調査協力の候補となる15名の相談支援従事者に「説明及び同意書」(調査の概要・意義・目的・方法・倫理的配慮等に関して説明し、同意について署名する欄を設けたもの)と「実践ガイド原案」を送り、事前に読んでおいてもらうよう依頼した。

FGは2016年2月にA市内の福祉センターの会議室において、9名の相談支援従事者の参加を得て実施した。また、FGに参加できなかった相談支援従事者のうち2名が個別インタビュー調査への協力を申し出てくれたため、後日それぞれの相談支援事業所において、個別インタビュー調査を実施した。結果として、合計11名の調査協力者を得ることとなった。

調査当日は、「説明及び同意書」に沿って改めて口頭で説明を行ったうえで、実践ガイド原案と合わせて、第3章で取り上げた「親を対象としたアンケート調査」の報告書（案）も配付して、親の回答も参考にしながら意見を述べてもらった。質問項目は、「知的障害児・者の母親によるケアから社会的ケアへの移行に向けた相談支援」と「実践ガイド原案について」とした。

会話の内容は、調査協力者全員の了解を得たうえでICレコーダーに録音した。FGの時間は約70分、2回の個別インタビュー調査はいずれも約40分であった。また、インタビュー調査終了後に「参加者アンケート」を配付し、各相談支援従事者のプロフィール（年齢・性別・資格・相談支援の経験年数）について無記名で記入してもらった。

(2) 調査協力者のプロフィール

調査協力者11名全員が何らかの福祉専門職資格を持っており、特に相談支援専門員と社会福祉士がいずれも9名と大半を占めていた。障害者相談支援事業所における相談支援経験は2～11年、それ以外の相談支援経験は0～5年となっており、ほとんどの調査協力者が障害者分野における一定以上の相談支援経験を持っていた。11名の調査協力者のプロフィールは、表4-2-1のとおりである。

表4-2-1　調査協力者のプロフィール

性別							
男性	女性						
7名	4名						
年齢							
20代	30代	40代	50代	60代			
1名	6名	3名	0名	1名			
資格（複数回答）							
相談支援専門員	社会福祉士	精神保健福祉士	介護福祉士	保育士	介護支援専門員	知的障害福祉士	
9名	9名	3名	1名	1名	1名	1名	
障害者相談支援事業所における相談支援の経験年数							
2年	3年	5年	8年	9年	11年	不明	平均年数
2名	1名	3名	2名	1名	1名	1名	5.8年
障害者相談支援事業所以外の相談支援の経験年数							
0年	2年	5年	不明	平均年数			
7名	1名	2名	1名	1.2年			

Ⅲ　分析方法

FGおよび個別インタビュー調査の会話はICレコーダーに録音し、逐語記録を作成した。逐語記録の発言者名を匿名化（FGにおいては、発言順にA～Iを割り当て）したものを調査協力者に送り、自分の発言について必要な加筆修正をして、返送してもらった。その後、返送されてきた逐語記録を集約し、分析の対象とした。集約した逐語記録を読み込み、各参加者の発言内容のポイントを抽出し、KJ法を用いて整理した。

Ⅳ　分析結果と考察

11名の調査協力者の発言の分析結果と主な発言内容は、表4-2-2のとおりである。相談支援従事者に対するインタビュー調査からは、実践ガイド原案に関する意見や、知的障害児・者と家族の相談支援の現状と課題、相談支援のあり方に関する考えなどを聞き取ることができた。

(1) 実践ガイドに関する感想・意見

実践ガイド原案に対しては、「ヒントになった」「支援に役立つ」「分かりやすい」など、非常に肯定的な評価が得られた。そして、実践ガイド原案についての意見として、「タイトルを見て、思い当たる人がいると感じた」といった発言にみられるように、本研究において相談支援の課題ととらえている「知的障害児·者の母親によるケアの抱え込み」や「社会的ケアへの移行に向けた支援の難しさ」が、調査に協力してくれた相談支援従事者の問題意識とも一致していることが確認できた。また、この実践ガイド原案は、障害者相談支援事業所の相談支援従事者を想定して作成したものではあるが、「サービス事業所でも共有できる」との発言にもあるように、想定以上の汎用性が期待できることが示唆された。さらに、「社会的ケアへの移行の認識があると、どう支援すればよいか分かりやすい」「親子で行き詰まって介入できなくなる前に使える」など、実践ガイドが「社会的ケアへの移行を促進する」ために、予防的な観点から活用してもらえることが望める。

一方で、「本人が重度で、親が身体的·精神的に課題のある同居親子への支援のヒントがあると有難い」「思春期のきょうだいがいる家族への支援のヒントが欲しい」など、より複雑な課題のある家族への支援のヒントを希望する声があった。調査協力者が実際の相談支援現場において、複合的な課題を抱

表 4-2-2　調査協力者の発言の分析結果と主な発言内容（1/6）

実践ガイドに関する感想・意見		
	実践ガイドの有用性	
		実践ガイド原案から学んだこと・再認識したこと：タイトルを見て、思い当たる人がいると感じた／「母子が別々に過ごす時間を増やす」というのがヒントになった／関係性（特に見落としがちな近隣との関係）のアセスメントの重要性に気づかされた／ガイドを見て「確かにそのとおり」と思うことがほとんど
		実践ガイドが役立つ：相談支援だけでなく、サービス事業所でも共有できる／社会的ケアへの移行の認識があると、どう支援すればよいか分かりやすい／「本人・母親・家族の状況や背景」と「相談支援のヒントと具体例」を⇒でつないだ図は分かりやすい／バタバタしている現場でこういうガイドがあると有難い
	実践ガイドの活用について	
		実践ガイドを用いる場面・対象：悩みを言い出せない親については、こういうガイドが必要／親子で行き詰まって介入できなくなる前に使える／急なことが起こる前にヒントになることをやっておけば、難しい事態を防げる／いろんな経験年数の相談支援従事者が一緒に活用できる
		実践ガイドの活用の課題：実践ガイドをどのような時に使うか／アウトリーチや計画相談で（社会的ケアの）視点がもてるかどうか／慣れている相談支援従事者はガイドを見て納得できるが、初心者には難しい
	実践ガイドについての要望	
		追加してほしいこと：（障害福祉制度変遷の）簡単な経緯の説明があるとよい／本人が重度で、親が身体的・精神的に課題のある同居親子への支援のヒントがあると有難い／思春期のきょうだいがいる家庭への支援のヒントも欲しい／本人と親のそれぞれのライフステージにおける課題や支援が分かると参考になる（学校に上がる・成年後見制度を検討するなど）／具体的な支援事例があると分かりやすい／チェックリスト的なアセスメント・ツールがあると面接場面で使える／意思決定支援のツールも紹介してはどうか／支援のヒントはたくさんあった方がよい／巻末に、初心者相談支援従事者向けの用語集があるとよい
		明確にすべきこと：「社会参加の機会」とは継続性のある社会参加なのか、最初の取っ掛かりなのか／「自立」の意味を明確にする必要がある（初心者相談員はイメージしにくい）
		相談支援従事者の個人差への配慮：相談支援従事者の個人差（経験や視野の広がり）がどれだけガイドで加味されていくか／子育て経験のない相談支援従事者のための心がけや手がかりが欲しい
母親に関する認識		
	2つの異なるタイプの母親について（開かれたタイプと閉じたタイプ）	
		2つの異なるタイプの再認識：2つのタイプがいることを改めて感じた／母親自身が地域とコミュニケーションが取れ、生活面で地に足がついているかどうか

表4-2-2　調査協力者の発言の分析結果と主な発言内容（2/6）

		開かれたタイプの母親: 助けを求め、資源を探し、外に向かう母親は、子どもの成長を考え、他者と交流しやすい／発信し、外に出ていき、アンケートに答える親は、悩みを出せるし自分なりに努力している
		閉じたタイプの母親: 悩みを人に言えない・「言うのはよくない」と思っている母親は、そこが違う（孤立している）
	母親の世代による違い	
		社会的要因としての世代の違い: 親が生きてきた時代の社会資源や情報の量が、社会的要因として大きい
		高齢の親: 高齢の親はサービス利用経験がなく、自分で見なければと思う親が多い／高齢の親は「スキルアップや自分で稼ぐこと」が自立だと考えている
		若い親: 若い母親は制度を知っていて使ってみようとするので、情報を伝えるだけでサービスにつながる／若い親は「サービスを使ってうまく社会に出ること」を自立と考えている
	母親の状況について	
		社会的ケアへの移行についての意識: 親の会に参加しアンケートに答える親は（社会的ケアへの）意識がある／（将来について）ずっと言い続けても、いざ現実の問題とならないと、（その話は）母親の中に入っていかない
		子どもに関する認識: 子どものこだわりが難しく、親にしか分からないと思っている親が多い／こだわりやコミュニケーション（の課題）を否定的にとらえる親が多い
		子どもが生きがい: サービスを利用しない在宅が続くと、子どもが生きがいで手放せなくなる／「子のケアが生きがい」という母親がおり、特に重度心身障害の場合にその傾向が強い
	孤立している母親について	
		阻害要因としての孤立への再認識: 孤立や孤独が阻害要因として大きいというのを改めて思った
		孤立の予防: 孤立を防ぎ、抱え込む気持ちを早期に解消することが大切だと思った
	熱心な母親について	
		熱心な親への認識:「世話が張り合い」というのは、親子関係を見ると分かる
		熱心な親への再認識:「『世話が張り合い』という母親は、ケアを委ねようという意向が強い」という結果は意外で、自分はその逆を考えていた
	母親の思いについて	
		自分で見たいという気持ちと、子どもを見ていける体制を作りたいという両方の気持ちがある／思春期のきょうだいと本人の両方が大事なので、葛藤に悩んでいる／高齢の親は「自分で稼ぐこと」や「自分でできることが増えること」が自立だととらえている／「本人に経験がない」「自分で見なければ」という昔ながらの考えを持っている

表 4-2-2　調査協力者の発言の分析結果と主な発言内容（3/6）

社会的ケアへの移行の阻害要因		
	資源について知らない	
		資源を知らなければ、母親は自分で見るしかない（と思う）／親の会や支援センターとつながりがないと、情報が入ってこない／日中活動に行っていないと、情報が得られない
	支援・サービスにつながっていない	
		本人も支援につながっていない／アンケートにも答えてもらえなかった人に対して、社会的ケアの促進のために何ができるか／サービス利用をやめて在宅が続いている
	本人の要因	
		自立度の低さが阻害要因になっている
	親自身の障害	
		親自身が知的にボーダーで、理解が難しい
	家族の状況	
		家族全体が、近隣も含めて周囲から孤立している
	支援の拒否・抱え込み	
		支援を拒否する親は、社会的ケアへの移行の糸口が見当たらない／抱え込みがちな母親は、どうしようもなくなってからSOSを出す
	支援体制の課題	
		在学中は懇談や進路のことで呼ばれて話を聞く機会があるが、卒業すると自分から求めなければ相談につながらない体制／（サービス利用なく）在宅が続くと置いてきぼりになり、家の中のことも本人のことも分からなくなる
	サービスや支援の質の問題	
		福祉の側のかかわり方がまずいと、（親は）二度とサービスを使いたくないと思ってしまう／ヘルパーの言葉遣いや活動中の態度などの質も問題（親はそれを見て、「任せられない」と思う）／ヘルパーの質に問題があると、次につながらなくなる
	虐待の報道	
		虐待の報道がサービス利用の阻害要因になっている／テレビの影響は大きい／グループホームでの虐待が報道されると、親は「やっぱりグループホームには任せられない」と思う
	支援者側の抱え込み	
		一機関で解決しようとすると行き詰まり、それが阻害要因になる

表4-2-2　調査協力者の発言の分析結果と主な発言内容（4/6）

社会的ケアへの移行の促進要因		
	資源についての情報	
		資源について知っていれば、人に委ねることができる（場合がある）
	親への働きかけ	
		周囲からのプラスの意見やサポート：周囲からプラスの意見を聞く機会があれば、親の子への（否定的な）気持ちやとらえ方も変わる／子どもとのかかわりの中で周りから意見やサポートを受ける機会があると、相談につながる機会も増える
		将来についての話し合い：将来について少しずつ勉強したり情報を入れたりすることで、いざという時にサービスを使うことができる／本人の生活を考える共通基盤は親なので、親に一緒に考えてもらえる可能性は十分にある
		母親に楽しみを見つけてもらう：子どもだけでなく、母親にも楽しみを見つけて外に出てもらう
	本人への働きかけ	
		できることを増やすことで、家族の安心につながる
	ライフステージに応じた働きかけ	
		本人や家族の年齢・ライフステージによって対応は異なり、そういう対応の積み重ねが社会的ケアへの移行（につながる）
	将来を見据えた働きかけ	
		若いうちから社会的ケアを念頭においてそういう話をしていく（本人が中年になって現実味が出てくる）／計画相談の中の「将来計画」で、早い段階から将来を視野に入れたかかわりをし、モニタリングを重ね、関係作りをする
	母子が別々に過ごす時間を増やす	
		母子が別々に過ごす時間を増やすことが効果的だと思う
	事業所や施設の役割	
		日頃からオープンにし、地域とかかわりを持ち、「あそこは大丈夫」と思ってもらう
	成功体験の積み重ね	
		（サービス利用で）成功すれば、次につながる／ガイドヘルパーとの行事やイベントへの参加によって関係ができ、うまくいけば、将来的なことに話が行きやすい／小さな成功体験が次につながり、母親も「他の人に委ねよう」という気持ちになる／「親亡き後」の話はハードルが上がるが、そこに行くまでには小さな成功を積み上げる過程がある／ちょっとしたことが、本人・家族にとっては大きな意味がある
相談支援従事者の要因		
	初心者相談支援従事者	
		初心者相談支援従事者は、親の世代による違いを知らない／大学で福祉を学んだ人ばかりではないので、専門用語や横文字が分からない

表 4-2-2　調査協力者の発言の分析結果と主な発言内容（5/6）

	相談支援従事者の人生経験	
		相談支援従事者自身に子育て経験がないと、母親のしんどさへの理解や受け止めが難しい／相談支援従事者の人生経験によって母親への理解が変わってくる
相談支援業務の現状		
	相談支援事例の現状	
		両親が高齢化した知的障害者の相談ケースが多い／サービスを導入すると、年齢の高い母親はどうしたらいいか分からなくなって（役割を失って）、つぶれてしまう（認知機能の低下や精神症状）／親が抱え込んでいる世帯では、将来は入所という希望が多い／唯一社会とつながっていた父親がいなくなり、社会関係が切れて介入が必要になった／昨年の夏ぐらいから、母親の入院・死亡というケースが顕著／かつて、将来について心配していたことが、今現実になっている（というケース）
	相談支援で感じる困難	
		きょうだいに関する困難：きょうだいに、うつなどの二次的障害が起こり、母親がそれでさらにしんどくなっている／思春期のきょうだいとの関係不和により、サービス利用しても在宅での解決に限界が来る
		親の高齢化・親亡き後の問題：本人が 50 代で親も高齢化し、糸口が見つからないケース／親の会では「親亡き後」と言うけれど、阻害要因が残ったまま（解決していない）
		親の理解力不足：親が同居で理解力に課題があり、本人も重度で、堂々巡り
		親子の密着関係：サービス利用を止めて在宅が続き、親が高齢になり、子どもが生き甲斐で手放せなくなっている／「母親が子どもと一心同体」というケースは、アプローチが難しい
		いきなり上がってくる相談：どうしようもなくなってからいきなり上がってくる相談は、対応が大変
相談支援のあり方		
	実践していること・工夫していること	
		親とのかかわり・働きかけ：（特に高齢の親には）情報を伝え、経験してもらい、丁寧に関係を作る／相手によって相談のスタイルを変えながら、子どもが外に出られるようかかわる／母子が別々に過ごせるよう、ウィークデイの固定的（継続的）な日中活動を勧めている／どういうタイミングで介入し、どういう提案をするかは、常に頭にある／元気な時、本人が若い頃からサービス利用を勧める／本人がサービスに慣れるよう、母親から離れるよう勧める／密着度が高く他者に委ねるのが不安な母親には、最初は母親もヘルパーと一緒に行くことを勧める／サービス事業所には家族の状況に関する情報を提供する／ヘルパーを利用する母親には、「ヘルパーを育てる」という形でかかわってもらう／母親との信頼関係ができれば、タイミングをみて「親はいずれ亡くなるので、本人の理解者を増やすことが大切」と話す／サービス利用を受け入れなくても、「何かあったら連絡を下さい」と伝えておく
		支援を求める：（自分自身に子育て経験がないので）子育て経験のある支援者にスーパービジョン（以下、SV）を求めたり支援を代わってもらったりする

表 4-2-2　調査協力者の発言の分析結果と主な発言内容（6/6）

		初心者相談支援従事者への教育・サポート: 初心者相談支援従事者のために用語集を渡している／SV の際に、初心者相談支援従事者へのかかわりに気をつけている（たとえば、実践ガイドの表を初心者相談支援従事者に説明したら、それをそのまま利用者に説明してしまうかもしれないので）
	相談支援において大切だと思うこと	
		きょうだい・家族にも目を向ける: きょうだいのニーズも見ておかなければならない／本人だけでなく家族全体を視野に入れる／家族全体や年代による違いを見る
		本人への理解・アセスメント: 相談支援で大切なのは、その人を知ること、障害を含めた丁寧なアセスメント／傾聴、謙虚に聞く姿勢、言葉の裏を考える想像力
		家族への理解: 母親が考える自立と支援者が考える自立の意味が違うので、母親の価値観や自立のイメージを確認してピントを合わせる
		本人中心の支援の視点: 本人に障害があるからといって、親がケアできなくなった時に施設にいかなければならない、孤立死・孤独死しなければならないということではない／本人中心に考え、寄り添う支援／親亡き後、本人が主体的に地域で生き生きと生活するための支援
		人権・権利擁護の視点: 福祉職には、人権や権利擁護の視点は絶対必要
		長い目で見る: 長い目で見る視点、待つ姿勢、時間をかけて寄り添うこと
		タイミングをはかる: タイミングが大事
		支援者側のチームアプローチ: うまくいかないケースでは 1 人で抱え込まず、センター内で SV を交えて振り返る／関係機関と一緒に考える提案をし、ネットワークを構築する／事業所とのネットワーク（ヘルパーなど第三者の目で本人を見てもらうことで、母親の本人への見方が変わる）／困ったら 1 人で考えず、皆で一緒に考える／相談支援の役割はチーム作り／いろんな目がありいろんなアプローチや説得のルートがあるとよい
		地域との関係づくり: 地域との関係が社会的ケアのテーマを考えるときに大事
		冷静さ: 忙しくなったら立ち止まる／ケースを冷静にみられるよう、普段のスケジュールにゆとりをもたせる
		働きやすい環境: 相談支援従事者が働きやすい環境
	日頃の反省や課題	
		不十分なアセスメント: 近隣との関係についてアセスメントできていなかった／エコマップなどの活用が現場ではできていない／エコマップなどの活用で近隣からの孤立に気づけば、アウトリーチにつながる
		本人中心の視点の欠如:「本人が親をどう看取るか」の視点が欠けている／バタバタしていて、本人中心の視点での介入ができていない／急な事があると、残念ながら施設入所やロングショートで対応してしまう（本人に辛い思いをさせてしまっている）

えた家族とのかかわりに困難を感じていることを表している。また、「本人と親のそれぞれのライフステージにおける課題や支援が分かると参考になる」という発言もあった。相談支援事業所においては、幅広い年齢の知的障害児・者およびその家族と長期にわたってかかわり続けることもあるため、親と子のそれぞれのライフステージによって変化するニーズへの対応や、先を見通した相談支援の重要性を痛感しているのであろう。実践ガイドは、このような複合的な課題を抱える家族全体を視野に入れ、本人と家族のライフステージに沿った相談支援の方向性を示すものにしていかなければならない。一方で、多くの相談支援事例に共通する「標準的な事柄」を核に置きながら、現実にはきわめて個別的で多様な相談支援の諸要因を、どれだけ実践ガイドに反映させることが可能なのかが課題である。

さらに、「『自立』の意味を明確にする必要がある」という意見も出た。経験の少ない相談支援従事者にも役立つ実践ガイドにするためには、「社会的ケア」や「自立」といった抽象的な概念の意味を明確にする必要性も確認できた。

(2) 母親に関する認識

母親に関する認識としては、2つの異なるタイプの母親がいることについて調査協力者からは同意が得られ、具体的に「開かれたタイプ」と「閉じたタイプ」の母親についての語りも聞かれた。また、「高齢の親はサービス利用経験がなく、自分で見なければと思う」「若い母親は制度を知っていて使ってみようとする」などの発言にみられるように、世代による母親像の違いや、母親が生きてきた時代の背景を理解する必要性も再確認された。そして、「『世話が張り合い』という母親は『ケアを委ねようという意向が強い』という結果は意外で、その逆を考えていた」という語りにあるように、母親へのアンケート調査結果の分析によって明らかになった「世話が張り合いという母親は、ケアを抱え込むのではなく、むしろケアを委ねる意向が強い」という新たな知見を共有することができた。

さらに、「親の会に参加しアンケートに答える親は（社会的ケアへの）意識がある」という発言は、裏返せば、アンケート調査に回答していない母親や、親の会とつながっておらずアンケート調査の対象にもなっていない母親の存在を認識し、そのような母親へのアプローチの難しさを感じていることの表れといえる。相談支援事業所における実践においては、むしろこのような「接点を持ちにくい家族」への相談支援が難しさの１つになっていると推測でき、実践面でも研究面でも今後の課題である。

(3) 社会的ケアへの移行の阻害要因

「社会的ケアへの移行」については、阻害要因と促進要因の両方に関するコメントが得られた。まず、阻害要因としては、「資源を知らないこと」「支援やサービスにつながっていないこと」「自立度などの本人の要因」「親自身の理解力などの要因」「家族全体の孤立状況」「支援の拒否や抱え込み」「自ら求めなければ相談につながらない体制の問題」「サービスや支援の質の問題」「虐待報道の影響」「支援者側の抱え込み」が挙げられた。

親の会や相談支援事業所とのつながりがなく、本人もサービスを利用していない場合には、「人とのつながりがない」だけではなく、「支援やサービスに関する情報も入ってこない」ことになり、結果的に母親が「自分で見るしかない」と思ってしまう。それがまさに孤立を深め、社会的ケアへの移行を難しくするのであろう。また、「親自身が知的にボーダーで、理解が難しい」場合には、親が子の将来を見通すことや複雑な福祉制度を理解して上手にサービスを活用することが苦手であると想定され、「ケアを抱え込むか、放棄してしまうか」に陥る危険性もある。親への支援と子への支援を一体的に提供する丁寧な包括的かつ伴走型の相談支援が必要となろう。

さらに、支援体制の課題として、「卒業すると、自分から求めなければ相談につながらない体制」という指摘があった。今日では、ほぼすべての知的障害児が就学し、教育現場において卒業後の進路も含めて日常的な相談の機会があるが、卒業後に一般就労すると、そのような相談支援は望めなくなる。障害福祉サービスの利用につながったとしても、何らかの理由で利用を中止すると、その後は日常的に相談する場を失ってしまう。前述の「支援やサービスに関する情報が入ってこない」理由の１つが、このような相談支援体制の不備にあるといえよう。あるいは、せっかくサービス利用につながっても、そこでの支援者側の対応に問題や不満があれば、サービス利用を中断してしまうであろうし、障害者虐待の報道があれば、親は「やっぱり任せられない。自分でやるしかない」と思ってしまう。親が子のケアを他者に委ねようと思うには、専門職が親からの信頼に足るような存在でなければならない。さらには、「支援者側が一機関だけで解決しようと支援を抱え込む」ことも阻害要因として指摘されており、日々の相談支援の実践において実感していることなのであろう。「抱え込まない」ことが、親のみならず支援者にも求められるという指摘は、「地域におけるネットワークや連携」という観点から、非常に重要である。

(4) 社会的ケアへの移行の促進要因

社会的ケアへの移行の促進要因は、「資源についての情報を知っていること」「周囲からのサポートや将来についての話し合いなどの親への働きかけ」「できることを増やすなどの本人への働きかけ」「ライフステージに応じた働きかけ」「将来を見据えた働きかけ」「母子が別々に過ごす時間を増やす」「事業所や施設への信頼」「サービス利用に際しての成功体験の積み重ね」に整理することができた。

先に述べた「情報を知らないことが阻害要因」の裏返しとして、「資源について知っていれば、人に委ねることができる（場合がある）」の語りにあるように、「情報提供すれば、それで十分」ではないが、少なくとも「ケアを委ねる先がある」ことを知らせることの重要性は見逃せないだろう。一方でこの発言は、「情報提供だけでなく、プラスアルファのかかわりが鍵を握る」ことを言い表している。相談支援事業所における相談支援が、単にサービスについての情報を提供し、サービスにつなぐだけの「矮小化したケアマネジメント」であってはならないことが、相談支援従事者からの語りからも確認できた。

親への働きかけとしては、「周囲からのプラスの意見やサポート」を提供することで、子に対する親の思いがプラスに転じ、相談への動機づけも高まることが示唆された。また、「親に一緒に考えてもらう」ことや「将来について少しずつ勉強したり情報を入れたり」することが、親がサービスを利用してケアを委ねるための下地を作ることになると考えられる。そして、「母親にも楽しみを見つけて外に出てもらう」というコメントにもみられるように、母親が「母親としてではなく、1人の人間として」の時間を持つよう勧めることで、自然な形で母子の距離を取っていけるようになるという視点である。母親と子がそれぞれに、独立した人間としてそれぞれの時間を持ち、母子関係以外の幅広い人間関係を築いていくことが、すなわち母親が「開かれていく」プロセスとなっていくのであろう。

知的障害者本人への働きかけとして、「できることを増やす」ということが挙がった。一般的に、子どもの成長や自立を実感すると、親も安心して少しずつ子どもを手放すことができるようになるが、知的障害児・者の場合もまったく同様のことが当てはまるといえる。

また、「将来を見据えた働きかけ」が促進要因として挙がったが、これは「社会的ケアへの移行」が、「ある日、突然、起こることではなく、時間をかけて行っていくプロセス」であることを表しているといえる。「若いうちから」そういう話をし、日常的・継続的に「計画相談の中で将来を視野に入れて」かかわることが、「社会的ケアへの移行」に対する親の意識を高め、「ケアを委ねることへのハードル」を低くしていくことになろう。

また、事業所や施設が、日頃からオープンにし、地域とかかわりを持って信頼を得ておくことや、サービスを利用した際の「利用してよかった」という満足感（成功体験）が積み重なっていくことも、社会的ケアへの移行を促進すると考えられていた。母親が心を開き、地域社会を信じてわが子のケアを委ねようという気持ちになるためには、「サービス提供者側が自らを開き、支援者が信じてもらえる存在であること」が大切なのである。

(5) 相談支援従事者の要因

相談支援従事者の要因に関しては、初任者相談支援従事者の専門知識の不足を指摘する声があり、実践ガイドを、社会福祉の専門教育を受けてきていない相談支援従事者にとっても、使いやすくて分かりやすいものにする必要性が確認できた。また、「相談支援従事者に子育て経験がない」など、個人としての人生経験によって、実際の相談支援場面における親とのやりとりや母親への理解が変わってくるという発言もあり、「自分自身を道具とするソーシャルワーク」を実践する相談支援従事者が、多少なりとも直面する課題の1つであろう。

(6) 相談支援業務の現状

相談支援業務の現状に関する語りも数多く聞かれた。本研究の焦点となっている、高齢の親が知的障害のある子のケアに行き詰まっている相談事例が多いことが、さまざまな事例やエピソードを交えて語られ、相談支援従事者の日々の苦労が伝わってきた。そして、具体的に感じている困難としては、認知症や知的障害などがあって理解力に課題のある親、サービスから切れて在宅生活が続き、親が子を手放せなくなっているケース、きょうだいがうつを抱えていたり思春期の難しい時期を迎えていたりして、本人や親以外にも支援の必要な家族などへの支援の難しさや、事態が深刻化してからの対応に苦慮していることなどが語られた。

(7) 相談支援のあり方

相談支援のあり方に関する発言は、「実践していること・工夫していること」「大切だと思うこと」「日頃の反省や課題」に整理することができた。普段から実践し心がけていることとしては、親とのかかわりや働きかけを挙げる発言が多かった。「丁寧に信頼関係を形成する」「相手によって相談のスタイルを変える」「タイミングをみて『親亡き後』の話を切り出す」「早い段階でサービス利用を勧める」「サービス利用につながらなくても援助関係を切らない」など、親に寄り添いながら、相手に合わせて柔軟に対応を工夫し、先を見越し、タイミングを計りながらかかわり続けている様子がうかがえた。また、相談支援事業所の中で担当を交代したり、スーパービジョンや用語集の活用によって初心者相談支援従事者を教育・サポートしたりして、相談支援事業所としての支援力を高める工夫をしていることも分かった。

(8) 相談支援において大切だと思うこと

相談支援において大切だと思うことについても、多様な意見が述べられた。「きょうだい・家族にも目を向ける」「本人への理解・アセスメント」「家族への理解」は、相談支援の基本として、本人や家族メンバー一人ひとりへのまなざし・理解と、家族全体へのまなざし・理解の重要性、すなわち「個と集団へのデュアル・フォーカス」の視点を表している。

また、相談支援の価値の部分としては、「本人中心の支援の視点」「人権・権利擁護の視点」に関する発言もあった。特に、知的障害児・者の場合、どうしても「親の目で見た本人像を、親の口を通して教えてもらう」ことが多く、本人の主体性や利益が親や周囲の人たちの陰に隠れがちであるため、相談支援従事者は意識的に「本人の権利や主体性」を核に据えようとしているのであろう。

さらに、「社会的ケアへの移行」と関連した要素として、すでに出てきた「長い目で見る」「タイミングを計る」といった支援の視点も挙げられた。

また、「支援者側のチームアプローチ」や「地域との関係づくり」にあるように、「相談支援従事者が1人で支援するのではなく、職場内や地域のネットワークの中で、他者と協力する」ことを大切にしていた。さらに、「冷静さ」や「働きやすい環境」にあるように、「丁寧な相談支援のためには、ゆとりのある働きやすい環境が必要だ」と考えられていた。

(9) 日頃の反省や課題

日頃の反省や課題としては、近隣関係に関するアセスメントやマッピングの活用ができていないこと、本人中心の視点での介入ができていなかったことなどが挙がった。「マッピングの活用が有効であること」を知っていながら、多忙な中でその手間を省きがちであることや、「本人中心の視点」の重要性を分かっていながら、「バタバタしていて、本人中心の視点での介入ができていない」ことについて、自らを反省する声であった。知的障害児・者と家族の地域における相談支援がどうあるべきかという「目指すべき方向」が分かっていても、数多くのケースを担当し、緊急事態が頻発する相談支援事業所の現場においては、理想どおりの実践を維持していくことは容易ではないだろう。その意味では、実践ガイドの活用が、効果的・効率的な相談支援の一助となることが期待できる。

以上のように、11名の相談支援従事者へのインタビュー調査によって、「知的障害児・者の母親によるケアから社会的ケアへの移行」を巡る現状・課題、そして実践ガイド原案に対する意見を引き出すことができた。次の作業として、相談支援従事者の意見を反映して、実践ガイド原案を加筆修正し、実際の相談支援現場で用いることのできる実践ガイドに作り上げていく。

第３節　実践ガイドの作成

相談支援従事者を対象としたインタビュー調査では、実践ガイド原案についての意見がいくつか得られたため、それらを反映させて実践ガイド原案を修正し、実際に相談支援の現場で用いることを想定した実践ガイドに仕上げた。

Ⅰ　実践ガイドの概要

相談支援従事者からのインタビュー結果を踏まえて、実践ガイドは２種類作成することとした。１つは、一定以上の障害者相談支援の実践経験のある相談支援従事者向けの完全版で、もう１つは初任者向けの簡易版である。なお、初任者向け簡易版は、社会福祉士養成課程における相談援助の教材として活用することも想定している。

インタビュー調査における相談支援従事者からの意見として、近年は社会福祉をまったく学んだことのない初任者が増えていることや、提示した実践ガイド原案の内容が初任者には少し難しいと思われることなどが指摘された。インタビュー調査に協力してくれた相談支援従事者は、数年から十数年の相談支援経験のあるベテランであったため、母親へのアンケート調査の分析結果や実践ガイド原案の内容についても、自らの実践経験と照らし合わせた感想や意見が多く述べられた。しかし、初任者の場合、相談支援の基本そのものが十分身についていないため、詳細な解説などの入ったページ数の多いものは、非常に難しく敷居の高いものに映る可能性が考えられる。そこで、初任者向けとして、詳細な解説などは省略し、相談支援の基本的なことや社会的ケアへの移行に向けた介入のポイントのみを簡潔に提示した簡易版を作成することにした。

Ⅱ　実践ガイド（完全版）

完全版は、実践ガイド原案と同様、「解説編」と「相談支援のヒント編」の２部構成とし、インタビュー調査で得られた意見を反映させて加筆修正した結果、A4で８ページの分量となった。

まず、「母親の年代によって、サービス利用に対する考え方や子どもとのかかわり方が異なっている」ことが多くの相談支援従事者から指摘されていた。そして、「昔は『障害児は母親が面倒をみるべき』という社会的な規範が色濃く、今日のようにサービスが整備されていなかったため、母親がケアを抱え込まざるを得なかった。そのような背景要因を理解することが、なかなか子どもを手放そうとしない母親の気持ちの理解につながる」という意見が述べられていた。そこで、「解説編」には、母親の年代による違いやその社会的背景についての説明を加えた。

また、本人および母親の各ライフステージにおける課題を理解し、それに応じた支援を提供することが必要であることも、インタビュー調査の中で指摘されていた。そこで、乳幼児期から学齢期、思春期、青年期、成人期へと移行していくなかで、本人や家族のニーズが変化していくことを認識し、先を見越しつつ、その時々のニーズに応えていくことの重要性について、「相談支援のヒント編」に書き加えた。

さらに、本人と親だけでなく、きょうだいの存在やニーズをも意識した「家族全体を視野に入れた支援」、本人や家族のプラスの側面に焦点を当て、本人の意欲の向上や周囲との良好な関係の構築を図る「ストレングスを活かす相談支援」、相談支援従事者が支援を１人で抱え込まず、本人・家族を中心に支援者が連携・協力し合うという「チームで取り組む相談支援」についても、インタビュー調査での意見を反映させて「相談支援のヒント編」に追加した。

Ⅲ　実践ガイド（簡易版）

初心者向けの簡易版は、完全版よりも文字を大きくし、A4で４ページの分量に収めた。完全版の「解説編」に相当する部分は、簡単な説明のみにとどめる一方、「社会的ケアへの移行」や「自立」といった基本的な用語の意味についての解説を掲載した。そして、「相談支援の基本を押さえたかかわり」として重要な点を簡単に説明したうえで、「社会的ケアへの移行を促す相談支援のポイント」を図式化して解説した。

なお、実践ガイド原案についてFGと個別インタビュー調査に参加してくれた調査協力者のうち、比較的多くの意見を出してくれた3名に対して、実践ガイド（完全版と簡易版）を送って内容や表現について確認をしてもらい、それを踏まえて完成させた。

Ⅳ　実践ガイドの活用と今後の課題

本研究の最終目標である「知的障害児・者の母親によるケアから社会的ケアへの移行に向けた相談支援実践ガイド」の完全版と簡易版を完成させることができた。これらの実践ガイドは、知的障害児・者と家族の相談支援に携わる専門職に実際に使ってもらえるよう、障害者相談支援事業所や障害福祉サービス事業所などに配付していきたいと考えている。また、「母親によるケアから社会的ケアへの移行に向けた相談支援」の必要性を認識してもらえるよう、啓発を目的とした相談支援従事者向けの研修も実施していきたい。

今回作成した実践ガイドは、相談支援従事者へのインタビュー調査や母親へのアンケート調査から得られた知見を反映させたものである。しかし、これらの調査は特定の地域の相談支援事業所や親の会を対象に行ったものであり、すべての知的障害児・者と家族の現状に合った実践ガイドにはなり得ていない。また、知的障害児・者と家族を取り巻く社会情勢や障害者福祉の動向も刻々と変化しており、本人や親の意識や行動パターンも変容していくものと思われる。したがって、この実践ガイドを実践現場や研修の場で継続的に活用してもらい、現場の相談支援従事者や研修の参加者などからのフィードバックを得て、さらにバージョンアップを図り、より有効かつ精緻な実践ガイドに作り上げていくことが、今後の課題である。

-知的障害児・者の母親によるケアから社会的ケアへの移行に向けた相談支援 実践ガイド：完全版：解説編

Ⅰ．はじめに

近年、知的障害者の地域生活移行が進められ、地域で自立した生活を送る知的障害者が増えてきました。一方で、在宅で知的障害者をケアしてきた親（特に母親）が高齢や病気等で倒れたために、本人や家族が安定した生活を営めなくなったり、緊急ショートステイから入所施設に移行したりする事例が数多く報告されています。さらには、親子の孤立死や、ケアに行き詰まった親による本人の殺害や心中という事態に陥ることもあります。

このように、知的障害者を母親が一人でケアし続けた結果として行き詰まってしまう事例は、特に高齢の母親に多く見られる傾向があります。その背景には、今の高齢の母親たちが若かった時代には、今日のような福祉サービスがなく、「子どもに障害があれば、母親が、一生その子の面倒を見るのが当然」という風潮があったことが挙げられます。また、障害のある人に対する社会の理解も乏しく、あからさまな差別や排除を受けてきた人も少なくありません。親戚や家族からも冷たい目で見られるなど、母親が周囲から孤立しやすい状況にあったと言えます。そのような社会的要因の結果、母親たちは「この子を守るのは、私しかいない」「自分が頑張って世話をしていくのが、母親の務めだ」と思うようになったと考えられます。

このような現状を踏まえて、「知的障害のある人たちが、ケアを親だけに依存するのではなく、社会的なケアを受けながら安心・安全・豊かな地域生活を継続させる」ための地域における支援体制の構築が求められています。とりわけ、本人や家族の生活の状況を的確に把握し、本人や親の思いに寄り添いながら、ニーズに沿った相談支援やサービスにつなぐことが重要です。この実践ガイドは、そのような相談支援の一助となることを目的として作成されました。

なお、「母親によるケアから社会的ケアへの移行」とは、「本人の日常生活・社会生活に必要なケアを母親に依存している状態から、社会資源（障害福祉サービスのほか、地域住民やボランティアなどのインフォーマルなサポート）の活用によって、自立した地域生活へ移行すること」を意味しています。そして、「自立」とは、「人の手を借りずに、自分のことが自分でできる」ことだけでなく、「苦手なことを人に手伝ってもらい、サービスを利用しながら、その人らしい生活を送る」ことも含まれています。

Ⅱ．実践ガイド作成の経緯

この実践ガイドは、以下の3ステップで作成しました。

（１） 相談支援従事者等を対象とした聞き取り調査

2010～2013年度にかけて、知的障害者通所施設（障害福祉サービス事業所）の施設長や生活支援員の方や、障害者相談支援事業所の相談支援従事者の方から聞き取り調査を行いました。在宅の知的障害者と家族に対する相談支援の現状と課題、そして地域生活継続に必要な相談支援のあり方などについて意見を伺いました。

（２） 知的障害児・者の親の会の会員を対象としたアンケート調査

2014年度には、聞き取り調査から明らかになった相談支援従事者の課題認識を、当事者である親の意識と比較する目的で、知的障害児・者の親の会の会員を対象にアンケート調査を実施しました。分析の結果、「社会的ケアへの移行に関連する要因（促進要因と阻害要因）」を明らかにすることができました。

（３） 実践ガイドの作成

上記の調査から明らかになった「社会的ケアへの移行に関連する要因」を踏まえて、障害者相談支援従事者が、在宅知的障害児・者や家族の相談支援に用いることのできる実践ガイド原案を作成しました。次に、相談支援従事者を対象に聞き取り調査を実施して実践ガイド原案についての意見を頂き、その意見を踏まえて修正を加え、実践ガイドを作成しました。どのような視点でアセスメントを行えばよいか、どのような点に留意しながら、知的障害者本人・親（特に母親）を支えていけばよいかなど、本人と親の安定した地域生活の継続を視野に入れながら、「社会的ケアへの移行」を促す相談支援を進めてもらえるよう、主なポイントを整理しています。

この実践ガイドがそのまま個々の相談支援事例に当てはまるわけではありませんが、一人ひとりの知的障害児・者や家族と向き合う中で、この実践ガイドが何かの参考になればと願っています。

Ⅲ．社会的ケアへの移行に関連する要因

本人の要因、母親の要因、家族状況等のうち、母親によるケアから「社会的ケアへの移行」との間で関連の見られた要因は、以下の９つです。なお、これらの社会的ケアへの移行の関連要因の因果関係は明らかでないものも含まれています。

- 本人の自立度：子の自立度が高ければ、普段は母子が離れる時間が多く、母親は子ができることを増やそうという関わりをしています。一方、子の自立度が低い場合も、ショートステイ利用によって母子が離れる日数は多く、母親は周囲に子の障害を理解してもらうための行動を取る傾向があります。
- 本人の年齢：子の年齢が高いほど、母親の「ケアを委ねよう」という意向が強くなっています。
- ケアの負担感：ケアの負担感の内容によって、社会的ケアへの移行との関連性が異なっていました。子のケアそのものに負担を感じている母親は、ケアを委ねる意向が強く、他方、ケアによって孤立を感じている母親は、ケアを委ねる傾向が弱くなっていました。
- 独立規範意識：一般的に、誰でも成人すれば親から独立すべきという考え方が強い母親は、ケアを委ねようという意向が強く、子の自立に向けた関わりが多い傾向にありました。
- 母親役割意識：子の世話が張り合いという気持ちの強い母親は、ケアを委ねようという意向が強く、子の自立に向けた関わりが多い傾向にありました。
- 母親の就労状況：就労している母親は、子ができることを増やそうという自立に向けた関わりをしていました。
- 母親のボランティア・地域活動：ボランティアや地域活動に参加する母親は、子が社会とつながりを持てるように関わっていました。
- 夫や夫以外からのサポート：周囲からのサポートが多い母親ほど、子と社会との接点を増やすような自立に向けた関わりをしていました。
- 経済的状況：経済的にゆとりがあるほど、平日は母子が離れる時間が多くなっていました。

先行研究や相談支援従事者の聞き取り調査では、「子の世話に熱心でケアを抱え込む母親像」が描かれ、「母子密着」が「ケアの抱え込み」につながると指摘されていました。しかし、親のアンケート調査からは、「子の将来に向けて自立と社会参加を促し、熱心に世話をする母親」の存在が浮き彫りになるとともに、子の属性、母親の価値観、社会との関わり、経済的状況など、多様な要因が絡み合って「ケアの抱え込み」に至っている可能性がでてきました。地域における相談支援では、このような多様な背景要因を視野に入れた、丁寧なアセスメントが重要になるでしょう。

Ⅳ.「社会的ケアへの移行」の促進要因と阻害要因

母親によるケアから「社会的ケアへの移行」との間に因果関係が見られた「促進要因」と「阻害要因」は以下の通りです。

促進要因	阻害要因
・子の自立度が高い ・母親の年齢が高い ・母親が地域活動に参加している ・母親が支援を求める姿勢を持っている ・母親が子の世話を張り合いと感じている ・母親が「子どもは親から独立すべき」と考えている ・母親が「自分は困難を切り抜けられる」と感じている ・母親が支援を受け入れようとする ・母親が理解を求めて社会に訴えかけようとしている ・世帯の収入が多い	・母親が子と一心同体感を持っている ・母親が子の世話によって孤立している

促進要因と阻害要因から、異なる 2 つのタイプの「子の世話に一生懸命取り組む母親」がいる可能性が見えてきました。1 つ目のタイプは、「子の世話や自立・社会参加に向けた働きかけに『張り合い』を感じ、子に対して『独立すべきという意識』を持ち、『困難を切り抜けられる』という自信があり、就労や地域活動を通した『社会関係』を持ち、『支援を求め、社会に訴えかける』という『開かれたタイプ』の母親」であり、もう 1 つのタイプは、「『子と一心同体』になり、『子の世話に限界と孤立』を感じるという『閉じたタイプ』の母親」と考えられます。

Ⅴ. まとめ

先行研究や相談支援従事者の聞き取り調査からは、「母子密着」や「母子カプセル」といった「母子の閉じた関係」が、子の自立や「親離れ・子離れ」を難しくしていると指摘されてきており、親のアンケート調査の結果からも、同様の傾向を見ることができました。

一方で、これまでは「母親が子の世話に一生懸命になること」をネガティブにとらえ、それが「ケアの抱え込みにつながる」と考えられてきましたが、「熱心に世話をすること」自体が問題になるわけではない可能性が見えてきました。むしろ、「母親が子の世話にどのような意味づけをしているか」、あるいは「母親が他者や社会とどのように関わろうとしているか」といった要因が、「社会的ケアへの移行に向けた準備」において注目すべきポイントとなると考えられます。

実践ガイド：相談支援のヒント編

知的障害児・者の母親によるケアから社会的ケアへの移行に向けた相談支援においては、アセスメントの段階で特に注目するべきポイントがあります。そして、そのアセスメントを踏まえて、社会的ケアへの移行を促すような相談支援や関わりを心がけることが望まれます。

本人の状況、母親の状況、家族の状況などによって、具体的な相談支援の内容も異なってきます。ここでは、母親に対するアプローチを中心に、本人へのアプローチや環境づくりなど、具体的に考えられるアプローチの例を挙げています。

Ⅰ．社会的ケアへの移行に向けた相談支援

母親によるケアから社会的ケアへの移行を促す相談支援のポイントは、４つあります。

■母子が別々に過ごす時間を増やす

本人・母親・家族の状況や背景				相談支援のヒントと具体例
・本人の自立度が低い ・世帯の収入が少ない	⇒	母子が別々に過ごす時間を増やす	⇒	・ガイドヘルパーやボランティアの支援を利用した外出を勧める ・体験型ショートステイやグループホームの利用を勧める ・母親自身が、趣味や地域活動などで自分の時間を持つことを勧める ・本人だけで参加できる行事やイベントを企画し、参加を促す ・費用負担の少ないサービスや方策を提示する など

■本人の自立を促すよう働きかける

本人・母親・家族の状況や背景				相談支援のヒントと具体例
・本人の自立度が低い ・母親が就労していない ・母親が「世話が張り合い」と感じていない ・母親が「子どもは親から独立すべき」とは考えていない ・母親が「自分で困難を切り抜けられる」と感じていない ・夫や周囲の人からのサポートが少ない	⇒	本人の自立を促すよう働きかける	⇒	・本人が学校や施設でできるようになったことを、母親に伝え、喜びを共有する ・本人が学校や施設において自分でできていることを、自宅でも実行するように促す ・本人が自分でできることを増やすために、家庭でできる工夫や方法を伝える ・本人のやる気を高めるために、家庭でできる声かけの方法などを伝える など

■本人の社会参加の機会を作るよう働きかける

本人・母親・家族の状況や背景				相談支援のヒントと具体例
・本人の自立度が低い ・母親がボランティアや地域活動に参加していない ・母親が「世話が張り合い」と感じていない ・母親が「子どもは親から独立すべき」とは考えていない ・母親が「自分で困難を切り抜けられる」と感じていない ・母親が、「知的障害者への理解のために社会に訴えよう」とは考えていない ・母親がケアのために孤立している ・夫や周囲の人からのサポートが少ない	⇒	本人の社会参加の機会を作るよう働きかける	⇒	・本人との関わりの中から興味や関心を見つけ、母親に伝える ・本人の興味・関心のある活動ができる場所や機会を見つけ、参加を促す ・地域の行事やイベントを紹介し、参加を促す ・地域との交流の機会を作り、参加を促す など

■本人の将来の生活について考える機会を作る

本人・母親・家族の状況や背景				相談支援のヒントと具体例
・本人の年齢が低い ・本人の自立度が低い ・母親の年齢が低い ・母親が「世話が張り合い」と感じていない ・母親が「子どもは親から独立すべき」とは考えていない ・母親が「子どもと一心同体」と感じている ・母親が支援を受け入れようとしない ・母親が、「知的障害者への理解のために社会に訴えよう」とは考えていない ・母親がケアのために孤立している	⇒	本人の将来の生活について考える機会を作る	⇒	・本人の将来の生活について話題にする ・本人の将来の生活について母親が抱いている不安や心配に共感し、理解を示す ・本人の将来の生活の場やケアの担い手などについて、考えられる方策を提示する ・親元を離れてサービスを利用しながら地域で暮らす知的障害者がいることを伝える ・本人の将来の生活について、本人や家族と話すことを勧める ・本人の将来の生活について、親たちが一緒に考えたり話し合ったりする機会を作る など

Ⅱ．相談支援の基本を押さえた関わり

「社会的ケアへの移行を促すための相談支援」と言っても、やはり相談支援の基本を押さえた関わりが適切に行われていることが大前提です。

■本人・家族との信頼関係

- 相談支援においては、本人・家族との信頼関係の構築が最も重要です。上記の「相談支援のヒントと具体例」は、信頼関係があって初めて効果が期待できるものです。傾聴・共感・受容に努め、本人や家族の状況や思いを理解することが何よりも大切です。

■家族とのパートナーシップ

- 家族は、本人としっかりと関わり、本人のことをよく理解し、本人のためになることを真剣に考えて動いてくれる相談支援従事者に対して、信頼感を持ちます。また、家族は相談支援従事者に対して、「本人のことを分かってほしい」という気持ちから、本人について多くのことを相談支援従事者に伝えようとします。相談支援従事者は、「家族から教えて頂く」という姿勢で臨み、本人のより良い生活に向けて、家族と一緒に考えていくという「パートナーシップ」の関係を築くことが求められます。

■主体性の尊重

- 相談支援のプロセスを通して、本人や家族が主体的に参画していけるように関わる必要があります。相談支援従事者が主導するのではなく、本人や家族が自分たちのペースで考え、決断し、行動していけるよう、本人や家族に寄り添いながら、側面から支援するという姿勢が望まれます。

■具体的な生活ニーズへの対応

- 信頼関係・パートナーシップを維持しながら、傾聴・共感・受容に努めるとともに、本人や家族の具体的な生活ニーズに迅速に応えることも必要です。必要な支援やサービスにつなぐことで、生活の安定・改善が図られるだけではなく、信頼関係の形成・維持にもつながると期待できます。

■ライフステージに応じた支援

- 知的障害児・者や家族のニーズは、ライフステージを通じて変化していくため、それぞれの段階に応じた支援やサービスを提供していかなければなりません。まず、乳幼児期に知的障害のあることが分かると、親は子どもの障害を受け止めるという課題に向き合いながら、必要な医療的ケアや療育的支援を受けることになります。保育所や幼稚園に入るのか、障害児通園施設を利用するのかを判断する際にも、また地域の学校に通うのか、特別支援学校に通うのかを決める時にも、心理的にサポートしながら情報提供をし、一緒に考えるという支援が必要です。思春期から青年期にかけては、「親離れ・子離れ」を視野に入れた支援が求められます。きょうだいがいれば、思春期を境にきょうだい関係に変化が見られることもあり、本人のニーズときょうだいのニーズの間で葛藤を抱える親を支えることも必要になるかもしれません。さらに成人期には、親が高齢期に差し掛かるので、親自身の病気などの課題も出

てきます。このように、本人と親のそれぞれのライフステージにおける課題を念頭に置きながら、常に先を見越しつつ、その時々のニーズに応えていくことが重要です。

■家族全体を視野に入れた支援

- この実践ガイドでは、特に知的障害のある本人と母親に焦点を当てた相談支援について述べています。しかし、実際には、父親やきょうだいなど他の家族メンバーもそれぞれに課題やニーズを持っており、それが本人や母親の課題やニーズと複雑に絡み合っています。したがって、本人を含めた家族全体の状況を理解し、本人を中心としながら家族全体を視野に入れて支援していくという姿勢が非常に大切です。

■タイミングを逃さない働きかけ

- 上記のような関わりや支援は、それぞれ適切なタイミングで提供されることが求められます。時期尚早な提案や助言は、本人や家族の不安や混乱を招く可能性があります。常に本人や家族の状況を把握し、適切な働きかけのタイミングを逃さないようにすることが大切です。また、本人や家族の生活上の危機的な状況は、家族関係の変化や社会的ケアへの移行のきっかけになることもあります。このような危機をチャンスととらえる視点も必要です。

■時間をかけて寄り添う姿勢

- 知的障害児・者と家族を地域で支える相談支援は、長期的な関わりとなることが多く、支援の効果がすぐ表れないこともあります。焦らず、本人・家族に寄り添う姿勢が求められます。

■ストレングスを生かす相談支援

- 相談支援においては、ストレングス（長所・強さ・得意なこと・意欲・希望など、その人や家族が持っているプラスの側面）を生かすという視点が重要です。障害があると、そのマイナス面にだけ焦点を当てがちですが、障害の有無に関わらず、誰でもその人なりのストレングスを持っています。相談支援従事者が、本人のプラスの部分に注目し、それをさらに伸ばすような関わりをすることで、本人の意欲が高まったり、周りの人とのよりよい関係が築けるようになったりすることが期待できます。

■ミクロ、メゾ、マクロを視野に入れた相談支援

- 相談支援においては、個人や家族と関わる「ミクロ・レベル」の実践が中心となりますが、本人や家族が経験している生活上の困りごとの多くは、ミクロ・レベルだけではありません。本人が利用する障害福祉サービス事業所といった組織や職員集団、あるいは本人や家族を取り巻く支援ネットワークといった「メゾ・レベル」が要因となって困りごとが発生することもあります。さらに、障害者福祉の制度や政策といった「マクロ・レベル」も、本人や家族の生活状況に大きな影響を与えています。したがって、本人や家族に対する直接的な支援だけではなく、本人・家族を取り巻く支援ネットワークの形成・強化や、地域の社会資源の開発など、幅広い活動を視野に入れた相談支援が重要です。

■チームで取り組む相談支援

- 地域における相談支援においては、チームで取り組むことが求められます。相談支援従事者は、支援を一人で抱え込んでしまうのではなく、相談支援事業所内で上司や先輩に助言を求め、本人や家族を取り巻く支援者たちとチームで連携・協力していくことが大切です。本人や家族の了解を得た上で、支援者間で情報を共有し、関係者が協力して本人と家族を支える体制を作ることも、相談支援の重要な役割です。

知的障害児・者の母親によるケアから社会的ケアへの移行に向けた相談支援 実践ガイド：簡易版

■実践ガイドのねらい

近年、知的障害者の地域生活移行が進められ、地域で自立した生活を送る知的障害者が増えてきました。一方で、家族とともに暮らしてきた知的障害者が、親（特に母親）の病気や高齢のためにケアを受けられなくなり、親子で行き詰まってしまう事例も数多く報告されています。そこで、母親によるケアが難しくなっても、知的障害者の安心・安全・豊かな地域生活を継続させるためには、地域における知的障害児・者と家族への相談支援が重要な鍵を握ることになります。すなわち、本人や家族の生活の状況を的確に把握し、本人や親の思いに寄り添いながら、ニーズに沿った相談支援やサービスにつなぐという実践です。この実践ガイドは、そのような相談支援の一助になることを目的として作られています。

■実践ガイドにおける用語の意味

「母親によるケアから社会的ケアへの移行」とは、「本人の生活に必要なケアを母親に依存している状態から、社会資源（障害福祉サービスなどの公的サービスのほか、地域住民やボランティアなどによるサポート）の活用によって、自立した地域生活へ移行すること」を意味しています。

また、「自立」とは、「自分のことが自分でできる」ことだけでなく、「苦手なことを人に手伝ってもらい、サービスを利用しながら、その人らしい生活を送る」ことも含まれています。

■実践ガイドの活用上の留意点

この実践ガイドは、ある地域の知的障害児・者の母親へのアンケート調査や相談支援従事者の聞き取り調査をもとに作られました。したがって、この実践ガイドが、必ずしもすべての知的障害者や家族に当てはまるとは限りません。実践ガイドを参考にしつつ、一人ひとりの知的障害児・者や家族の個別性に目を向けることが、とても重要です。

相談支援の基本を押さえた関わり

■本人・家族との信頼関係

傾聴・共感・受容に努め、本人や家族の状況や思いを理解し、信頼関係を築くことが大切です。

■家族とのパートナーシップ

家族と対等な立場で、家族から教えて頂き一緒に考えていくという姿勢が求められます。

■主体性の尊重

本人や家族が自分たちのペースで考え、決断し、行動していけるよう、側面から支援します。

■具体的な生活ニーズへの対応

必要な支援やサービスにつなぐことで、本人や家族の生活の安定・改善を図ります。

■ライフステージに応じた支援

ライフステージで変化する本人や家族のニーズに合わせて、支援やサービスを提供します。

■家族全体を視野に入れた支援

本人を含めた家族全体の状況を理解し、本人を中心に家族全体を支援する姿勢が必要です。

■タイミングを逃さない働きかけ

本人や家族の状況を常に把握し、タイミングを見計らって助言や提案をしていきます。

■時間をかけて寄り添う姿勢

支援の効果がすぐに表れなくても、焦らずに長い目で本人や家族に寄り添っていきます。

■ストレングスを生かす相談支援

本人や家族のストレングス（プラスの部分）に注目し、それをさらに伸ばすように関わります。

■チームで取り組む相談支援

支援を一人で抱え込まず、事業所内で課題を共有し、支援者間で連携・協力していきます。

社会的ケアへの移行に向けた相談支援

母親によるケアから社会的ケアへの移行を促す相談支援のポイントは、4つあります。

■母子が別々に過ごす時間を増やす

本人・母親・家族の状況や背景				相談支援のヒントと具体例
・本人の自立度が低い ・世帯の収入が少ない	⇒	母子が別々に過ごす時間を増やす	⇒	・ガイドヘルパーやボランティアの支援を利用した外出を勧める ・体験型ショートステイやグループホームの利用を勧める ・母親自身が、趣味や地域活動などで自分の時間を持つことを勧める ・本人だけで参加できる行事やイベントを企画し、参加を促す ・費用負担の少ないサービスや方策を提示する など

■本人の自立を促すよう働きかける

本人・母親・家族の状況や背景				相談支援のヒントと具体例
・本人の自立度が低い ・母親が就労していない ・母親が「世話が張り合い」と感じていない ・母親が「子どもは親から独立すべき」とは考えていない ・母親が「自分で困難を切り抜けられる」と感じていない ・夫や周囲の人からのサポートが少ない	⇒	本人の自立を促すよう働きかける	⇒	・本人が学校や施設でできるようになったことを、母親に伝え、喜びを共有する ・本人が学校や施設において自分でできていることを、自宅でも実行するように促す ・本人が自分でできることを増やすために、家庭でできる工夫や方法を伝える ・本人のやる気を高めるために、家庭でできる声かけの方法などを伝える など

■本人の社会参加の機会を作るよう働きかける

本人・母親・家族の状況や背景		相談支援のヒントと具体例
・本人の自立度が低い ・母親がボランティアや地域活動に参加していない ・母親が「世話が張り合い」と感じていない ・母親が「子どもは親から独立すべき」とは考えていない ・母親が「自分で困難を切り抜けられる」と感じていない ・母親が「知的障害者への理解のために社会に訴えよう」とは考えていない ・母親がケアのために孤立している ・夫や周囲の人からのサポートが少ない	⇒ 本人の社会参加の機会を作るよう働きかける ⇒	・本人との関わりの中から興味や関心を見つけ、母親に伝える ・本人の興味・関心のある活動ができる場所や機会を見つけ、参加を促す ・地域の行事やイベントを紹介し、参加を促す ・地域との交流の機会を作り、参加を促す など

■本人の将来の生活について考える機会を作る

本人・母親・家族の状況や背景		相談支援のヒントと具体例
・本人の年齢が低い ・本人の自立度が低い ・母親の年齢が低い ・母親の「世話が張り合い」と感じていない ・母親が「子どもは親から独立すべき」とは考えていない ・母親が「子どもと一心同体」と感じている ・母親が支援を受け入れようとしない ・母親が「知的障害者への理解のために社会に訴えよう」とは考えていない ・母親がケアのために孤立している	⇒ 本人の将来の生活について考える機会を作る ⇒	・本人の将来の生活について話題にする ・本人の将来の生活について母親が抱いている不安や心配に共感し、理解を示す ・本人の将来の生活の場やケアの担い手などについて、考えられる方策を提示する ・親元を離れてサービスを利用しながら地域で暮らす知的障害者がいることを伝える ・本人の将来の生活について、本人や家族と話すことを勧める ・本人の将来の生活について、親たちが一緒に考えたり話し合ったりする機会を作る など

第5章

総括と今後の課題

本章では、これまでの研究全体を振り返り、研究の成果と限界について述べるとともに、今後の課題について提言していく。

第*1*節　総括

I　研究全体のまとめ

本研究では、まず、障害者の自立と母子関係に関する2つの先行研究レビューを行った。これまでの知的障害者福祉の実践現場において、「親が知的障害のある子のケアを抱え込んでおり、親離れ・子離れができにくくなっている」と言われてきたことから、知的障害者の親によるケアおよび地域生活支援に関する先行研究をレビューした。1995〜2009年までの18件の先行研究の中で、知的障害者と母親の「親離れ・子離れ」や「母子関係」がどのように論じられているかに着目したところ、母子の密着関係が多様な視点から分析されていることが明らかになった。社会福祉学の制度論的視点からは、「母性・家族扶養という社会的規範を前提とした補完的な公的サービスの限界」が母子密着の背景にあると解釈され、社会福祉学の実践論的視点からは、「知的障害の特性からくる親のパターナリズム」の問題が指摘されていた。また、家族研究的視点からは、日本社会の特徴としての「子どもの独立という規範の欠如」が、母子密着の根底にあると考えられていた。一方、社会学･障害学的視点からは、「家族の抑圧性」の問題が指摘され、社会の中のネガティブな障害者観が、知的障害者本人や家族に対する差別や抑圧となって表れ、その抑圧が過保護や抱え込みという形で親から子に向けられていると分析されていた。

もう１つの「母子密着の解消に向けた介入に関する先行研究レビュー」では、社会福祉・ソーシャルワーク、教育心理・教育相談、臨床心理・家族心理、保育、医療、看護といった研究領域における母子関係への介入に関する19件の先行研究を分析した。その結果、ソーシャルワークの領域では、他の領域とは異なる独自の視点を持っていることが明らかとなった。その特徴とは、「母子関係にみられる困難さを、単に病理としてとらえない」「母子密着や親離れ･子離れを、子ども・母親･家族だけの問題としてではなく、社会との関係にも目を向けて広い視野でとらえる」「本人･家族のみならず、友人や近隣住民をも巻き込んだ介入をする」「本人･家族や周囲の人たちのストレングスに着目する」「ネットワークの活用によって母子関係を開こうとする」などであり、「個人や家族と環境との間への介入や、環境への働きかけ」、そして「病理ではなくストレングスに着目する」というソーシャルワークの固有の視点が確認できた。

そして、以上のような先行研究レビューによって確認できた「母子密着リスク要因」と「母子密着の解消に向けた介入方法」をもとに、次の３つのステップで調査研究を進めた。

第１ステップ（第２章）は、「相談支援従事者に対するインタビュー調査」で、「知的障害児･者と家族の相談支援の現状と課題」について語ってもらう中で、「母子関係」に関する語りを引き出していった。17名の語りをKJ法によって整理した結果、知的障害者本人・親・きょうだい・家族や親族、親子関係、地域の状況のほか、支援活動の状況や相談支援従事者による介入の状況、相談支援のあり方について相談支援従事者が考えていることなどが明らかとなった。そして、相談支援従事者の語りの意味を解釈しながら質的データ分析法によって分析を行った結果、①親によるケアから社会的ケアへの移行に関する認識、②実際の介入・支援、③支援に対する姿勢や援助観の３つのカテゴリーに分類することができた。さらに、これらをもとに、「母親による知的障害児·者のケアの抱え込み」に関するストーリーラインと、「母親によるケアから社会的ケアへ移行させるための相談支援」に関するストーリーラインの2つを導き出した。

第2ステップ（第3章）では、第1ステップで得られたストーリーラインのうち、「母親による知的障害児·者のケアの抱え込み」を取り上げて、これを母親の視点から検証し、「母親によるケアから社会的ケアへの移行に向けた準備」の促進要因と阻害要因を探ることを目的として、親の会の会員を対象に「知的障害児・者の親に対するアンケート調査」を実施した。単純集計の結果からは、知的障害者本人の大半が親と同居しており、主として高齢の母親がケアを担っている状況が浮き彫りとなった。次に、「社会的ケアへの移行に向けた準備の程度」に関連する要因を探るために、相関分析および一元配置分散分析を行ったところ、子の年齢や自立度、母親のケア負担感、母親が持っている独立規範意識や母親役割意識、母親の就労状況や地域活動参加状況、周囲からのサポート、経済的なゆとりなどが、「社会的ケアへの移行の準備」の程度と関連があることが明らかとなり、「母子密着」だけではない多様な要因が絡みあって「ケアの抱え込み」が発生している可能性が示唆された。さらに、「社会的ケアへの移行に向けた準備」の促進要因·阻害要因を明らかにする目的で、重回帰分析を行った。その結果、「社会的ケアへの移行」を阻害する要因として、「子と一心同体感を持ち、母子が閉じた関係にある」「子の世話によって孤立している」が抽出され、促進する要因として、「子の自立度が高い」「世帯収入が多い」「母親の年齢が高い」「母親が地域活動に参加している」のほか、「母親の独立規範意識、リジリエンス、母親役割意識、支援を求める姿勢、社会に訴えかける姿勢、他者の支援を受け入れる姿勢」がそれぞれ強いことが、社会的ケアへの移行を促進していることが明らかとなった。これらの分析結果から、「熱心に子の世話をする母親」には、「子と一心同体となり、世話によって孤立を感じる『閉じたタイプ』の母親」と、「社会関係を持ちながら、子の自立や社会参加を目指して、子や周囲に対して熱心に働きかける『開かれたタイプ』の母親」の2つの異なるタイプがいる可能性が浮上した。したがって、「社会的ケアへの移行に向けた相談支援」においては、「母親が子の世話にどのような意味づけをし、他者や社会とどのようにかかわろうとしているか」が注目すべきポイントとなることが示唆された。

第3ステップ（第4章）では、第2ステップのアンケート調査の分析結果を反映させて、アセスメントの視点、介入における留意点、本人や親への支援の姿勢など、主な相談支援のポイントを盛り込んだ「社会的ケアへの移行に向けた相談支援の実践ガイド原案」を作成した。そして、11名の相談支援従事者に対するインタビュー調査を実施し、「社会的ケアへの移行に向けた相談支援」および「実践ガイド原案」についての意見を聞き取った。相談支援従事者からは、実践ガイドの有用性を評価する意見と、実践ガイドの改善に向けた要望の両方が述べられた。また、「異なる2つのタイプの母親」に賛同する意見が出され、アンケート調査で明らかになった母親像を、相談支援従事者の立場からも確認することができた。さらに、日常業務の中で相談支援従事者が認識している、本人や家族の状況や母親の思い、社会的ケアへの移行の促進要因や阻害要因、相談支援の現状、相談支援のあり方に関する考えなど、多様な発言が得られた。そして、相談支援従事者からの意見を反映して、実践ガイド原案を加筆修正し、初任者相談支援従事者向けの「実践ガイド（簡易版）」と、一定以上の相談支援経験のある相談支援従事者向けの「実践ガイド（完全版）」の2種類の実践ガイドを完成させた。これによって、本研究の最終目標を達成することができた。

Ⅱ　研究の成果

本研究を通して、数多くの貴重な成果を得ることができた。まず、先行研究レビューによって、「母子密着」や「母子関係への介入」への視点やアプローチの仕方について、さまざまな学問領域間の違いが確認された。また、相談支援従事者を対象としたインタビュー調査からは、知的障害児・者と家族の生活状況、母親によるケアの抱え込みの実態、相談支援の課題などを明らかにすることができた。特に、先駆的な実践を展開している相談支援事業所に対するインタビュー調査からは、知的障害者が地域社会の一員として生きていく権利や主体性を徹底的に追求し、知的障害者本人や親にしっかり寄り添う姿勢の重要性や、生活支援や相談支援の具体的な方策についての示唆を得ることができた。さらに、当事者である母親の声をアンケート調査によって直接引き出し、子の将来に大きな不安を抱えている状況を確認することもできた。そして、最終的には、「知的障害児･者の母親によるケアから社会的ケアへの移行に向けた相談支援」のための実践ガイドを作成することができた。

本研究の最大の成果は、母親によるケアから社会的ケアへの移行に向けた相談支援に、障害学の視点を取り入れる必要性を見いだしたことである。先行研究をレビューしてみると、心理・医療・看護などの学問領域では、子の心理面や行動面の問題の原因として母子密着をとらえ、ミクロレベルの介入によってそれを解消しようとしていた。そして、ソーシャルワークの領域では、「人と環境の交互作用」や「ストレングスへの着目」というソーシャルワーク固有の視点に立って、「母子密着」や「母子関係」を理解しようとし、ミクロ・メゾ・マクロの多次元への多様な介入の必要性が述べられていた。このことから、ソーシャルワークにおいては、障害の概念図として用いられているICF（国際生活機能分類）の枠組みに依拠し、「環境因子」が個人の日常生活活動や社会参加に与える影響を考慮に入れることを重視してきたことが確認できる。また、「個人因子」としてのストレングスに着目し、それを活用し強化するような介入によって、生活課題の解決や社会参加の拡大を図ってきたともいえよう。

一方、障害学では、「障害を個人の問題ではなく、社会の問題としてとらえ直す」という視点が強調されていた。すなわち、障害の個人モデルから社会モデルへの転換である。そこには、社会からの抑圧を受けた母親が、子を守ろうとして抱え込み、時に支配してしまうという構図が描かれていた。そして、障害のある人だけが、成人してもなお、親の庇護や管理の下に生きることを当然視されることに疑問を呈し、このような状態から抜け出して（脱親）、1人の人間として自分の意思や世界を持って生きていくことが目指される。1970年代に青い芝の会の脳性マヒ者たちが、「我々の運動が真に脳性マヒ者の立場に立ってその存在を主張することになるならば、先ず親を通して我々の上に覆いかぶさってくる常識化した差別意識と闘わねばならず、そのためには自らの親の手かせ足かせをも断ち切らねばならない」（横塚 1975＝2010：25）と主張したのは、「脱親」こそが、障害の要因を個人でなく社会へと反映させる契機となりうるからであり、杉野はこれを「障害学が主張する『障害の社会モデル』の日本における萌芽である」（2013：139）と述べている。

この障害学の枠組みをソーシャルワーク実践に当てはめてみると、「知的障害児を産んだ母親が社会から受けてきた抑圧や差別の体験を理解することなしには、『母子密着』も『社会的ケアへの移行』も語ることはできない」ということになる。上述のように、ソーシャルワーカーが依拠してきたICFの「環境因子」には、社会的態度や社会的規範・慣行・イデオロギーなどの要素が含まれているとされており、ソーシャルワーカーは、母親に影響を与えてきたこのようなマクロ・レベルの社会的要因にも視野を広げていくべきである。しかし、本研究における当初の相談支援従事者のインタビュー調査では、社会的態度や社会的規範についての語りに比べて、母親の個人的要因や母親と子の関係の要因に関する語りの方が圧倒的に多かった。地域社会から向けられる冷たい視線の存在は認識していても、その社会的要因と母親の子へのかかわりとの関連性についての十分な認識はなかったようである。より広い視野で「人と環境の交互作用」をとらえるべきであることは、頭では分かっていても、日々の実践においては「ケアを抱え込む母親」というネガティブなとらえ方をし、目の前の現状を何とかしなければということに汲々としてしまい、母親と子の関係だけに目が奪われがちになっていたのではないだろうか。この点について杉野は、英米と比較して日本では、障害学の知見を実践に応用するという障害学の臨床が遅れており（杉野 2007：249）、「個人による適応努力を重視するあまり、環境因子をごく狭い範囲でしかとらえようとしない傾向」（杉野 2007：250-251）があると批判する。そして個人モデルと社会モデルのバランスが求められていると主張している（杉野 2007：250）。

知的障害者本人や母親たちが、あからさまに受けてきた差別・排除や、暗黙裡に向けられてきた抑圧という「社会的要因」の持つ意味は決してニュートラルなものではなく、障害者や家族の人権や尊厳を脅かすようなきわめてネガティブな意味を持っている。しかし、この社会的抑圧という「環境因子」が知的障害者本人、母親、家族に与える影響について、これまでのソーシャルワーク実践においては、十分注目してこなかったのではないだろうか。これまでソーシャルワーカーの視野に入っていた「環境」の範囲を、クライエントや家族の身近な生活環境のみに限定せず、「社会における規範や言説」といった社会的要因にも広げて見ていかなければならない。本研究によって浮かび上がってきた「社会からの圧力の存在」は、障害学の主張とも符合するといえ、ソーシャルワーク実践に障害学の枠組みをより積極的に取り入れていくことが望まれる。そして、今後の相談支援のあり方としては、「母親によるケアから社会的ケアへの移行」において障害学の「脱親」の視点を持つとともに、社会における知的障害者本人や家族に対するスティグマをなくしていくためのマクロ・レベルのアドボカシーを展開することが求められるであろう。すなわち、相談支援従事者が、「脱親」を難しくしている社会のあり方を変えるべく、知的障害者本人および母親と共に協働してくことが不可欠なのである。「脱親」を支援するためには、日々の直接的なケアをサービス利用で代替するだけでなく、母親が担ってきたケアマネジメント的な要素も含めて、「親に替わる」という姿勢が必要となる。相談支援従事者は、「親に替わる」という方向性を持つことで、知的障害者本人を取り巻く社会的障壁と直面することになるであろうが、このことが親との共感をもたらし、信頼関係を築くきっかけになるであろう。一般的にソーシャルワークにおいては「側面的支援」が重視されることが多く、これまでの「親への支援」においては、常に親の後ろに立ち、社会からの差別や抑圧に直接向き合うことはあまりなかったのかもしれない。相談支援従事者が「親に替わる」という姿勢を持つことで初めて、親の横に立ち、親と共に社会変革を目指していけるのではないだろうか。

さらに、母親へのアンケート調査の分析結果からは、「子の世話に熱心に取り組む２つの異なるタイプ――『閉じたタイプ』と『開かれたタイプ』――の母親の存在」が明らかとなった。これは、先行研究レビューからも相談支援従事者に対するインタビュー調査からも引き出すことのできなかった、新しい発見であった(1)。これまでは、「わが子の世話に張り合いを感じて、一生懸命に子の世話をする母親」は、「子のケアを抱え込む母親」として否定的にとらえられ、「母親の問題」として、時には母親が責められることもあったのではないだろうか。しかし、開かれたタイプの母親は、自分１人の力では抗いきれない社会からの大きな抑圧を受けながらも、それに屈することなく、社会に対して開かれた姿勢を持ち、将来を見据えて子の自立を促し、社会とのかかわりを増やそうと熱心に子のケアに取り組んでいることが分かった。さらに、知的障害者について正しく理解してもらうためには、社会に対して自らが発信していかなければならないと考えていた。すなわち、このような母親の姿勢は、知的障害のある子をケアしていくことの苦労や「社会からの抑圧」という困難な状況の中でも、自らの力で建設的に道を切り拓こうとするリジリエンスであり、ストレングスととらえることができる。母親が「一生懸命に世話をしている」という現象だけを見て表面的に理解するのではなく、「母親がこれまでに、どのような抑圧を経験してきたか」や「その抑圧に対して、母親がどのように対処してきたか」にも目を向けるとともに、「母親が、子の世話に対してどのような意味づけをし、他者や社会とどのようにかかわろうとしているか」を見極めるという丁寧なアセスメントが重要である。そして、社会からの圧力にもかかわらず、社会に対して開かれた姿勢を持ち、熱心に子のケアに取り組んでいる母親のストレングスに焦点を当て、子の将来を案じて懸命に生きる母親を支えていくことが、社会的ケアへの移行を促進するための相談支援実践に求められるであろう。そのうえで、「社会に対して訴えかけよう」という母親とともに、知的障害者本人や家族に向けられるスティグマを解消するためのソーシャル・アクションに取り組むことが、社会を変える契機となり、母親のエンパワメントにもつながるであろう。

以上のように、先行研究レビューや相談支援従事者からのインタビュー調査の分析結果からは、知的障害児・者や母親を「密着関係」に追い込むような社会的抑圧が存在することが明らかになった。そして、母親に対するアンケート調査の分析結果からは、そのような社会的抑圧を跳ね返すかのように、開かれた態度と建設的な姿勢を持ちながら、子の自立や社会参加に向けて熱心にケアし、社会をも変えようとする、たくましい母親の存在が浮き彫りになった。知的障害児・者と母親に対する相談支援の実践現場において現実に起こっていることは、障害学の社会モデルの枠組みにおける「脱親」支援ととらえ直すこともできるであろう。このように、「知的障害児・者の母親によるケアから社会的ケアへの移行」を促す相談支援実践を、障害学の社会モデルに依拠する視点から解明できたことが、本研究の最大の成果である。

そして、実践研究の意義という観点からは、相談支援従事者が用いることのできる実践ガイドを作成したことも非常に大きな成果であった。相談支援従事者への質的調査によって実践現場の経験知をまとめ、それを親に対する量的調査で検証したことが、本研究が成し遂げた貢献の1つであろう。さらに、その検証されたことをもとに作成された実践ガイド原案を、フォーカス・グループ・インタビューを通じて相談支援従事者と筆者の間で共有し、相談支援従事者からのフィードバックを得ることもできた。これら一連の作業を振り返ってみると、相談支援従事者の視点と親の視点を、筆者がつなぎ合わせて統合させる手続きであったともいえる。この手続きにおいては、芝野（2011）が提唱する実践モデル開発の「M-D&D」の考え方を部分的に取り入れている。

Ⅲ　研究の限界

上述のように、本研究からは多くの成果を得ることができたが、本研究の限界についても述べておく必要がある。

まず、第2章に登場するいくつかの先駆的相談支援事業所を除けば、相談支援従事者や親の会の会員を対象とした調査のほとんどが、特定の地域において行われたということである。知的障害児・者の母親によるケアの現状も、社会的ケアに必要となる社会資源の状況も、その地域の文化的·歴史的·地理的・政治的特性に大きく左右されることが想定される。したがって、ここで取り上げた調査結果が、すべての知的障害児・者やその母親の状況を表しているとは言い切れない。

また、母親によるケアの現状や母親の思いを理解するために、知的障害児・者の親の会の会員を対象にアンケート調査を実施したが、親の会に所属していない家族は調査対象に含まれていない。したがって、この調査結果には偏りのある可能性が考えられ、調査結果を一般化することはできない。相談支援従事者のインタビュー調査において、「親の会にもつながっていないと、情報が入ってこない」と指摘されていたように、親の会に所属しておらず、支援につながりにくい親たちの現状や思いをどのようにしてキャッチしていくかが、実践面でも研究面でも大きな課題の１つである。

さらに、インタビュー調査に協力してくれた相談支援従事者のほとんどが、障害者相談支援の経験が豊富な熟練者であった。自らが初任者であった当時も思い起こしながらの語りも含まれていたであろうが、「大学で福祉を学んだことのない初任者相談支援従事者が増えている」とすれば、そのような初任者の経験を直接引き出すことができていないことも、本研究の課題の１つといえるかもしれない。

そして、実践研究のあり方という観点からいえば、多様な要因が複雑に絡み合う中で営まれる、きわめて個別性の高いソーシャルワーク実践においては、いかに精緻な手法で作り上げた実践モデルであっても、すべてのケースにそのまま当てはまる訳ではない。時の流れや社会情勢の変化とともに、知的障害者本人も親も、相談支援従事者も、そして相談支援を取り巻く地域社会も、すべてが日々刻々と変化していく。実践ガイドを使えばすべてがうまく解決するというほど、現場の相談支援は単純ではなく、標準化することの難しい実践課題は多い。本研究で作り上げた実践ガイドの有用性も、あくまでも暫定的かつ限定的であり、この点も本研究における限界である。芝野(2011)が述べるように、実践ガイドを実践現場で試行してもらい、評価を得て改良するという作業の繰り返しが、今後も必要である。

最後に、本研究の最も重要な限界は、知的障害者本人の思いを引き出せなかったことである。本研究のテーマである「知的障害児・者の母親によるケアから社会的ケアへの移行」にとって、中心となる当事者は知的障害者本人と母親である。先行研究レビューにおいて指摘されていたように、親は社会からの抑圧を受けて声を上げにくい状況に置かれている。しかし、このような社会的要因からの影響を、最も強く受けているのは、知的障害者本人にほかならない。これまでの多くの研究が、親や支援者の目を通して「知的障害者本人の姿」を理解し、親や支援者の口を通して「知的障害者本人の思い」を伝えようとしてきており、「知的障害者本人の生の声」から学ぶことができてこなかった。本研究においても、その限界を克服することができなかった。今後の大きな課題である。

第２節　ソーシャルワークへの示唆と今後の課題

Ⅰ　ソーシャルワークへの示唆
在宅知的障害児・者と家族の相談支援において

本研究で得られた知見を、どのように相談支援事業所や障害福祉サービス事業所における相談支援実践に活かしていくことができるかについて考察する。

まず、「母親によるケアから社会的ケアへの移行」の促進要因と阻害要因として浮かび上がってきた「異なる２つのタイプの母親」という知見を、アセスメントにおいて活かしていくことができる。母親と対話し、母親と他者(子も含めて)とのやりとりを観察する際には、母親が子のケアに対してどのような意味づけや感情を持っているのか、また家族メンバーも含めた他者や社会に対して、どのような構えや関係を持っているのか、ということを意識していく必要がある。そして、相談支援を進めていくうえで、母親の子のケアに対する思いや他者との関係性がどのように変化してきているかに着目することで、「社会的ケアへの移行」のタイミングを計り、サービス利用を勧めるなど、効果的に介入することもできるであろう。一方で、この「異なる２つのタイプの母親」ということにとらわれてしまわないようにしなければならない。この「２つのタイプ」という分け方は、あくまでも本研究における計量的分析の結果、「子どもの世話が張り合いである」と答えた母親の中に相反する２つの方向性が存在することが示唆されたに過ぎず、現実の母親たちが、「開かれた母親」と「閉じられた母親」の２つのタイプに単純に「類型化」できるわけではない。現実の母親のなかにはこの２つの要素が混在していると考えるべきである。したがって、相談支援場面においては、あくまでも一人ひとりの母親が体験してきたことや感じていることを丁寧に聞き取って、「開かれた面」と「閉じられた面」の両方の要素をアセスメントすることが基本である。また、「母子密着」と思われる現象に出合った際には、そこに至った背景や母親が経験してきたことを、母親の立場に立って理解し、複雑な思いに共感することが求められる。実践が言語化・理論化されたときに陥りがちな「ステレオタイプ化」を防ぐためにも、目の前の母親と向き合う際には、先入観を持たず、非審判的・中立的な態度で、母親の体験していることをありのままに理解し、受容することがきわめて重要である(2)。

また、本研究では、「母親によるケアから社会的ケアへの移行」を促進する相談支援に求められる有益な介入方法についても、多くの示唆が得られた。

1つ目は、ソーシャルワークの重要な視座である「人と環境の交互作用」に目を向けることである。「母親によるケアの抱え込み」には、多様な背景要因が隠れていることが明らかとなった。特に、「知的障害者本人と母親を取り巻く環境」の範囲をこれまでよりも拡大し、社会の中にある「障害児・者や家族に対するスティグマ」など、マクロ・レベルでの時代的・文化的・社会的背景の存在も意識しながら、「母親と母親を取り巻く身近な人たち、関係機関・団体、地域社会などとのダイナミックなかかわり」をシステムとして読み解き、知的障害者本人や母親への働きかけを含めて、さまざまな介入のチャンネルを活用することが望まれる。たとえば、父親と母親との関係や父親からのサポートが、母子の関係に影響を与えることが示唆されたが、父親が母親や子にとってどういう存在であり、社会的ケアへの移行に対して、どのような促進的あるいは阻害的な機能を果たしているかを見極める必要がある。そして、相談支援においては、知的障害者本人の生活やケアに父親を巻き込むなどを、有効な介入方法の選択肢として採用することもできるであろう。また、「きょうだい」の存在が、知的障害者本人と母親との関係に何らかの影響を与えている可能性もある。たとえば、きょうだいに迷惑をかけまいとして、母親が知的障害者本人を抱え込んでしまっているかもしれないし、きょうだいが抱える問題にも対応しなければならない状況の中、母親が余裕を持って知的障害のある子の将来を考えることができなくなっているかもしれない。「母子関係」にばかり目を向けていると見落としてしまいがちな点であるが、「きょうだいへの働きかけや支援」が家族システムを変えるきっかけになる場合もある。また、家族以外の近隣住民や知人との関係に目を向けることも重要である。知的障害のある子どもが生まれたことで、母親を含む家族が、親族や旧来の友人と疎遠になっている場合もある。そのような時には、同じ知的障害のある子の親（ピア）や、長年近所づきあいをしてきている近隣住民の方が、母親にとっては親族よりも心を開いて頼れる存在になっているかもしれない。ソーシャルサポートに関するアセスメントにおいては、家族や親戚に関する情報は収集しても、ピアや近隣住民とのかかわりについては見逃しがちである。このことが、「問題は家族の中で発生する」「問題は家族の中で解決すべき」という暗黙のメッセージを強化しているともいえる。今後は、「他の親とのつながりや近所づきあい」にも目を向けることを忘れないようにしたい。これは、「地域のストレングスに着目したアセスメント」という点からも大切である。

２つ目としては、「過去～現在～未来」の時間軸という意味での「トータルな視点」を持ち、母親が歩んできた人生、現在置かれている状況、将来の生活設計を考えることが必要である。相談支援従事者に対するインタビュー調査で「母親の世代による体験や価値観の違い」が指摘されていたように、知的障害者や家族に対する社会のまなざしは、昔は今以上に厳しいものであったし、知的障害者福祉の実践も施策も、昔と今では大きな違いがある。そのような時代背景も含めた「過去」の理解が不可欠である。また、「社会的ケアへの移行」を考える際には、「知的障害者本人と母親を含めた家族一人ひとりのライフステージを辿る」という意味でも、時間軸を意識した相談支援が必要である。そもそも、この「母親によるケアから社会的ケアへの移行」という課題は、子どもに知的障害があると分かった時から、念頭に置いておかなければならないことである。将来を見据えて、子の発達段階・ライフステージに応じて、また父親・母親・きょうだいなどの家族一人ひとりのライフステージも視野に入れながら、長期的に寄り添い続ける相談支援が必要である。具体的なサービスを利用していなくても、見守り続けてくれる、気にかけてくれる、何かあった時に気軽に相談できる存在としての相談支援があれば、人生の節目でサービスやサポートを活用しながら、家族メンバー一人ひとりの発達課題や家族としての生活課題を解決していくことができるであろう。先に述べた第２章のストーリーラインにも表れていた「個別的･継続的･段階的な支援」と同様の視点である。そして、長期的にかかわり続けるなかで、社会的ケアへの移行に向けた準備を進めるような働きかけを行い、タイミングを計って介入することで、母親のケアに頼らない地域での自立生活の実現が期待できる。これも、ストーリーラインにおける「時機を逃さない介入」に相当する部分である。「社会的ケアへの移行」をプロセスととらえて、そのプロセスにしっかり寄り添う相談支援が求められる。空閑が「利用者の安定した日常性の回復を願いつつ、『試行錯誤』しながら『かかわり続ける』営みが、ソーシャルワーク実践である」（2014：36）と述べているように、障害者相談支援が、単にサービス利用につなぐだけの「矮小化したケアマネジメント」に陥ることのないよう、サービスや制度をツールとして使いながら、「クライエントとともに歩み、かかわり続ける、真のソーシャルワーク」を目指さなければならない。

３つ目としては、「ストレングス視点」の重要性である。知的障害に対するスティグマが根深く存在する社会の中で、知的障害児・者や親が、自分たちに対してポジティブなイメージを持つことは容易ではない。しかし、「周囲からのプラスの意見やサポートによって、母親の子に対するネガティブな認識が変わる」という相談支援従事者の語りにもあったように、相談支援従事者が知的障害者本人のストレングスに着目し、それを本人や母親と共有することが、本人の自信や母親の安心につながり、「本人が社会的ケアを受けながら親元を離れて地域で生活していく」というイメージが描けるようになるであろう。たとえば、アセスメントにおいては、生活課題や生活ニーズなどのマイナス面だけではなく、ストレングスなどのプラス面にも着目することが推奨されている。しかし、実際のアセスメントシートには、課題やニーズを記入する欄しか設けられていないことが多いのではないか。アセスメントシートに「ストレングス」の欄を設けることで、ストレングスを意識する視点や習慣が身に付くであろう。また、ストーリーラインで「本人の利益を共に考えるパートナーシップの構築」の重要性が挙がっていたが、これは、本人の利益を追求する母親の姿勢をストレングスととらえ、相談支援従事者がそれを母親と共有することで、母親のストレングスを活用することにつながると思われる。このような働きかけは、知的障害者本人と母親のエンパワメントという意味でも、非常に大切である。

4つ目は、連携やネットワークの考え方である。本研究を通じて、「母親によるケアの抱え込み」を解消するために、ネットワークを活用した介入が有効であるということが示唆された。知的障害者本人を中心としたソーシャル・サポート・ネットワークを構築し、相談支援従事者がほかの支援者たちと連携しながら、「母子関係」を開いていき、「社会的ケアへの移行」を促していくことが求められる。相談支援従事者が、他職種や他機関と連携することなく「1人で解決しよう」とすることは、すなわち、〈「知的障害児・者と母親のカプセル」＋相談支援従事者〉という新たなカプセルを作ってしまうことである。相談支援従事者が、他者に対して自らを開いていくことが求められる。さらに、すでに述べた「ライフステージに沿った相談支援」とも関連して、「縦のネットワークの構築」も心がけていく必要がある。過去に知的障害者本人や家族とかかわりを持っていた人たちからの情報、これからかかわっていく人たちとの情報共有など、本人と家族を核に置きながら、支援の束を縦につなげていく努力が求められる。これも、ストーリーラインの「支援者間・他機関等の協議・連携」に示されたとおりである。

5つ目は、障害学の視点を取り入れ、「マクロの社会状況を『環境因子』としてまず念頭に置き、そうしたマクロ社会に働きかける実践」（杉野 2007：251）に取り組んでいくことが望まれる。障害学からみたソーシャルワークのあり方について、岡部は「何が問題／障害であり、何が変わるべきであるか……を明確にすること。それによって、……問題／障害を解消することの『責任』を明確に『社会の側』に押し戻し、ソーシャルワーカーと当事者が『ともに働く（work with）』」（岡部 2014：283）ことを求めている。そして、「相談援助もケアマネジメントの専門性から、アドボケイトとしての専門性に軸足を移す」（岡部 2010：154）ことを提唱している。確かに、今日の相談支援事業所における相談支援は、既存のサービスにつなぐことに終始した「矮小化されたケアマネジメント」と言わざるを得ない。まずは、「サービスにつなぐだけのケアマネジメント」を超えて、本人・家族の生活や思いをより深く理解すること（ミクロへのまなざしと取り組み）から出発することが何よりも大切である。それなしには、真に当事者のための仕組みや社会（メゾやマクロへのまなざしと取り組み）を創っていくことはできない。知的障害者本人・家族に対する相談支援を起点としつつも、彼らの生きづらさの背景に横たわる「社会の側の問題」にも目を向け、本人・家族と共に「社会を変える」実践にもっと力を注ぐべきであろう。このように「当事者から学び、当事者と共に協働しながら社会変革を目指す」というのは、ソーシャルワークのグローバル定義（国際ソーシャルワーカー連盟 2014）に謳われるように、「社会変革と社会開発、社会的結束、および人々のエンパワメントと解放を促進」し、「生活課題に取り組みウェルビーイングを高めるよう、人々やさまざまな構造に働きかける」ことでもある。たとえば、相談支援従事者が、それぞれの地域において、知的障害者に対する正しい理解を広めるための啓発活動を展開していくことで、少しずつではあっても、社会全体の知的障害者に対する抑圧やスティグマの解消につながることが期待できる。近年は、知的障害児･者の親の会が主体となって、「知的障害疑似体験」のワークショップを地域の学校・福祉団体・事業所など向けに実施するような動きが始まっている[3]。相談支援従事者が、このような親の取り組みに対して積極的に参画し、「アドボカシーを通じて、親と相談支援従事者が協働する」ことも望まれる。このような親との協働が、脱親支援の 1 つのきっかけともなろう。また、母親による知的障害児・者のケアを前提とした障害福祉制度から、地域社会がケアを担い、自立や社会参加を促すような制度への転換を図り、「母親によるケアから社会的ケアへの移行」を可能にするマクロ･レベルの仕組みを構築するよう、ソーシャル・アクションを起こすことも必要となろう。

また、「社会的ケアへの移行」における「自立」のあり方についても、吟味が必要である。知的障害のある人たちは、サービスの利用だけで日常生活や社会生活が円滑に営めるわけではない。身体的な疾患や身体機能面の問題がない場合は、医療サービスや身体介助サービスは必要ではない。しかし、ちょっとした生活環境の変化や日常的な些細なハプニングに際して、状況を判断したり臨機応変に対処したりすることが難しいのが、知的障害の特性である。あるいは、困りごとを言語化して表現したり、助けを求めたりすることが苦手な人たちである。すなわち、具体的な福祉サービスの隙間を埋めるような日常的な見守り・助言・支えが、身近なところになければならないのである。そして、それを担ってきたのが、まさに家族であり、母親なのである。知的障害のある人にとっての地域における自立生活とは、日常的な見守りやサポートを得ながらの生活である。すなわち、岡部が主張するように「身体介護や動作的な活動の補完を行う〈自立〉のための支援と同時に、認知的な活動において当事者の意向を汲み取り一緒に考えるという認知的な活動に対する〈自律〉のための支援」（岡部 2010：156）が用意されて初めて、知的障害のある人たちへの地域生活が成り立つということである。

このことを踏まえれば、知的障害者本人への働きかけとしては、「『できることを増やす』という自立に向けたかかわり」と、「『社会との接点を増やす』という社会関係の拡大に向けたかかわり」との両方が必要となる。「人の手を借りずに、自分でできるようになる」支援のみならず、「助けてもらえる人を増やす」あるいは「助けてもらう術を身につける」支援が不可欠であり、「『助けて』と言ってもらえる支援者となること」が求められている。パターナリズムに陥ることなく、本人の主体性を尊重し、その都度適切な距離を測り、一緒に考えながら、「必要な時に、必要な支援を、必要なだけ」提供していくという姿勢が大切である。

最後に、「社会的ケアへの移行」の意味を改めて考えてみたい。先に述べたように、「母親によるケアから社会的ケアへの移行」をテーマに設定したのは、「親子で行き詰まっている」という事態への解決法を見いだしたいという思いからであった。しかし、この「社会的ケアへの移行」を「負担を軽減する」「困っている事態を解消する」「将来、困らないために準備する」という視点だけでとらえてよいのかという疑問も湧いてきた。すなわち、「母親に頼っていたケアを社会に委ねて、知的障害者が安定した地域生活を送っていく」ことを、知的障害者本人の「成人としての当たり前の自立へのプロセス」として、母親の「母親役割に限定されない、子育てを卒業した1人の人間としての人生への歩み」としてとらえるべきではないかということである。それこそが本来の「子離れ＝親離れ」であるし、障害学が主張する「脱親・脱家族」の本意であろう。知的障害者本人とその母親に対して、「知的障害者」あるいは「知的障害者の母親」としてではなく、それぞれに「1人の人間として」かかわっていくことが、ソーシャルワークの「全人的アプローチ」という意味でも、非常に大切なことだと思う。

Ⅱ　今後の課題

最後に、残された今後の課題について考察する。まず、相談支援従事者の語りの中で、「社会的ケアへの移行の阻害要因」として「つながっていない家族」の存在が指摘されていた。そして、「資源についての情報を届けるべく、さまざまな手法を駆使して情報発信しても、それでもそれをキャッチしてもらえない」ことに対するもどかしさも語られていた。また、母親の思いを引き出すためのアンケート調査も、親の会に所属している人たちに限定される結果となった。このような「hard to reach」と言われる人たちの存在は、ソーシャルワークの課題の1つとして、繰り返し議論されてきている。しかし、今日の障害者福祉においては、もう1つの背景要因があり、その解決が喫緊の課題である。それは、2000年代以降の、障害者福祉制度にかかる問題である。

2003年度に支援費制度が導入される以前の措置制度の時代には、福祉事務所に知的障害担当ケースワーカーが置かれ、療育手帳を持つ人の家庭への定期的な訪問が行われ、知的障害者本人や家族の状況を把握し、制度の変更などについて説明したり、日頃困っていることについて話を聞いたり、ニーズがあると判断すれば、サービス利用を促したりしていた。これは、アウトリーチであり、モニタリングであったといえる。ところが、今日の契約によるサービス利用の仕組みに変わってからは、福祉事務所の関与が非常に薄くなっている。多くの地域では、知的障害者本人や家族から相談に出向いていったり、サービスの利用を申請したりする時にしか、福祉事務所と接触する機会が持てないという状況になっている。現在は、相談支援事業所が、従来の福祉事務所の相談機能を担うよう期待されているが、相談支援事業所のほとんどが社会福祉法人などへの民間委託業務であり、行政機関のようにすべての手帳保持者の情報を持っている訳ではなく、行政機関に備わった「踏み込む」権限が与えられている訳でもない。相談支援従事者がアウトリーチしたくとも、どこに当事者がいるのかも分からないことが多く、その存在を知ったとしても、「民間である」ことから、知的障害者本人や家族からの信頼が得られにくく、支援を受け入れてもらう際のハードルも高い。相談支援事業所が積極的にアウトリーチを進めても、なかなか接点を持ちえない知的障害者や家族が存在するという現状を踏まえれば、行政機関としてすべての障害者と家族を守るという機能を取り戻し、相談支援事業所や地域の諸団体とのネットワークに積極的に関与していくことが望まれる。

また、個人情報保護法が壁となって、何らかの形で誰かが家族の中の異変に気づいても、それが共有されにくい仕組みになってしまっている。たとえば、高齢者と家族の相談支援を担っている地域包括支援センターで、認知症高齢者の支援に入ると、障害のある成人子が同居しており、親子で行き詰まっているケースに出合うこともある。その時に、地域包括支援センターが、行政の障害者福祉担当課や障害者相談支援事業所につないでいけば、高齢者福祉と障害者福祉が協働して親子を一体的に支援していくことができるはずである。あるいは、一人暮らしや高齢者のみの世帯については、民生委員の見守り訪問などが行われているため、ニーズを早期に発見しやすい。しかし、知的障害者と高齢の親の世帯は、民生委員の活動の範疇に入っておらず、地域の中でその存在が見逃されがちである。現在、高齢者介護・福祉の領域では「地域包括ケアシステム」の構築が進められつつあるが、このような仕組みは、障害者福祉分野においても導入が期待されるとともに、「高齢者福祉のネットワーク」と「障害者福祉のネットワーク」が重なり合って、ニーズを持った高齢者や障害者を孤立させない地域づくりが求められる。

さらに、障害者相談支援従事者および相談支援事業所の地域における相談支援としてのソーシャルワーク実践力の向上が喫緊の課題である。今日のような障害者相談支援の体制が法的に明確に位置づけられたのは、2006 年度からスタートした障害者自立支援法（現・障害者総合支援法）以降であり、ようやく 10 年余りが経過したところである。それまでの知的障害福祉実践では、幼少期からの療育的介入が積極的に行われ、学齢期・思春期を過ぎて青年期になると、障害者施設への入所または通所が生活や活動の場となっていた。そして成人した知的障害者施設における福祉実践は、レジデンシャル・ソーシャルワークとして、保護的なケアや訓練的な指導が中心に行われており、現在、地域で展開されているような「相談支援」というものがほとんど実践されていなかった。そのような中、障害者自立支援法をきっかけに、「入所施設から地域生活へ」という政策方針のもと、レジデンシャル・ソーシャルワークから地域におけるソーシャルワークへのシフトが迫られてきている。すなわち、知的障害児·者は「処遇の対象者から生活の主体者へ」となり、知的障害者本人や家族に対する相談支援に携わる福祉専門職は、「処遇職員から地域に根差したソーシャルワーカーへ」となってきたということである。ところが、わずか10年余りの短い歴史であるため、相談支援のノウハウの蓄積も不十分である。さらに、近年の福祉人材不足により、福祉を学んでこなかったまったくの素人が相談支援業務に就くことも珍しくなく、相談支援従事者の力量不足が大きな懸念事項である。このような状況に鑑み、今後は、知的障害児・者と家族に対する地域における相談支援を、地域におけるソーシャルワークとしてしっかりと確立し発展させていくことが求められる。本研究の成果として生み出された「実践ガイド」を、日々の相談支援業務の中で活用してもらい、相談支援従事者からのフィードバックを得て、より精緻で実用性の高い実践ガイドにバージョンアップさせることを今後の課題とし、ソーシャルワーク実践力の向上に寄与していきたい。

注

(1) 津田（2000）は、知的障害者の親の会に関する研究の中で障害者の家族と社会の関係性に着目し、自助グループの2つの理念型を提示した。「閉鎖的活動指向型」は、社会から抑圧され孤立しながらも、社会からの期待に応えて頑張る母親の思いや期待によって組織化されたもので、「ネットワーキング指向型」では、社会からの抑圧や孤立を社会の問題ととらえ、障害者や家族と社会の関係性の変革を目指すとしている。この2つの理念型は、本研究における母親の「閉じられたタイプ」と「開かれたタイプ」に通じるだろう。

(2) これは、第2章の相談支援従事者からのインタビュー調査から導き出された2つ目のストーリーライン（「母親によるケアから社会的ケアへ移行させるための相談支援」に関するストーリーライン）における「母親の受容・サポート・信頼関係の構築」にも示されたとおりである。

(3) 筆者が本書のベースとなっている博士論文を完成させた後に知った最近の動きとして、知的障害児・者の親の会である各地の「手をつなぐ育成会」による「知的障害疑似体験キャラバン隊」の活動がある。たとえば、「公益財団法人兵庫県手をつなぐ育成会」のホームページには、「ひょうごつなぎ隊」として、宝塚市・西宮市など県下9つの市町の育成会が、疑似体験啓発団体として紹介されている。「知的障害のことをもっと知って理解してもらう」ことをねらいとして、育成会会員である親たちが地域に出かけてワークショップを行っている。筆者もそのワークショップに参加し、知的障害のある人たちがどのようなことに困っているかを体験的に実感することができた。筆者の大学の授業でも学生向けの疑似体験ワークショップをして頂き、福祉を学ぶ学生にとって非常に有意義な学びの機会となった。

引用・参考文献

【序章】

青木千帆子（2011）「自立とは規範なのか――知的障害者の経験する地域生活」『障害学研究』7，301-325.

石渡和実（2001）「知的障害者のケアマネジメントと『アセスメント』――地域支援・エンパワメントのツールとして」『ソーシャルワーク研究』26（4），289-298，相川書房.

井上泰司・塩見洋介ほか（2005）『障害保健福祉改革のグランドデザインは何を描くのか――これからどうなる障害者福祉』かもがわ出版.

植戸貴子（2011）「知的障害者の地域生活のための支援と仕組みづくり――障害者相談支援専門員等を対象とした聞き取り調査から」『神戸女子大学健康福祉学部紀要』3，1-13.

浦野耕司（2010）「知的障害のある人の地域生活支援の実践をソーシャルワーク実践にするために」『ソーシャルワーク研究』36（2），146-154，相川書房.

NPO自立生活センターグッドライフ・センターの概要（全国自立生活センター協議会ホームページ／2018年5月19日閲覧）

岡部耕典（2004）「親として子どもの生活を支える」高橋幸三郎編著『知的障害をもつ人の地域生活支援ハンドブック――あなたとわたしがともに生きる関係づくり』ミネルヴァ書房，19-28.

岡部耕典（2010）『ポスト障害者自立支援法の福祉政策――生活の自立とケアの自律を求めて』明石書店.

奥村賢一（2009）「ストレングスの視点を基盤にしたケースマネジメントの有効性に関する一考察」『社会福祉学』50（1），134-147.

小田史（2003）「知的障害者グループホームにおける生活援助」『大阪健康福祉短期大学紀要』1，21-32.

門田光司ほか（2003）『知的障害・自閉症の方へのケアマネジメント入門――地域生活を支援するために』中央法規出版.

門田光司ほか（2006）『知的障害・自閉症の方への地域生活支援ガイド――食事、身だしなみから、外出の支援まで』中央法規出版.

きょうされん（2010）「家族の介護状況と負担についての緊急調査の結果」

金文華（2010）「知的障害者の自立生活支援についての歴史的考察」『現代社会学部紀要』8（1），49-53，長崎ウエスレヤン大学現代社会学部.

空閑浩人（2014）『ソーシャルワークにおける「生活場モデル」の構築――日本人の生活・文化に根ざした社会福祉援助』ミネルヴァ書房.

厚生労働省・障害者の地域生活の推進に関する検討会（2013）「地域における居住支援の現状等について」

厚生労働省「第 5 期障害福祉計画に係る国の基本指針」2017 年 3 月告示.

国際ソーシャルワーカー連盟（2014）「ソーシャルワークのグローバル定義」

社会福祉法人東京都社会福祉協議会（2004）「障害をもつ人の地域生活移行支援事例集 ――身体・知的障害者福祉と精神保健福祉における実践と提言」

白波瀬康徳・香川美加（2003）「TRY& トライ　地域生活体験モデル事業の実施から：地域版自活訓練事業で『親亡き後』の安心を」『さぽーと』50（11），14-19，日本知的障害者福祉協会.

杉野昭博（2007）『障害学 ――理論形成と射程』東京大学出版会.

鈴木勉・塩見洋介ほか（2005）『シリーズ障害者の自立と地域生活支援①　ノーマライゼーションと日本の「脱施設」』かもがわ出版.

曽根直樹（2002）「家族のエンパワメント」佐藤久夫・北野誠一・三田優子編著『福祉キーワードシリーズ ――障害者と地域生活』中央法規，60-61.

田島良昭（1999）『ふつうの場所でふつうの暮らしを ――コロニー雲仙の挑戦　くらす篇』ぶどう社.

谷奥克己（2009）「『最重度』知的障害のある人のグループホーム入居決定要因に関する一考察 ―― 3 家族の親へのインタビュー調査を通して」『臨床心理学研究』47（1），2-21.

内閣府「障害者基本計画（第 2 次）」（2003～2012 年度）

内閣府「第 3 次障害者基本計画」（2013～2017 年度）

内閣府「障害者基本計画に基づく『重点施策 5 か年計画』の進ちょく状況：平成 24 年度」

中根成寿（2006）『知的障害者家族の臨床社会学 ――社会と家族でケアを分有するために』明石書店.

夏堀摂（2007）「戦後における『親による障害児者殺し』事件の検討」『社会福祉学』48（1），42-54.

西村愛（2007）「『親亡き後』の問題を再考する」『保健福祉学研究』5，75-91.

ピープルファースト東久留米（2007）『知的障害者が入所施設ではなく地域で暮らすための本 ――当事者と支援者のためのマニュアル』生活書院.

廣瀬明彦（2008）「障害者自立支援法施行後の『グループホーム』――地域移行は進むのか」『花園大学社会福祉学部研究紀要』16，111-119.

藤内昌信（2009）「知的障害者の地域生活支援の立場から」『季刊福祉労働』124，60-65，現代書館.

古井克憲（2009a）「知的障害者に対するパーソン・センタード・プランニングの実践 ――特別支援教育や障害者地域生活支援における『本人を中心に据えた計画作り』を目指して」『和歌山大学教育学部紀要教育科学』60，9-16.

古井克憲（2009b）「重度知的障害者が求める地域生活支援の視点とは ――パーソ

ン・センタード・プランニングにおけるアセスメントの質的分析から」『社会福祉学』49（4），65-77.
麦倉泰子（2004）「知的障害者家族のアイデンティティ形成についての考察――子どもの施設入所にいたるプロセスを中心に」『社会福祉学』45（1），77-87.
横塚晃一（1975＝2010）『母よ！殺すな』生活書院.

【第 1 章】

石川准（1995）「障害児の親と新しい『親性』の誕生」井上眞理子・大村英昭編『ファミリズムの再発見』世界思想社，25-59.
一瀬早百合（2007）「障害のある乳児をもつ母親の苦悩の構造とその変容プロセス――治療グループを経験した事例の質的分析を通して」『日本女子大学大学院人間社会研究科紀要』13、19-31.
伊藤孝司（2011）「相談支援事業の現状と課題」『日本精神科病院協会雑誌』30（11），33-38.
井上泰司・塩見洋介（2005）『シリーズ障害者の自立と地域生活支援⑦　障害保健福祉改革のグランドデザインは何を描くのか――これからどうなる障害者福祉』かもがわ出版.
岩田泰夫（1995）「精神障害を持つ人とその親との『親子カプセル』の形成と回復」『桃山学院大学社会学論集』29（2），1-25.
上田晴男（2002）「自己決定をどう支えるのかⅠ」「施設改革と自己決定」編集委員会編『権利としての自己決定――そのしくみと支援』エンパワメント研究所，69-100.
植戸貴子（2011）「知的障害者の地域生活のための支援と仕組みづくり――障害者相談支援専門員等を対象とした聞き取り調査から」『神戸女子大学健康福祉学部紀要』3，1-13.
植戸貴子（2012）「知的障害者と母親の『親離れ・子離れ』問題――知的障害者の地域生活継続支援における課題として」『神戸女子大学健康福祉学部紀要』4，1-12.
植戸貴子（2012）「『母子関係への介入』に関する先行研究の学問領域による比較――知的障害者の母親に対する子離れ支援に向けたソーシャルワーク研究の課題」『キリスト教社会福祉学研究』46，73-83，日本キリスト教社会福祉学会.
植戸貴子（2014）「知的障害者の地域生活継続のための先駆的相談支援実践――障害者相談支援事業所に対する聞き取り調査から」『神戸女子大学健康福祉学部紀要』6，15-28.
岡堂哲雄（1991）『家族心理学講義』金子書房.
岡原正幸（1995）「制度としての愛情――脱家族とは」安積純子・岡原正幸・尾中文哉・立岩真也『生の技法――家と施設を出て暮らす障害者の社会学』

藤原書店.
岡部耕典（2004）「親として子どもの生活を支える」高橋幸三郎編著『知的障害をもつ人の地域生活支援ハンドブック ――あなたとわたしがともに生きる関係づくり』ミネルヴァ書房，19-28.
角張慶子・小池由佳（2009）「母子分離における母親の意識 ―― “子どもを預ける”サポート先の違いによる意識の比較を中心として」『県立新潟女子短期大学研究紀要』46，23-28.
春日キスヨ（1994）「障害児問題からみた家族福祉」野々山久也編著『家族福祉の視点 ――多様化するライフスタイルを生きる』ミネルヴァ書房.
金盛浦子（1994）「親子関係の病理 ――母子密着の与える影響」『児童心理』48（18），85-93.
兼田祐美・岡本祐子（2008）「ポスト子育て期女性のアイデンティティ再体制化に関する研究」『広島大学心理学研究』7，187-206.
岸田隆（2006）『障害のある人の地域生活をデザインする』S プランニング.
きょうされん（2010）「家族の介護状況と負担についての緊急調査の結果」
空閑浩人（2016）『シリーズ・福祉を知る②　ソーシャルワーク論』ミネルヴァ書房.
白波瀬康徳・香川美加（2003）「TRY& トライ　地域生活体験モデル事業の実施から：地域版自活訓練事業で『親亡き後』の安心を」『さぽーと』50（11），14-19，日本知的障害者福祉協会.
杉野昭博（2007）『障害学 ――理論形成と射程』東京大学出版会.
杉野昭博（2011）「ソーシャルワークの展開」平岡公一・杉野昭博・所道彦・鎮目真人『社会福祉学』有斐閣，19-100.
杉野昭博（2013）「障害者運動における親と子の葛藤について」副田義也編『シリーズ福祉社会学②　闘争性の福祉社会学 ――ドラマトゥルギーとして』133-150，東京大学出版会.
鈴木勉・塩見洋介ほか（2005）『シリーズ障害者の自立と地域生活支援①　ノーマライゼーションと日本の「脱施設」』かもがわ出版.
曽根直樹（2002）「家族のエンパワメント」佐藤久夫・北野誠一・三田優子編著『福祉キーワードシリーズ ――障害者と地域生活』中央法規，60-61.
武田康晴（2001）「障害者福祉に関わる人々」児島美都子・成清美治・村井龍治編『第二版　障害者福祉概論』学文社，111-124.
田中智子（2010）「知的障害者のいる家族の貧困とその構造的把握」『障害者問題研究』37（4），21-32.
田畑洋子（2000）「事例研究法による母子関係の研究（2）」『名古屋女子大学紀要：人文・社会編』46，167-176.
土屋葉（2002）『障害者家族を生きる』勁草書房.
中釜洋子・野末武義・布柴靖枝・無藤清子（2008）『家族心理学 ――家族システム

の発達と臨床的援助』有斐閣.
中根成寿（2006）『知的障害者家族の臨床社会学 ――社会と家族でケアを分有するために』明石書店.
中野敏子（2009）『社会福祉学は「知的障害者」に向き合えたか』高菅出版.
西村愛（2007）「『親亡き後』の問題を再考する」『保健福祉学研究』5, 75-91.
西村愛（2009）「親役割を降りる支援の必要性を考える ――『親亡き後』問題から一歩踏み出すために」『青森県立保健大学雑誌』10（2）, 155-164.
松尾恒子（1996）『母子関係の臨床心理 ――甘えの中の子育て考』日本評論社.
水本深喜（2009）「青年期から成人期への移行期の親子関係 ――特に母娘関係に焦点を当てた研究の展望」『青山心理学研究』9, 71-82, 青山学院大学.
麦倉泰子（2004）「知的障害者家族のアイデンティティ形成についての考察 ――子どもの施設入所にいたるプロセスを中心に」『社会福祉学』45（1）, 77-87.
要田洋江（1999）『障害者差別の社会学 ――ジェンダー・家族・国家』岩波書店.
横塚晃一（1975＝2010）『母よ！殺すな』生活書院.
横浜ミエ（1997）「事例報告：病弱な中学２年生の女生徒が不登校から自主登校するまで」『情緒障害教育研究紀要』16, 132-142, 北海道教育大学.
頼藤和寛（1994）「親を育てる、子どもを育てる ――上手な『子離れ』と自立促進」『児童心理』48（18）, 110-116.
Ingersoll-Dayton, B. et al. (2011) Intergenerational ambivalence: Aging mothers whose adult daughters are mentally ill. *Families in Society*, 92 (2), 114-119.
Johnson, Louise C. and Yanca, Stephen J. (2001) *Social Work Practice : A Generalist Approach*, Allyn & Bacon. (=2004, 山辺朗子・岩間伸之訳『ジェネラリスト・ソーシャルワーク』ミネルヴァ書房)
Kemp, Susan P., Whittaker, James K., and Tracy, Elizabeth M. (1997) *Person-Environment Practice: The Social Ecology of Interpersonal Helping*, Aldine De Druyter. (=2000, 横山穣・北島英治・久保美紀・湯浅典人・石河久美子訳『人－環境のソーシャルワーク実践 ――対人援助の社会生態学』川島書店)
Larkin, Heather (2006) Social Work as an Integral Profession. *Journal of Integral Theory and Practice*, 1 (2), 1-30.
Shakespeare, Tom (2006) *Disability Rights and Wrongs*. Oxon:Routledge.
Speck, R. V. (1985) Social networks and family therapy. In J. Schwartzman (Ed.), *Families and Other Systems* (63-83). NY: The Guilford Press.
Suiter, S. V. et al. (2011) Issues of care are issues of justice: Reframing the experiences of family caregivers of children with mental illness. *Families in Society*, 92 (2), 191-198.
Wolfensberger, Wolf (1979) *The Principle of Normalization in Human Services*.

(=1995. 中園康夫・清水貞夫編訳『ノーマリゼーション ――社会福祉サービスの本質』学苑社)

【第 2 章】

植戸貴子 (2011)「知的障害者の地域生活のための支援と仕組みづくり ――障害者相談支援専門員等を対象とした聞き取り調査から」『神戸女子大学健康福祉学部紀要』3, 1-13.
植戸貴子 (2014)「知的障害者の地域生活継続のための先駆的相談支援実践 ――障害者相談支援事業所に対する聞き取り調査から」『神戸女子大学健康福祉学部紀要』6, 15-28.
佐藤郁哉 (2008)『質的データ分析法 ――原理・方法・実践』新曜社.

【第 3 章】

一瀬早百合 (2007)「障害のある乳児をもつ母親の苦悩の構造とその変容プロセス ――治療グループを経験した事例の質的分析を通して」『日本女子大学大学院人間社会研究科紀要』13, 19-31.
伊藤孝司 (2011)「相談支援事業の現状と課題」『日本精神科病院協会雑誌』30 (11), 33-38.
植戸貴子 (2011)「知的障害者の地域生活のための支援と仕組みづくり ――障害者相談支援専門員等を対象とした聞き取り調査から」『神戸女子大学健康福祉学部紀要』3, 1-13.
植戸貴子 (2014)「知的障害者の地域生活継続のための先駆的相談支援実践 ――障害者相談支援事業所に対する聞き取り調査から」『神戸女子大学健康福祉学部紀要』6, 15-28.
岡原正幸 (1995)「制度としての愛情 ――脱家族とは」安積純子・岡原正幸・尾中文哉・立岩真也『生の技法 ――家と施設を出て暮らす障害者の社会学』藤原書店.
きょうされん (2010)「家族の介護状況と負担についての緊急調査の結果」
厚生労働省社会・援護局障害保健福祉部 (2018)「平成 28 年生活のしづらさなどに関する調査 (全国在宅障害児・者等実態調査) 結果」
国立社会保障・人口問題研究所 (2009)「第 6 回世帯動向調査」
国立長寿医療研究センター「Zarit 介護負担尺度日本語短縮版 (J-ZBI_8)」
白波瀬康徳・香川美加 (2003)「TRY& トライ　地域生活体験モデル事業の実施から : 地域版自活訓練事業で『親亡き後』の安心を」『さぽーと』50 (11), 14-19, 日本知的障害者福祉協会.
全日本手をつなぐ育成会「『全日本手をつなぐ育成会』のこれからについて」2014 年 3 月 20 日 (ホームページ : ikuseikai-japan.jp/wp-content/uploads/2014/03/140320seimei.jp　2014 年 9 月 16 日閲覧)

田中智子（2010）「知的障害者のいる家族の貧困とその構造的把握」『障害者問題研究』37（4），21-32.
谷井淳一・上地安昭（1993）「親役割診断尺度（PRAS：Parental Role Assessment Scale）」堀洋道監修、吉田冨二雄編（2001）『心理測定尺度集Ⅱ ──人間と社会のつながりをとらえる〈対人関係・価値観〉』サイエンス社.
中根成寿（2006）『知的障害者家族の臨床社会学 ──社会と家族でケアを分有するために』明石書店.
仁尾かおり・文字智子・藤原千恵子（2010）「思春期・青年期にあるダウン症をもつ人の自立に関する親の認識の構造」『日本小児看護学会誌』19（1），8-16.
西村愛（2009）「親役割を降りる支援の必要性を考える ──『親亡き後』問題から一歩踏み出すために」『青森県立保健大学雑誌』10（2），155-164.
平野真理（2010）「レジリエンスの資質的要因・獲得的要因の分類の試み ──二次元レジリエンス要因尺度（BRS）の作成」『パーソナリティ研究』19（2），94-106.
藤田達雄（1998）「青年期における理科離れと母子密着の関連性に関する研究」『家族心理学研究』12（2），67-76.
麦倉泰子（2004）「知的障害者家族のアイデンティティ形成についての考察 ──子どもの入所施設にいたるプロセスを中心に」『社会福祉学』45（1），77-87.

【第 4 章】
芝野松次郎（2011）「ソーシャルワークの実践と理論をつなぐもの ──実践モデル開発のすすめ」『ソーシャルワーク学会誌』23，1-17，日本ソーシャルワーク学会.

【第 5 章】
岡部耕典（2010）『ポスト障害者自立支援法の福祉政策 ──生活の自立とケアの自律を求めて』明石書店.
岡部耕典（2014）「『自己決定』とソーシャルワーク ──障害学の視角から」『精神保健福祉』45（4），281-285，日本精神保健福祉士協会.
空閑浩人（2014）『ソーシャルワークにおける「生活場モデル」の構築 ──日本人の生活・文化に根ざした社会福祉援助』ミネルヴァ書房.
公益財団法人兵庫県手をつなぐ育成会：「おしらせ・兵庫県疑似体験啓発活動団体」（ホームページ：www.tsunaguiku.sakura.ne.jp/　2018 年 8 月 6 日閲覧）
国際ソーシャルワーカー連盟（2014）「ソーシャルワークのグローバル定義」
芝野松次郎（2011）「ソーシャルワークの実践と理論をつなぐもの ──実践モデル開発のすすめ」『ソーシャルワーク学会誌』23，1-17，日本ソーシャルワーク学会.
杉野昭博（2007）『障害学 ──理論形成と射程』東京大学出版会.

杉野昭博（2013）「障害者運動における親と子の葛藤について」副田義也編『シリーズ福祉社会学②　闘争性の福祉社会学――ドラマトゥルギーとして』133-150，東京大学出版会.
津田英二（2000）「知的障害者がいる家族の自助グループにおけるネットワーキング」『人間科学研究』8（1），45-56.
横塚晃一（1975＝2010）『母よ！殺すな』生活書院.

巻末資料

２０１４年２月６日

知的障がいのある方の生活とケアに関するアンケート調査：ご協力のお願い

神戸女子大学
植戸　貴子

私は、神戸女子大学健康福祉学部社会福祉学科の植戸貴子と申します。平素は大変お世話になり、誠に有難うございます。

このたび、知的障がいのある方やご家族の支援のあり方を考えるために、ご家族の方々を対象にアンケート調査を実施することに致しました。つきましては、高校生以上の知的障がいのある方のご家族にご回答を頂ければと思います。知的障害のあるご本人とご家族の生活のご様子や、日頃の世話や将来の生活などについて、ご家族が考えておられることなどをお聞かせ下さい。ご多忙のところ大変恐縮ではございますが、アンケート調査にご協力頂ければ幸いです。

なお、このアンケート調査は無記名でお答え頂き、回答は統計的に処理をするため、回答者個人が特定されることはなく、ご回答頂くことで個人的にご迷惑をおかけすることはありません。また、回答用紙は調査関係者が適切かつ厳重に管理し、調査研究の終了後は廃棄致します。調査結果は、論文や学会などにおいて発表させて頂くとともに、知的障がいのある方とご家族への支援の向上に役立てて参ります。

調査の趣旨をご理解頂き、ご協力頂きますよう、よろしくお願い申し上げます。

【回答ご記入上のご注意】

1. 知的障害のあるお子様（ご本人）やあなたご自身について、回答をご記入下さい。
2. この調査用紙や返信用封筒に**お名前を書く必要はありません。**
3. 回答は、回答欄の番号に○印を、または（　　）内に具体的にお書き下さい。以下のような質問には、直線上のもっとも当てはまる数字に○印をつけて下さい。

（記入例）

いつも思う	よく思う	時々思う	たまに思う	思わない
5	④	3	2	1

4. この調査用紙は、１４ページあります。
5. 答えにくい質問にはお答え頂かなくても結構です。可能な範囲内で回答して頂ければ幸いです。
6. 回答のご記入が済みましたら、記入漏れがないかをご確認の上、２月２８日（金）までに返信用封筒（切手貼付済み）にてご投函下さい。

ご不明の点などがありましたら、下記あてにご連絡下さい。

〒●●●－●●●●　●●●●●●●●●●●●●●
神戸女子大学健康福祉学部社会福祉学科　植戸貴子
Tel&Fax:●●●－●●●－●●●（●●●●）
E-mail：●●●●@●●●●●●●

◆　**知的障害のあるお子様（ご本人）についてお聞かせ下さい。知的障害のあるお子様が複数おられる場合は、年齢の高い方のお子様についてお答え下さい。**

問１：ご本人は、現在、何歳ですか。満年齢でご記入下さい。

満（　　　）歳

問２：ご本人の性別をお教え下さい（１つだけに○印）。

(1) 男　(2) 女

問３：ご本人の療育手帳の区分は、次のうちどれですか（１つだけに○印）。

(1) Ａ　(2) Ｂ－１　(3) Ｂ－２　(4) 療育手帳なし　(5) 分からない

問４：ご本人の障害程度区分は、次のうちどれですか（１つだけに○印）。

(1) 区分１　(2) 区分２　(3) 区分３　(4) 区分４　(5) 区分５

(6) 区分６　(7) 非該当　(8) 認定を受けていない　(9) 分からない

問５：ご本人は今、どちらにお住まいですか（１つだけに○印）。

(1) 親と同居　(2) 親以外の家族（きょうだいなど）と同居

(3) 入所施設　(4) グループホーム・ケアホーム

(5) アパートなどで一人暮らし　(6) 結婚して親と別居

(7) その他（具体的に：　　　　　　　　　　　　　　　　）

問６：ご本人の日中の主な活動の場所はどこですか（１つだけに○印）。

(1) 一般就労　(2) 通所施設や作業所　(3) 学校　(4) 自営業の手伝い

(5) 家事手伝い　(6) その他（具体的に：　　　　　　　　　　　）

問７：遊びや楽しみ、趣味、好きな飲食物など、ご本人が好んでいることは何ですか。ご自由にお書き下さい。

問８：ご本人は、休日の昼間は主にどこで、どのようなことをして過ごしていますか。ご自由にお書き下さい。

問９：ご本人は、入浴に関する以下のことが一人でできますか。

１．服を脱ぐ　(1) 一人でできる　(2) 一人でできない
２．体を洗う　(1) 一人でできる　(2) 一人でできない
３．髪を洗う　(1) 一人でできる　(2) 一人でできない
４．服を着る　(1) 一人でできる　(2) 一人でできない

問１０：ご本人は、日常的な買い物（お弁当、お菓子、文房具など）に関する以下のことが一人でできますか。

１．品物を選ぶ　(1) 一人でできる　(2) 一人でできない
２．レジに持っていく　(1) 一人でできる　(2) 一人でできない
３．代金を支払う（店員に教えてもらいながら支払うことも含む）
　(1) 一人でできる　(2) 一人でできない
４．おつりが大体いくらか分かる　(1) 一人でできる　(2) 一人でできない

問１１：ご本人は、スケジュール・持ち物・食べ物などに対して、こだわりはありますか（１つだけに○印）。

(1) ある　(2) ない　（「ない」の方は**問１３**にお進み下さい）

問１２：ご本人に「こだわりがある」の方にお尋ねします。それはどのようなこだわりですか。あてはまるもの全てに○印をつけて下さい。

(1) スケジュール　(2) 持ち物　(3) 食べ物（一般的な好き嫌いや偏食は除く）
(4) その他（具体的に：　　　　　　　　　　　　　　　　）

問１３：過去１ヶ月を振り返って、ご本人にパニックのあった日は、何日ありましたか。毎日の場合は３０日とお書き下さい。

（　　　　）日

問１４：過去１ヶ月を振り返って、以下のような出来事がありましたか。あてはまるもの全てに○印をつけて下さい。

(1) ガイドヘルパーから連絡が入った　(2) 店や駅などから連絡が入った
(3) 警察に通報された　(4) その他（具体的に：　　　　　　　　　　）
(5) そのようなことは全くなかった

・　**その出来事が起きた理由は何ですか。差し支えなければ、記入して下さい。**

問１５：ご本人は、一人で通学・通勤・外出をしていますか。

いつもしている	よくしている	時々している	たまにしている	していない
5	4	3	2	1

問１６：ご本人は、家事の一部を手伝っていますか。

いつもしている	よくしている	時々している	たまにしている	していない
5	4	3	2	1

問１７：ご本人は、自分でできることを自分でしていますか。

いつもしている	よくしている	時々している	たまにしている	していない
5	4	3	2	1

問１８：ご本人は規則正しい生活を送っていますか。

いつもしている	よくしている	時々している	たまにしている	していない
5	4	3	2	1

問１９：ご本人に、社会でのマナーやルールを教えておられますか。

いつもしている	よくしている	時々している	たまにしている	していない
5	4	3	2	1

問２０：ご本人に、読み書きや計算を教えてこられましたか。

いつもしている	よくしている	時々している	たまにしている	していない
5	4	3	2	1

問２１：回答しているあなたは、知的障害のあるご本人のお母様ですか。

(1) はい　⇒　**問２２**にお進み下さい。
(2) いいえ　⇒　**８ページの問４８**へお進み下さい。

問２２：現在、あなたは知的障害のあるご本人と同居しておられますか。

(1) はい　⇒　**問２３**へお進み下さい。
(2) いいえ　⇒　**５ページの問３３**へお進み下さい。

◆知的障害のあるご本人と同居されているお母様は、問２３～問４４にお答え下さい。

問２３：過去１ヶ月を振り返って、平日、お子様がお母様の目の届かないところで過ごした時間（母親以外の人との外出、一人で留守番や外出、学校・通所施設での時間など）は、平均で何時間くらいですか。

１日平均（　　　　）時間

問２４：過去１ヶ月を振り返って、休日、お子様がお母様の目の届かないところで過ごした時間（母親以外の人との外出、一人で留守番や外出など）は、平均で何時間くらいですか。

１日平均（　　　　）時間

問２５：過去１年間を振り返って、お子様が、学校のキャンプなどの宿泊行事、ショートステイ利用、グループホーム体験、宿泊訓練サービスで、母親から離れて外泊した日数の合計をお書き下さい。

合計　（　　　　）日

・　**その外泊先をお書き下さい。**（　　　　　　　　　　　　　　　　　　）

問２６：過去１年間を振り返って、お子様が、上記の行事やサービス利用以外で、母親から離れて外泊した（親戚・友人宅に泊まるなど）日数の合計をお書き下さい。

合計　（　　　　）日

問２７：自分が世話できなくなった後のお子様の生活を、どの程度思い描くことができますか。

よく 思い描ける	かなり 思い描ける	多少は 思い描ける	あまり 思い描けない	全く 思い描けない
5	4	3	2	1

問２８：お子様が親元を離れて、グループホーム・施設・アパートなどで生活することが、どの程度想像できますか。

よく 想像できる	かなり 想像できる	多少は 想像できる	あまり 想像できない	全く 想像できない
5	4	3	2	1

問２９：親亡き後、お子様がどこで生活することを希望しますか。

（1）入所施設　（2）グループホームやケアホーム

（3）事業所の支援を受けながら自宅かアパート

（4）家族・親戚の支援を受けながら自宅かアパート

（5）その他（具体的に：　　　　　　　　　　　　　　）

問３０：自分が世話できなくなった時のことについて、お子様にどの程度伝えようとしていますか。

（1）いつも伝えようとしている　（2）時々伝えようとしている

（3）あまり伝えようとしていない　（4）全く伝えようとしていない

問３１：自分が世話できなくなった時のことについて、家族でどの程度話をしていますか。

いつもしている	よくしている	時々している	たまにしている	していない
5	4	3	2	1

問３２：知的障害のあるお子様の将来の生活の場や世話について、行政や相談支援センターとどの程度相談をしていますか。

（1）いつも相談している　（2）時々相談している

（3）あまり相談していない　（4）全く相談していない

◆知的障害のあるご本人のお母様は、問３３～問４４にお答えください。

問３３：知的障害のあるお子様の世話をすることが、自分の張り合いになっていると思いますか。

強く思う	かなり思う	多少思う	あまり思わない	全く思わない
5	4	3	2	1

問３４：知的障害のあるお子様のことは、自分が一番よく分かっていると思いますか。

強く思う	かなり思う	多少思う	あまり思わない	全く思わない
5	4	3	2	1

問３５：お子様が知的障害をもったことについて、「お子様に申し訳ない」と感じることがありますか。

強く思う	かなり思う	多少思う	あまり思わない	全く思わない
5	4	3	2	1

問３６：知的障害のある人への理解を求めるためには、親は社会に向けて訴えていかなければならないと思いますか。

強く思う	かなり思う	多少思う	あまり思わない	全く思わない
5	4	3	2	1

問３７：知的障害のあるお子様と自分は、「一心同体」だと感じることがありますか。

強く感じる	かなり感じる	多少感じる	あまり感じない	全く感じない
5	4	3	2	1

問３８：お子様を他の知的障害のない子どもと同じように育ててこられましたか。

いつもしている	よくしている	時々している	たまにしている	していない
5	4	3	2	1

問３９：知的障害のあるお子様の行動に対して、困ってしまうと思うことがありますか。

いつも思う	よく思う	時々思う	たまに思う	思わない
5	4	3	2	1

問４０：知的障害のあるお子様の世話を誰かに任せてしまいたいと思うことがありますか。

いつも思う	よく思う	時々思う	たまに思う	思わない
5	4	3	2	1

問４１：知的障害のあるお子様に対して、どうしていいか分からないと思うことがありますか。

いつも思う	よく思う	時々思う	たまに思う	思わない
5	4	3	2	1

問４２：知的障害のあるお子様の世話があるので、家族や友人とつきあいづらくなっていると思いますか。

いつも思う	よく思う	時々思う	たまに思う	思わない
5	4	3	2	1

問４３：知的障害のあるお子様の世話があるので、自分の社会参加の機会が減ったと思うことがありますか。

いつも思う	よく思う	時々思う	たまに思う	思わない
5	4	3	2	1

問４４：あなたは、周りの人に理解されず、孤独だと思いますか。

いつも思う	よく思う	時々思う	たまに思う	思わない
5	4	3	2	1

◆配偶者のおられるお母様は、問４５～問４７にお答え下さい。それ以外の方は、問４８にお進み下さい。

問４５：あなたの配偶者は、知的障害のあるお子様の世話や家事に協力してくれると思いますか。

いつも思う	よく思う	時々思う	たまに思う	思わない
5	4	3	2	1

問４６：あなたの配偶者は、知的障害のあるお子様とよく関わってくれていると思いますか。

いつも思う	よく思う	時々思う	たまに思う	思わない
5	4	3	2	1

問４７：あなたの配偶者は、知的障害のあるお子様のことをよく理解していると思いますか。

いつも思う	よく思う	時々思う	たまに思う	思わない
5	4	3	2	1

◆問４８～問５９は、全員がお答え下さい。

問４８：周囲の人（親戚・友人・知人・近所の人など）に、知的障害のあるご本人のことを伝えておられますか。

いつもしている	よくしている	時々している	たまにしている	していない
5	4	3	2	1

・伝えている方は、どなたに伝えておられるか、お書き下さい。

問４９：知的障害のあるご本人のことを近所の人に理解してもらうために、日頃から気を配っていますか。

いつもしている	よくしている	時々している	たまにしている	していない
5	4	3	2	1

・具体的に気を配っておられることがあれば、お書き下さい。

問５０：ご本人に、ご家族以外の人と交流をさせていますか。

いつもさせている	よくさせている	時々させている	たまにさせている	全くさせていない
5	4	3	2	1

・具体的にどのような交流か、お書き下さい。

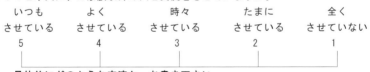

問５１：ご本人を地域の活動に参加させていますか。

いつも させている	よく させている	時々 させている	たまに させている	全く させていない
5	4	3	2	1

・具体的にどのような活動か、お書き下さい。

問５２：ご本人に、趣味や余暇活動の経験ができる機会をつくっておられますか。

いつもしている	よくしている	時々している	たまにしている	していない
5	4	3	2	1

・具体的にどのような趣味・余暇活動か、お書き下さい。

問５３：これまで専門職（医師・看護師・保育士・教師・福祉職員など）との関係で、傷ついたり悔しい思いをしたりした経験はありますか。

（1）はい　（2）いいえ

・「はい」の方は、よろしければ具体的にどのような経験かをお書き下さい。

問５４：今、家族・親戚・友人以外で、あなたがご本人について相談できる最も身近な人は誰ですか？一つだけお選び下さい。

（1）ヘルパー　（2）施設・作業所職員　（3）支援センター相談員

（4）学校の先生　（5）習い事や体操教室などの先生

（6）その他（具体的に：　　　　　　　　　　　　　　）

問５５：その最も身近な専門職は、ご本人のことをよく理解してくれていると思いますか。

強く思う	かなり思う	多少思う	あまり思わない	全く思わない
5	4	3	2	1

問５６：その最も身近な専門職は、家族としての自分の気持ちをよく理解してくれていると思いますか。

強く思う	かなり思う	多少思う	あまり思わない	全く思わない
5	4	3	2	1

問５７：ご本人やご家族に関わる専門職に対して、意見や要望などがあればお書き下さい。

問５８：家族以外で、あなたに何か困ったことがあって、あなた自身の力ではどうしようもないとき、あなたを助けてくれる人がいますか。

（1）はい　　（2）いいえ

・**それはどなたですか？あなた自身との関係をお書き下さい。思い当たる人をすべて書いて下さい。**

（　　　　　　　　　　　　　　　　　　　　）

問５９：過去１年間を振り返って、どのようなサービスを利用しましたか。あてはまるもの全てに印をつけて下さい。

（1）ホームヘルパー　（2）ガイドヘルパー　（3）ショートステイ

◆ホームヘルパーを利用している方にお尋ねします。

問６０：過去１ヶ月を振り返って、１週間の利用回数と合計の利用時間数、具体的にやってもらっていることをお書き下さい。

１週間に（　　　　　）回、（　　　　）時間

・ホームヘルパーにやってもらっていること（　　　　　　　　　　　　）

◆ガイドヘルパーを利用している方にお尋ねします。

問６１：過去１ヶ月を振り返って、１ヶ月間の合計の利用時間数は何時間くらいですか。

１ヶ月の合計（　　　　）時間

問６２：これまで、ガイドヘルパーを何年くらい利用してきていますか。

（　　　　）年

問６３：もし、ガイドヘルパーを無制限に利用できるとしたら、１回について何時間くらいまで、知的障害のあるご本人はガイドヘルパーだけと過ごすことができますか。

１回について（　　　　）時間

問６４：ガイドヘルパーにどの位満足していますか？１０点満点で何点ですか？複数のガイドヘルパーを使っている場合は、最も満足しているガイドヘルパーの点数と、最も不満なガイドヘルパーの点数をそれぞれお書き下さい。

★ガイドヘルパーが一人だけの場合の点数（　　　　）点

★ガイドヘルパーが複数の場合

◎最も満足しているガイドヘルパー（　　　　）点

◎最も不満なガイドヘルパー（　　　　）点

◎どのヘルパーも同じくらいの場合の点数（　　　　）点

問６５：ガイドヘルパーのサービスについて困っていることがありますか。あてはまるもの全てに○印をつけて下さい。

（1）時間数が足りない　（2）利用要件が合わない（通学・通所に使えないなど）

（3）土日・祝日が使いにくい

（4）その他（具体的に：　　　　　　　　　　　　　　　　）

◆ショートステイを利用したことのある方にお尋ねします。

問６６：過去１年間を振り返って、ショートステイを利用した日数は合計で何日くらいですか。

１年間の合計（　　　　）日

問６７：ショートステイを初めて利用したのは、何年くらい前ですか。

（　　　　）年前

問６８：ショートステイのサービスについて困っていることがありますか。あてはまるもの全てに○印をつけて下さい。

（1）日数が足りない　（2）いざという時に空きがない

（3）ショートステイ先が選べない　（4）ショートステイ先が遠い

（5）その他（具体的に：　　　　　　　　　　　　　　　　）

◆ここから最後の質問までは、全員がお答え下さい。

問６９：サービス利用に関して困ることや不満に思うことがあれば、お聞かせ下さい。

問７０：知的障害のあるご本人のことで、行政や地域住民に対してご意見やご要望があればお書き下さい。

◆このアンケートに回答して下さっているあなた自身についてお尋ねします。

問７１：知的障害のある方から見て、あなたはどなたですか。

（1）母　（2）父　（3）その他（ご本人との続柄：　　　　）

問７２：あなたの年齢をお聞かせ下さい。

満年齢　（　　　）　歳

問７３：現在のご自分の健康状態はどのくらいだと思われますか。

とても健康	やや健康	普通	あまり健康でない	健康でない
5	4	3	2	1

問７４：あなたは、日頃、誰かに悩みやストレスをどのくらい相談していますか。

いつもしている	よくしている	時々している	たまにしている	していない
5	4	3	2	1

問７５：現在、あなたは、お勤めや自営業など、お仕事をしておられますか。

（1）週5日以上　（2）週3～4日　（3）週1～2日　（4）仕事をしていない

問７６：現在、あなたは、ボランティアや地域活動（PTA、自治会、子ども会、NPO活動など）に、どの程度参加していますか。

（1）週1回以上　（2）月2回以上　（3）月1回程度

（4）年に数回程度　（5）参加していない

問７７：あなたは、困ったときも人に頼らず自分で解決したいと思いますか。

強く思う	かなり思う	多少思う	あまり思わない	全く思わない
5	4	3	2	1

問７８：あなたは、誰でも、成人すれば親から独立するべきだと思いますか。

強く思う	かなり思う	多少思う	あまり思わない	全く思わない
5	4	3	2	1

問７９：あなたは、人からアドバイスをされても、「人は人、自分は自分」と思いますか。

強く思う	かなり思う	多少思う	あまり思わない	全く思わない
5	4	3	2	1

問８０：あなたは、困難な出来事が起きても、どうにか切り抜けることができると思いますか。

強く思う	かなり思う	多少思う	あまり思わない	全く思わない
5	4	3	2	1

問８１：同居しているご家族は、ご本人から見てどなたですか？あてはまるもの全てに印をつけて下さい。

（1）祖父　（2）祖母　（3）父　（4）母

（5）きょうだい（人数：　　人）　（6）その他（ご本人との続柄：　　　　　　）

問８２：ご家族（世帯）の月の平均収入（税込み）はどのくらいですか。

（1）（　　　　　　）万円　　（2）わからない

問８３：現在の暮らし向き（家計）についてどう感じていますか。

ゆとりがある	ややゆとりがある	普通	やや苦しい	苦しい
5	4	3	2	1

問８４：日頃の生活で感じておられることやご意見など、ご自由にお書き下さい。

問８５：このアンケートについてのご意見やご感想があれば、ご自由にお書き下さい。

知的障害児・者の母親に対するアンケート調査の単純集計結果

I. 回答者の属性

問71：続柄	人数	%
父親	28	6.2
母親	356	79.3
その他（きょうだい・親戚など）	30	6.7
無効回答	12	2.6
無回答	23	5.1
合計	449	100.0

問72：年齢	人数	%
30代	1	0.2
40代	17	3.8
50代	97	21.6
60代	157	35.0
70代	105	23.4
80代	31	6.9
90代	2	0.4
無効回答	12	2.7
無回答	27	6.0
合計	449	100.0
平均	65.2	
中央値	65	
最頻値	70	
範囲	39-90	
標準偏差	9.6	

問73：健康状態	人数	%
とても健康	30	6.7
やや健康	57	12.7
普通	219	48.8
あまり健康でない	81	18.0
健康でない	22	4.9
無効回答	14	3.1
無回答	26	5.8
合計	449	100.0

問75：就労状況	人数	%
週5日以上	59	13.1
週3～4日	39	8.7
週1～2日	18	4.0
仕事をしていない	275	61.2
無効回答	18	4.0
無回答	40	8.9
合計	449	100.0

問76：ボランティア・地域活動状況	人数	%
週1回以上	34	7.6
月2回以上	52	11.6
月1回程度	47	10.5
年に数回程度	36	8.0
参加していない	215	47.9
無効回答	18	4.0
無回答	47	10.5
合計	449	100.0

Ⅱ. 知的障害者本人の属性

問1：年齢	人数	%
10代	10	2.2
20代	93	20.7
30代	135	30.1
40代	147	32.7
50代	44	9.8
60代	11	2.4
70代	1	0.2
無効回答	3	0.7
無回答	5	1.1
合計	449	100.0
平均	38.1	
中央値	39	
最頻値	45	
範囲	16-72	
標準偏差	10.35	

問2：性別	人数	%
男性	300	66.8
女性	144	32.1
無効回答	2	0.4
無回答	3	0.7
合計	449	100.0

問3：療育手帳	人数	%
重度	245	54.6
中度	119	26.5
軽度	77	17.1
手帳なし	0	0.0
分からない	2	0.4
無効回答	2	0.4
無回答	4	0.9
合計	449	100.0

問4：障害程度区分	人数	%
区分1	22	4.9
区分2	65	14.5
区分3	66	14.7
区分4	69	15.4
区分5	60	13.4
区分6	33	7.3
認定を受けていない	25	5.6
分からない	54	12.0
無効回答	2	0.4
無回答	53	11.8
合計	449	100.0

問5：居住場所・形態	人数	%
親と同居	379	84.4
親以外の家族と同居	16	3.6
入所施設	21	4.7
グループホーム・ケアホーム	21	4.7
アパートなどで一人暮らし	4	0.9
結婚して親と別居	0	0.0
その他	3	0.7
無効回答	3	0.7
無回答	2	0.4
合計	449	100.0

問6：日中活動の場	人数	%
一般就労	104	23.2
通所施設や作業所	298	66.4
学校	4	0.9
自営業の手伝い	0	0.0
家事手伝い	3	0.7
その他	26	5.8
無効回答	3	0.7
無回答	11	2.4
合計	449	100.0

問81：同居家族（複数回答）	人数	%
祖父	7	1.6
祖母	22	4.9
父	248	55.2
母	332	73.9
きょうだい	148	33.0
その他	16	3.6
無効回答	8	1.8
無回答	45	10.0

Ⅲ. 従属変数の単純集計

(1) 母子が離れる時間

問 23：平日別々の時間	人数	%
5 時間未満	20	4.5
5～7 時間未満	84	18.7
7～9 時間未満	101	22.5
9～11 時間未満	57	12.7
11 時間以上	44	9.8
無効回答	30	6.7
無回答	33	7.3
非該当	80	17.8
合計	449	100.0
平均	7.7	
中央値	7	
最頻値	6	
範囲	0–16	
標準偏差	2.44	

問 25：SS による別々の日数	人数	%
0 日	120	26.7
1～5 日	123	27.4
6～10 日	23	5.1
11～20 日	25	5.6
21 日以上	21	4.7
無効回答	16	3.6
無回答	41	9.1
非該当	80	17.8
合計	449	100.0
平均	6.1	
中央値	1	
最頻値	0	
範囲	0–110	
標準偏差	14.88	

問 24：休日別々の時間	人数	%
5 時間未満	195	43.4
5～7 時間未満	60	13.4
7～9 時間未満	24	5.3
9～11 時間未満	23	5.1
11 時間以上	13	2.9
無効回答	26	5.8
無回答	28	6.2
非該当	80	17.8
合計	449	100.0
平均	3.9	
中央値	3	
最頻値	0	
範囲	0-20	
標準偏差	3.66	

問 26：SS 以外の別々の日数	人数	%
0 日	271	60.4
1～5 日	20	4.5
6 日以上	9	2.0
無効回答	16	3.6
無回答	53	11.8
非該当	80	17.8
合計	449	100.0
平均	0.5	
中央値	0	
最頻値	0	
範囲	0–10	
標準偏差	1.79	

（2） サービスの積極的利用

問59：過去1年間利用サービス（複数回答）	人数	%
ホームヘルプ	23	5.1
ガイドヘルプ	172	38.3
ショートステイ	117	26.1

問60-1：HH 週の利用回数	人数	%
1回未満	3	0.7
1回	8	1.8
2回	1	0.2
3回	3	0.7
4回	2	0.4
5回	2	0.4
無効回答	13	2.9
無回答	187	41.6
非該当	230	51.2
合計	449	100.0
平均	2	
中央値	1	
最頻値	0	
範囲	0-5	
標準偏差	1.59	

問60-2：HH 週の利用時間	人数	%
1時間未満	1	0.2
1～2時間未満	6	1.3
2～3時間未満	8	1.8
3～5時間未満	1	0.2
5時間以上	2	0.4
無効回答	13	2.9
無回答	188	41.9
非該当	230	51.2
合計	449	100.0
平均	2.3	
中央値	2	
最頻値	2	
範囲	0-8	
標準偏差	1.86	

問61：過去1か月間の GH 利用時間	人数	%
1時間未満	10	2.2
1～5時間未満	18	4.0
5～10時間未満	33	7.4
10～15時間未満	24	5.4
15～20時間未満	19	4.2
20時間以上	58	12.9
無効回答	11	2.4
無回答	194	43.2
非該当	82	18.3
合計	449	100.0
平均	14.7	
中央値	12	
最頻値	20	
範囲	0-64	
標準偏差	10.52	

問62：これまでの GH 利用年数	人数	%
1年未満	5	1.1
1～2年未満	13	2.9
2～3年未満	11	2.4
3～5年未満	26	5.8
5～10年未満	58	12.9
10年以上	43	9.6
無効回答	19	4.2
無回答	193	43.0
非該当	81	18.0
合計	449	100.0
平均	6.3	
中央値	6	
最頻値	10	
範囲	0.1-18	
標準偏差	3.69	

問66：過去1年間のSS利用日数	人数	%
0日	35	7.8
1～5日未満	41	9.1
5～10日未満	20	4.5
10～20日未満	28	6.2
20～30日未満	7	1.6
30～40日未満	4	0.9
40日以上	11	2.4
無効回答	12	2.7
無回答	288	64.1
非該当	3	0.7
合計	449	100.0
平均	12.4	
中央値	4	
最頻値	0	
範囲	0-310	
標準偏差	30.52	

問67：初めてSS利用してからの年数	人数	%
1年未満	7	1.6
1～3年未満	30	6.7
3～5年未満	34	7.6
5～10年未満	40	8.9
10年以上	48	10.7
無効回答	10	2.2
無回答	277	61.7
非該当	3	0.7
合計	449	100.0
平均	7.2	
中央値	5	
最頻値	3	
範囲	0-30	
標準偏差	6.63	

(3) ケアを委ねようという意向

問 27:世話不能時の生活を思い描く	人数	%
よく思い描ける	37	8.2
かなり思い描ける	50	11.1
多少は思い描ける	124	27.6
あまり思い描けない	88	19.6
全く思い描けない	45	10.0
無効回答	16	3.6
無回答	9	2.0
非該当	80	17.8
合計	449	100.0

問 28:親元を離れた生活を想像する	人数	%
よく想像できる	19	4.2
かなり想像できる	49	10.9
多少は想像できる	137	30.5
あまり想像できない	90	20.0
全く想像できない	50	11.1
無効回答	17	3.8
無回答	7	1.6
非該当	80	17.8
合計	449	100.0

問 30：将来について子に伝える	人数	%
いつも伝えようとしている	68	15.1
時々伝えようとしている	110	24.5
あまり伝えようとしていない	75	16.7
全く伝えようとしていない	79	17.6
無効回答	17	3.8
無回答	20	4.5
非該当	80	17.8
合計	449	100.0

問 31：将来について家族と話す	人数	%
いつもしている	23	5.1
よくしている	58	12.9
時々している	104	23.2
たまにしている	100	22.3
していない	62	13.8
無効回答	16	3.6
無回答	6	1.3
非該当	80	17.8
合計	449	100.0

問 32:将来について行政などに相談する	人数	%
いつも相談している	11	2.4
時々相談している	64	14.3
あまり相談していない	119	26.5
全く相談していない	154	34.3
無効回答	16	3.6
無回答	5	1.1
非該当	80	17.8
合計	449	100.0

問 49：近所に気を配る	人数	%
いつもしている	46	10.2
よくしている	77	17.1
時々している	83	18.5
たまにしている	73	16.3
していない	129	28.7
無効回答	11	2.4
無回答	30	6.7
合計	449	100.0

問 63：GH 最大利用可能時間	人数	%
2 時間未満	6	1.3
2～4 時間未満	26	5.8
4～6 時間未満	31	6.9
6～8 時間未満	33	7.3
8～12 時間未満	37	8.2
12 時間以上	17	3.8
無効回答	26	6.0
無回答	192	42.8
非該当	81	18.0
合計	449	100.0
平均	7.4	
中央値	6	
最頻値	8	
範囲	0.5-24	
標準偏差	5.71	

(4) 子の自立に向けたかかわり

問 15：1 人で通学・通勤・外出	人数	%
いつもしている	190	42.5
よくしている	25	5.6
時々している	18	4.0
たまにしている	11	2.4
していない	184	41.0
無効回答	12	2.6
無回答	9	2.0
合計	449	100.0

問 16：家事の手伝い	人数	%
いつもしている	51	11.4
よくしている	42	9.4
時々している	115	25.6
たまにしている	97	21.6
していない	128	28.5
無効回答	12	2.6
無回答	4	0.9
合計	449	100.0

問 17：できることを自分でする	人数	%
いつもしている	135	30.1
よくしている	111	24.7
時々している	66	14.7
たまにしている	79	17.6
していない	36	8.0
無効回答	11	2.4
無回答	11	2.4
合計	449	100.0

問 38：健常児と同じ子育て	人数	%
いつもしている	79	17.6
よくしている	120	26.7
時々している	61	13.6
たまにしている	29	6.5
していない	48	10.7
無効回答	18	4.0
無回答	43	9.6
非該当	51	11.4
合計	449	100.0

問 48：本人のことを伝える	人数	%
いつもしている	129	28.7
よくしている	118	26.3
時々している	91	20.3
たまにしている	50	11.1
していない	24	5.3
無効回答	12	2.6
無回答	25	5.6
合計	449	100.0

問 50：家族以外と交流させる	人数	%
いつもさせている	50	11.1
よくさせている	66	14.7
時々させている	103	22.9
たまにさせている	103	22.9
させていない	83	18.5
無効回答	10	2.2
無回答	34	7.6
合計	449	100.0

問 18:規則正しい生活を送る	人数	%
いつもしている	171	38.1
よくしている	159	35.4
時々している	56	12.5
たまにしている	20	4.5
していない	20	4.5
無効回答	12	2.6
無回答	11	2.4
合計	449	100.0

問 51:地域活動に参加させる	人数	%
いつもさせている	11	2.4
よくさせている	23	5.1
時々させている	47	10.5
たまにさせている	79	17.6
させていない	256	57.0
無効回答	11	2.4
無回答	22	4.9
合計	449	100.0

問 19:マナーを教える	人数	%
いつもしている	121	26.9
よくしている	136	30.3
時々している	90	20.0
たまにしている	48	10.7
していない	24	5.3
無効回答	12	2.7
無回答	18	4.0
合計	449	100.0

問 52:趣味の機会を作る	人数	%
いつもしている	40	8.9
よくしている	67	14.9
時々している	85	18.9
たまにしている	72	16.0
していない	136	30.3
無効回答	11	2.4
無回答	38	8.5
合計	440	100.0

問 20:読み書きを教える	人数	%
いつもしている	54	12.0
よくしている	97	21.6
時々している	76	16.9
たまにしている	71	15.8
していない	114	25.4
無効回答	12	2.6
無回答	25	5.6
合計	449	100.0

Ⅳ．独立変数の単純集計

(1) 母親の側の要因

(1/3)

問 33：世話が張り合い	人数	%
強く思う	61	13.6
かなり思う	103	22.9
多少思う	117	26.1
あまり思わない	72	16.0
全く思わない	16	3.6
無効回答	17	3.8
無回答	12	2.7
非該当	51	11.4
合計	449	100.0

問 77：自分で解決したい	人数	%
強く思う	28	6.2
かなり思う	89	19.8
多少思う	185	41.2
あまり思わない	72	16.0
全く思わない	22	4.9
無効回答	18	4.0
無回答	35	7.8
合計	449	100.0

問 78：親から独立すべき	人数	%
強く思う	23	5.1
かなり思う	75	16.7
多少思う	165	36.7
あまり思わない	100	22.3
全く思わない	23	5.1
無効回答	19	4.2
無回答	44	9.8
合計	449	100.0

問 39：子の行動に困る	人数	%
いつも思う	55	12.2
よく思う	103	22.9
時々思う	107	23.8
たまに思う	82	18.3
思わない	18	4.0
無効回答	17	3.8
無回答	16	3.6
非該当	51	11.4
合計	449	100.0

問 41：子をどうしていいか	人数	%
いつも思う	18	4.0
よく思う	46	10.2
時々思う	81	18.0
たまに思う	143	31.8
思わない	79	17.6
無効回答	16	3.6
無回答	15	3.3
非該当	51	11.4
合計	449	100.0

問 42：家族とつきあいづらい	人数	%
いつも思う	24	5.3
よく思う	43	9.6
時々思う	63	14.0
たまに思う	93	20.7
思わない	143	31.8
無効回答	17	3.8
無回答	15	3.3
非該当	51	11.4
合計	449	100.0

問 43：社会参加が減った	人数	%
いつも思う	22	4.9
よく思う	41	9.1
時々思う	58	12.9
たまに思う	90	20.0
思わない	156	34.7
無効回答	17	3.8
無回答	14	3.1
非該当	51	11.4
合計	449	100.0

問 44：孤独だと思う	人数	%
いつも思う	7	1.6
よく思う	9	2.0
時々思う	31	6.9
たまに思う	75	16.7
思わない	246	54.8
無効回答	17	3.8
無回答	13	2.9
非該当	51	11.4
合計	449	100.0

(1) 母親の側の要因　続き　(2/3)

問 40 : 世話を誰かに任せたい	人数	%
いつも思う	16	3.6
よく思う	27	6.0
時々思う	69	15.4
たまに思う	92	20.5
思わない	161	35.9
無効回答	18	4.0
無回答	15	3.3
非該当	51	11.4
合計	449	100.0

問 74 : 支援を求める	人数	%
いつもしている	17	3.8
よくしている	61	13.6
時々している	122	27.2
たまにしている	109	24.3
していない	77	17.1
無効回答	17	3.8
無回答	46	10.2
合計	449	100.0

問 79 : 他者を受け入れる	人数	%
強く思う	9	2.0
かなり思う	43	9.6
多少思う	193	43.0
あまり思わない	126	28.1
全く思わない	23	5.1
無効回答	18	4.0
無回答	37	8.2
合計	449	100.0

問 80 : リジリエンス	人数	%
強く思う	16	3.6
かなり思う	81	18.0
多少思う	215	47.9
あまり思わない	63	14.0
全く思わない	16	3.6
無効回答	18	4.0
無回答	40	8.9
合計	449	100.0

問 36 : 社会に訴えるべき	人数	%
強く思う	86	19.2
かなり思う	132	29.4
多少思う	123	27.4
あまり思わない	23	5.1
全く思わない	2	0.4
無効回答	16	3.6
無回答	16	3.6
非該当	51	11.4
合計	449	100.0

問 37 : 子と一心同体	人数	%
強く思う	44	9.8
かなり思う	96	21.4
多少思う	110	24.5
あまり思わない	98	21.8
全く思わない	19	4.2
無効回答	16	3.6
無回答	15	3.3
非該当	51	11.4
合計	449	100.0

問 73 : 健康状態	人数	%
とても健康	30	6.7
やや健康	57	12.7
普通	219	48.8
あまり健康でない	81	18.0
健康でない	22	4.9
無効回答	14	3.1
無回答	26	5.8
合計	449	100.0

問 75 : 就労状況	人数	%
週 5 日以上	59	13.1
週 3～4 日	39	8.7
週 1～2 日	18	4.0
仕事をしていない	275	61.2
無効回答	18	4.0
無回答	40	8.9
合計	449	100.0

（1）母親の側の要因　続き　(3/3)

問 35：子への罪悪感	人数	%
強く思う	78	17.4
かなり思う	67	14.9
多少思う	124	27.6
あまり思わない	73	16.3
全く思わない	22	4.9
無効回答	18	4.0
無回答	16	3.6
非該当	51	11.4
合計	449	100.0

問 34：自分が一番分かっている	人数	%
強く思う	103	22.9
かなり思う	174	38.8
多少思う	79	17.6
あまり思わない	17	3.8
全く思わない	2	0.4
無効回答	17	3.8
無回答	6	1.3
非該当	51	11.4
合計	449	100.0

問 58：助けてくれる人	人数	%
いる	224	49.9
いない	154	34.3
無効回答	10	2.2
無回答	61	13.6
合計	449	100.0

問 64：GH 評価点（10 点満点）	人数	%
5 点未満	1	0.2
5 点以上 7 点未満	17	3.8
7 点以上 9 点未満	72	16.0
9 点以上	61	13.6
無効回答	14	3.1
無回答	202	45.0
非該当	82	18.3
合計	449	100.0
平均	8.2	
中央値	8	
最頻値	8	
範囲	3.5-10	
標準偏差	1.47	

問 76：ボランティア・地域活動	人数	%
週 1 回以上	34	7.6
月 2 回以上	52	11.6
月 1 回程度	47	10.5
年に数回程度	36	8.0
参加していない	215	47.9
無効回答	18	4.0
無回答	47	10.5
合計	449	100.0

問 45：夫は子の世話に協力	人数	%
いつも思う	56	12.5
よく思う	84	18.7
時々思う	60	13.4
たまに思う	42	9.4
思わない	28	6.2
無効回答	17	3.8
無回答	110	24.5
非該当	52	11.6
合計	449	100.0

問 55：専門職の本人理解度	人数	%
強く思う	48	10.7
かなり思う	150	33.4
多少思う	120	26.7
あまり思わない	11	2.4
全く思わない	3	0.7
無効回答	51	11.4
無回答	43	9.6
非該当	23	5.1
合計	449	100.0

問 56：専門職の家族理解度	人数	%
強く思う	25	5.6
かなり思う	114	25.4
多少思う	143	31.8
あまり思わない	30	6.7
全く思わない	3	0.7
無効回答	51	11.4
無回答	60	13.4
非該当	23	5.1
合計	449	100.0

(2) 子の側の要因

問 9-1：服を脱ぐ	人数	%
1 人でできる	386	86.0
1 人でできない	41	9.1
無効回答	6	1.3
無回答	16	3.6
合計	449	100.0

問 9-2：体を洗う	人数	%
1 人でできる	268	59.7
1 人でできない	154	34.3
無効回答	6	1.3
無回答	21	4.7
合計	449	100.0

問 9-3：髪を洗う	人数	%
1 人でできる	252	56.1
1 人でできない	170	37.9
無効回答	6	1.3
無回答	21	4.7
合計	449	100.0

問 9-4：服を着る	人数	%
1 人でできる	351	78.2
1 人でできない	72	16.0
無効回答	6	1.3
無回答	20	4.5
合計	449	100.0

問 10-1：品物を選ぶ	人数	%
1 人でできる	263	58.6
1 人でできない	161	35.9
無効回答	6	1.3
無回答	19	4.2
合計	449	100.0

問 10-2：レジに持って行く	人数	%
1 人でできる	247	55.0
1 人でできない	171	38.1
無効回答	6	1.3
無回答	25	5.6
合計	449	100.0

問 10-3：代金を支払う	人数	%
1 人でできる	210	46.8
1 人でできない	211	47.0
無効回答	6	1.3
無回答	22	4.9
合計	449	100.0

問 10-4：おつりが分かる	人数	%
1 人でできる	115	25.6
1 人でできない	298	66.4
無効回答	7	1.5
無回答	29	6.5
合計	449	100.0

問 11：こだわりの有無	人数	%
ある	256	57.0
ない	160	35.6
無効回答	10	2.2
無回答	23	5.1
合計	449	100.0

問 13：パニックの日数	人数	%
0 日	180	40.0
1～9 日	96	21.4
10～19 日	20	4.5
20～30 日	23	5.1
無効回答	6	1.3
無回答	124	27.6
合計	449	100.0
平均	3.5	
中央値	0	
最頻値	0	
範囲	0-30	
標準偏差	7.52	

(3) 父子のかかわりの要因

問46：夫は子とよくかかわる	人数	%	問47：夫は子を理解している	人数	%
いつも思う	58	12.9	いつも思う	46	10.2
よく思う	86	19.2	よく思う	81	18.0
時々思う	54	12.0	時々思う	67	14.9
たまに思う	45	10.0	たまに思う	41	9.1
思わない	27	6.0	思わない	36	8.0
無効回答	17	3.8	無効回答	17	3.8
無回答	110	24.5	無回答	109	24.3
非該当	52	11.6	非該当	52	11.6
合計	449	100.0	合計	449	100.0

(4) 経済的状況の要因

問82：世帯平均月収	人数	%
20万円未満	44	9.8
20万円～40万円未満	142	31.6
40万円～60万円未満	55	12.2
60万円～80万円未満	12	2.7
80万円～	21	4.7
無効回答	10	2.2
無回答	165	36.7
合計	449	100.0
平均	37.1	
中央値	30	
最頻値	30	
範囲	2-300	
標準偏差	31.81	

問83：暮らし向きのゆとり	人数	%
ゆとりがある	18	4.0
ややゆとりがある	38	8.5
普通	201	44.8
やや苦しい	97	21.6
苦しい	41	9.1
無効回答	27	6.0
無回答	27	6.0
合計	449	100.0

V. その他の単純集計

(1) 子に関する質問

問 12:こだわり内容（複数回答）	人数	%
スケジュール	140	31.2
持ち物	134	29.8
食べ物	63	14.0
その他のこだわり	66	14.7
無効回答	10	2.2
無回答	188	41.9

問 14:外出先トラブル（複数回答）	人数	%
ガイドヘルパーから連絡	15	3.3
店・駅などから連絡	4	0.9
警察に通報された	7	1.6
その他のトラブル	28	6.2
トラブルなし	321	71.5
無効回答	6	1.3
無回答	12	17.4

(2) 子と同居の母親への質問

問 29：親亡き後の生活の場の希望（複数回答）	人数	%
入所施設	168	37.4
グループホーム・ケアホーム	105	23.4
事業所支援により自宅かアパート	33	7.3
家族支援により自宅かアパート	50	11.1
その他	22	4.9
無効回答	80	17.8
無回答	16	3.6
非該当	12	2.7

(3) 回答者全員への質問

問 53：専門職による傷つき体験	人数	%
ある	159	35.4
ない	241	53.7
無効回答	11	2.4
無回答	38	38.8
合計	449	100.0

問 54：相談できる身近な人	人数	%
ヘルパー	10	2.2
施設・作業所職員	233	51.9
支援センター相談員	55	12.2
学校の先生	5	1.1
習い事などの先生	3	0.7
その他	29	6.5
いない	25	5.6
無効回答	41	9.1
無回答	48	10.7
合計	449	100.0

問 65：ガイドヘルプの困り事（複数回答）	人数	%
時間数が足りない	22	4.9
利用要件が合わない	49	10.9
土日祝日が使いにくい	34	7.6
その他の困り事	30	6.7
困り事なし	7	1.6
非該当	82	18.3
無効回答	14	3.1
無回答	249	55.5

問 68：ショートステイの困り事（複数回答）	人数	%
日数が足りない	18	4.0
いざという時に空きがない	100	22.3
ショートステイ先が選べない	26	5.8
ショートステイ先が遠い	47	10.5
その他の困り事	28	6.2
困り事なし	4	0.9
非該当	3	0.7
無効回答	10	2.2
無回答	300	66.8

あとがき

本書は、2017年3月に関西学院大学大学院人間福祉研究科博士課程から学位授与された博士学位論文をもとにまとめたものである。知的障害者が親によるケアに依存することなく、社会資源を活用しながら地域でその人らしい自立した生活を継続していく、すなわち「脱施設」とともに「脱親」を進めていくための相談支援について提言することを目指した。まず、筆者がどのような経緯でこのテーマにたどり着いたのかを述べたい。筆者は大学で特殊教育（現在の特別支援教育）を専攻し、養護学校（現在の特別支援学校）で教育実習を行った。そこで指導教員から、ある思春期男子生徒の母親が子の世話からなかなか手を引こうとしないという話を聞き、子どもに障害があると母親はそうなってしまうものなのだろうかと疑問に思っていた。そして社会人になってから、自宅近くで知的障害の青年に母親と思われる女性がピッタリと腕を組んで歩く姿を、時折見かけるようになった。何年経っても同じように腕を組んで歩く親子を見るにつけ、あの親子は将来どうなるのだろう、母親が年老いていったら、あの知的障害者は誰がケアするのだろうかと心配になってきた。「知的障害者とケアする母親」や「親子の将来」への関心は、こうして筆者の中に芽生えていたのだと思う。

その後、米国のニューヨーク州立大学オールバニー校大学院（State University of New York at Albany, School of Social Welfare）でソーシャルワークを学び、1990年にMaster of Social Workを取得した。その際、知的障害者通所施設での実習で“least restrictive environment（最も制約の少ない生活環境）”の実践を学ぶ一方、身体障害者の“independent living（自立生活）”の考え方にも触れ、「障害者が自分の生活を他者に管理されることなく、地域で自立した生活を送る」という障害者支援のあり方を学ぶこととなった。

帰国後は身体障害者入所施設のソーシャルワーカーとして勤務することになり、そこで1995年に阪神淡路大震災を経験した。地域で被災した障害者や高齢者の緊急一時ショートステイの担当となり、サービスを利用することなく生活してきた高齢の母親と中年の重度知的障害者の親子に出会った。それは、アメリカの「自立生活」とはかけ離れた、地域で暮らす日本の障害者や家族の現実だった。日本の障害者の地域生活の現実に直面した時、過去に抱いていた「知的障害者とケアする母親」への関心が再びよみがえってきた。その後、大学に職を得て社会福祉教育に携わることになったが、あるセミナーに参加した際、登壇していた知的障害当事者の「本人活動の支援者を募集しています」という呼びかけに手を挙げ、本人活動にかかわり始めた。彼らが平日は会社や通所施設に通い、休日は趣味のサークルや本人活動を楽しんでいる姿を目にし、彼らにはこのままずっと地域で自分らしい生活を続けていってほしいと強く願うようになった。彼らの母親たちも、親亡き後も子どもたちが入所施設ではなく、地域で暮らし続けられることを望んでいるのであった。

ところが、障害者施設や障害者相談支援事業所の相談支援従事者の話を聞くと、親が知的障害の子のケアを抱え込んでおり、親自身の高齢や病気のためにケアすることが難しくなってもわが子を手放そうとせず、親子共倒れになり、結局施設入所になりやすいとのことで、支援に苦慮している様子がうかがえた。

このようにいろいろな人たちとの出会いを通して、「知的障害者をケアし続ける母親と、母親が倒れたら施設に入所していく知的障害者」を巡る疑問が湧き上がってきた。なぜ、知的障害者は親と同居を続け、母親がずっとケアし続けているのか。なぜ、親が倒れたら入所施設に入らなければならないのか。身体障害者のような自立生活が、なぜ知的障害者では進んでいかないのか。障害のない人たちとは異なる親子のあり方を、なぜ福祉関係者は当然視してきたのか。どうすれば、知的障害者が障害のない人と同じように、親元を離れて地域で１人の大人としての人生を歩んでいく（脱親）ことができるのか。このような思いから「知的障害者の母親によるケアから社会的ケアへの移行」の必要性を感じ、そのための相談支援をテーマに研究してきたことが、本書につながっている。

本研究がテーマとしてきた「知的障害児・者の母親によるケアから社会的

ケアへの移行に向けた相談支援」の実践や先行研究においては、「わが子のケアを手放そうとしない母親」の存在が繰り返し言及されてきた。親子で仲良く暮らし、親も子も「このままがいい」「親元からの自立を望んでいない」というケースも多い。そして、クライエントの自己決定を尊重するソーシャルワークでは、クライエントの意思に反した介入に対して否定的であり、「このまま」を望む本人や親に対して、敢えて「親離れ・子離れ」あるいは「脱親」を勧めることには非常に慎重である。しかし、母親たちは本当に「このままがいい」と思っているのであろうか。本当に現状に満足しているのであろうか。「否」であろう。「将来のことが心配」という母親たちの切実な声は、「決してこのままがよいとは思っていない」ことを物語っている。母親たちが安心してわが子のケアを社会に委ね、障害のある本人たちが、障害のない人と同じように、親に依存せずに地域の中で暮らしていける、そのような「脱親」を可能にするための支援が必要である。そして、「脱親」を可能にする環境づくり（制度・サービス・啓発などのメゾ・マクロの実践）があって初めて、「脱親」を促す働きかけ（ミクロの実践）が、母親にとって納得のいく支援になるであろう。知的障害者と家族にかかわる相談支援従事者は、ミクロの実践をより丁寧な充実したものにしていくとともに、知的障害者本人や家族を取り巻く環境をより広い視野でとらえ、メゾやマクロの実践にも力を注いでいくことにより、障害学の視点を持ったソーシャルワーカーとなることが求められている。本書を１つの通過点ととらえて、知的障害者や家族と共に歩むソーシャルワーク実践のあり方を追究していきたい。

ここで、博士論文および本書を完成させるまでに出会い、ご指導・ご支援下さった方々にお礼を申し上げたい。まず、筆者が関西学院大学大学院博士課程に在籍した１年目と２年目に指導教授としてご指導下さり、博士論文の副査を務めて下さった杉野昭博教授（現・首都大学東京）には、いくら感謝してもしきれないほど、本当にお世話になった。博士課程入学前から研究会等で障害学や社会福祉学について学ばせて頂く機会があり、在学中は大変丁寧にご指導いただいた。常に筆者の力量やペースに合わせて、的確なご助言と温かい励ましの言葉を下さった。首都大学東京に移られてからも、ご多忙の中、貴重なお時間を割いて何度も原稿を読んでご助言を下さり、細かい相談にも乗って頂いた。本書の完成に至るまでの長きにわたり、遅々として進まない筆者の研究に寄り添い、筆者を導いて下さったことに、深く感謝している。また、博士課程３年目から博士論文を提出するまでの４年間、指導教授としてご指導下さった小西加保留教授（現・京都ノートルダム女子大学）にも、大変お世話になった。お忙しい中、拙い原稿に繰り返し目を通して下さり、提出期限が迫って焦り始めた筆者を、温かく励まし続けて下さった。長年、ソーシャルワーカーとして実践と研究を続けてこられた小西先生からは、博士論文の指導を通して、クライエントやご家族に寄り添い共に歩む、アドボケイトとしてのソーシャルワーカーのあるべき姿について、改めて学ばせて頂いたと思う。杉野先生には障害学と社会福祉学の視点で、小西先生にはソーシャルワークの視点で、お二人の先生からご指導頂いた筆者は、誠に幸運であったと感じる。そして、博士論文の副査を務めて下さった芝野松次郎教授（現・関西学院大学名誉教授）には、特に実践研究のデザインや量的調査の手法についてご助言・ご指導頂いた。「思い」だけでは成り立たない、実践研究のあり方や進め方について、多くを学び取ることができた。さらに、量的調査の具体的な設計や分析等に際して、具体的なご助言・ご支援を下さった新道由記子先生（現・国際医療福祉大学准教授）にも、お礼申し上げたい。加えて、岡部耕典教授（早稲田大学）には、筆者の博士論文をお読み下さり、研究会で本研究を発表した際にも大変貴重なご助言を下さった。障害学の研究者として、また知的障害者のご家族としてのコメントを頂けたことで視野が広がり、考察を深めることができたと思う。感謝申し上げたい。また、松岡克尚教授（関西学院大学）はじめ、障害者ソーシャルワーク研究会の皆様には、筆者の萌芽的な研究関心を育てていく中で、多くの示唆やご助言を頂いた。誠に有難く思う。

そして、本書のベースになっている量的調査に回答して下さった親の会の皆様、そして質的調査に参加して下さった障害者相談支援事業所や通所施設の相談支援従事者の方々にも、心からお礼申し上げたい。当事者であるご家族や相談支援に携わるソーシャルワーカーの皆様のご協力がなければ、この研究は成立しなかったと思う。

最後に、本書の出版に際してお世話になった関西学院大学出版会の田中直哉氏と浅香雅代氏にも、感謝申し上げる。

2018 年 12 月

植戸 貴子

＊本書の出版にあたり、行吉学園出版助成を受けた。
また、本書のもとになった調査は、以下の研究助成を受けて実施した。

(1) 科学研究費補助金（基盤研究（B））「インクルーシヴな地域社会創成のための都市型中間施設における実践の理論と方法」(2007～2010 年度)（研究代表者：津田英二）

(2) 行吉学園研究助成費「知的障害者の地域生活支援におけるソーシャルワーク実践モデルに関する研究」(2011 年度)

(3) 行吉学園研究助成費「在宅知的障害者の地域生活継続に向けたソーシャルワーク実践モデルの構築」(2012 年度)

(4) 科学研究費助成金（基盤研究（C））「親による障害者殺害の予防策に関する実証的研究――知的障害者の親の子離れ支援」(2013～2015 年度)（研究代表者：植戸貴子）

【著者略歴】

植戸　貴子（うえと・たかこ）

社会福祉士、精神保健福祉士

1990年　State University of New York at Albany, School of Social Welfare 修士課程修了　Master of Social Work

1990-1991年　Daughters of Sarah Nursing Home

1992-2000年　社会福祉法人神戸聖隷福祉事業団

2000年-　神戸女子大学講師、助教授、准教授を経て、現在、健康福祉学部社会福祉学科教授

2017年　関西学院大学人間福祉研究科博士後期課程修了　博士（人間福祉学）

著書

『障害者ソーシャルワーク』（共編）久美出版、2002年

『ソーシャルワーカー教育シリーズ①　ソーシャルワークの基盤と専門職』（共編）みらい、2010年

『障害者ソーシャルワークへのアプローチ――その構築と実践におけるジレンマ』（共著）明石書店、2011年

『ソーシャルワーク演習ケースブック』（共編）みらい、2012年 ほか

知的障害児・者の社会的ケアへ
「脱親」のためのソーシャルワーク

2019年3月10日初版第一刷発行

著　者　植戸貴子

発行者　田村和彦
発行所　関西学院大学出版会
所在地　〒662-0891
　　　　兵庫県西宮市上ケ原一番町1-155
電　話　0798-53-7002

印　刷　株式会社クイックス

Printed in Japan by Kwansei Gakuin University Press
ISBN 978-4-86283-275-7